I0119482

"Como la mayor parte de las cosas maravillosas que el ser humano ha aportado al mundo, este libro es el fruto de un proceso de polinización cruzada entre culturas y prácticas. En el despliegue de sus páginas encontramos la sabiduría y profunda simplicidad de la CNV arraigada en la práctica milenaria del Mindfulness como ejercicio de autoobservación y autoescucha. Las prácticas propuestas son inclusivas, empoderando a cualquier persona que desee emprender un viaje de aprendizaje y transformación, sintiéndose acompañada en todo momento por indicaciones claras y precisas. Es un placer encontrar algo tan práctico y concreto que nos ayude a materializar el anhelo de construir relaciones más armoniosas y pacíficas en nuestras vidas y en nuestro mundo".

> — **Tatiana Sibilia**, asesora y formadora certificada por el Centro para la Comunicación Noviolenta

"En un mundo apurado y agobiado, encontramos aquí ideas básicas pero potencialmente poderosas para mantener la estabilidad y el centro. Imagino que éstas serán cada vez más valiosas a medida que las crisis se profundicen y algunas de las distracciones en las que actualmente nos recostamos empiecen a mostrar su superficialidad".

> — **Bill McKibben**, autor de *El Fin De La Naturaleza*, co-fundador de 350.org y merecedor del Premio "Right Livelihood Award" y el Premio Gandhi por la Paz

"Nació de una idea inteligente –hacer que la práctica contemplativa a largo plazo sea realizable en el hogar– este libro abunda en consejos útiles. Te va a animar a priorizar los valores de la vida meditativa, como la compasión y la claridad, en medio de tu situación cotidiana".

> — **Sharon Salzberg**, autora de *Amor verdadero: El arte de la atención y la compasión* y *El secreto de la felicidad auténtica*

"Este libro es un recurso invaluable para cualquiera que esté buscando traer más consciencia, amor y conexión a su vida".

> — **Oren Jay Sofer**, autor de *Di lo que quieres decir: Cómo tener diálogos cercanos y sinceros a través de la Comunicación Noviolenta*

Recibe aún más apoyo para tu práctica de noviolencia cotidiana.

La página web Compañero Ongo es un santuario virtual para todos los practicantes del *Libro Ongo*. Te ofrece abundantes recursos adicionales de aprendizaje y conexión. Allí podrás:

- Descargar audios de meditaciones guiadas de Ongo
- Ver videos de enseñanzas de Ongo
- Encontrar recursos para unirte a un grupo Ongo o empezar tu propio grupo
- Conectar con otros practicantes y grupos Ongo de cualquier parte del mundo
- ¡Y eso es solo el comienzo!

Solo dirígete a **ongo.global** para registrarte. Nos encantaría verte allí.

El Libro Ongo 2.0: Noviolencia cotidiana

CATHERINE CADDEN Y JESSE WIENS CHU

baba tree
international

Libro Ongo 2.0: Noviolencia cotidiana
Derechos de autor © 2023 por Catherine Cadden y Jesse Wiens Chu

Todos los derechos reservados. Queda prohibida la reproducción o redistribución de cualquier forma o por cualquier medio, electrónico o mecánico, incluyendo el almacenamiento de información y de sistemas de recuperación, sin previa autorización escrita de los autores. Solo se permitirá su uso a reseñadores que utilicen citas de pasajes breves para escribir una reseña.

El uso de citas de este libro fue realizado bajo el principio de uso justo según las leyes de derechos de autor. Todas las citas siguen siendo el trabajo literario y propiedad intelectual de sus respectivos creadores. Ni la editorial ni los autores de este trabajo impondrán ningún reclamo sobre el derecho de autor de las citas individuales. Si algún derecho ha sido infringido de forma inadvertida, la editorial solicita que la omisión sea excusada y está de acuerdo con realizar las correcciones necesarias en impresiones posteriores.

ISBN 979-8-9861731-3-9

Traducción y coordinación del equipo español: Magiarí (Maya) Díaz Díaz
Revisión: Maya Díaz Díaz, Dani Muxi, Raed El Younsi, Adriana de la Vega
Edición: Dennis Crean
Diseño: Hadley Gustafson y Jesse Wiens Chu
Ilustración de la carátula: Jennifer Hewitson
Ilustraciones internas: Kate Raffin

Publicado por Baba Tree International
P.O. Box 966
Bellevue, WA 98009
Estados Unidos de América
www.babatree.org

Índice

∾

Prólogo

Shantum Seth

❧

Conocí a Jesse y a Catherine hace diez años en una peregrinación. Este peregrinaje, que llevo organizando desde hace 35 años, sigue los pasos de las dos figuras históricas que considero mis dos mayores maestros, Buda y Gandhi.

La fotografía que aparece en la portada de la primera edición del Libro Ongo, la siembra de un arbolito Bodhi, fue tomada durante ese viaje. Es significativo que la imagen sea la de un arbolito y no la de una semilla. Porque la semilla que nos llegó del Buda es ya un retoño sano. No estamos iniciando algo nuevo. Hemos recibido el retoño de un árbol centenario y lo único que tenemos que hacer es cultivar el retoño. Este libro nos da las herramientas para hacer nuestra parte.

Mi otro gran maestro, Thich Nhat Hanh, hablaba a menudo de ver las nubes, la lluvia, el sol, la tierra, todo en una hoja. Si quitáramos uno de esos elementos, la hoja no existiría. Esta comprensión de lo que él llama "nuestro inter-ser", subraya nuestro sentido de interconexión y nuestra responsabilidad universal. Lo que decimos, lo que hacemos, lo que pensamos, tiene repercusiones más allá de nuestra imaginación. En este pequeño y frágil planeta, todos estamos interrelacionados y coexistimos. Si nos destruimos a nosotros mismos, nos llevamos a todas las demás especies con nosotros. Lo oportuno del *Libro Ongo* es que nuestra supervivencia es incierta. Ofrece prácticas para vivir en armonía y en comunidad amorosa.

Lo que me gusta particularmente de este libro es la forma en la que ofrece ejercicios prácticos sobre cómo construir comunidad. Por ejemplo, cómo dirigir una ronda de compartir de manera que cada persona se sienta incluida y pueda compartir libremente.

Ambos autores, Catherine y Jesse, son facilitadores naturales y su libro puede servir de guía a muchos otros. Hay una gran sensación de facilidad y de juego que les resulta natural. Catherine puede conectar sin esfuerzo con los jóvenes, quienes llegan a confiar en ella y a quererla muy rápidamente.

Es un don: no todo el mundo tiene esta habilidad. Jesse tiene un tipo de estabilidad, un centro como una roca, lo cual permite la danza de Catherine.

Hemos reconocido un vínculo común entre los cuatro, los dos autores, mi esposa Gitu y yo. Todos compartimos la misma aspiración de hacer del mundo un lugar mejor, no sólo para nosotros, sino para los demás y para las generaciones futuras. Tenemos un idealismo común, un sentido de propósito similar.

Nos hemos reunido con Jesse y Catherine varias veces en los últimos años. Ellos nos pusieron en contacto con otros amigos de su círculo que compartían el mismo sentido de propósito. Tanto Jesse como Catherine tienen una forma de generar confianza y la gente gravita naturalmente hacia ellos. De esto, de la creación de una "comunidad amada", una Sangha, construida sobre prácticas de noviolencia, es de lo que trata este libro; de ayudarse mutuamente a vivir y a respirar con facilidad, y de crear un mundo más armonioso y amoroso.

Llevamos mucho tiempo en guerra y conflicto, incluso dentro de nosotros mismos, y eso ha sido una gran causa de sufrimiento en el mundo, para los individuos, las familias y la sociedad en general. Hay mucha desesperación, ira, odio y brutalidad.

Es difícil mantener viva la luz de la noviolencia en medio de tanta oscuridad, escepticismo y ridiculización. Lo sé a costa propia. Cuántas veces la gente me ha rechazado con una burla: "Eres un idealista, el mundo se va a destruir de todos modos, esto es el Kali Yuga".

Pero creo que el potencial de bondad básica existe en todos los seres humanos. También veo que hay una necesidad humana básica de pertenecer y de conectarse y sentir esa conexión. Podemos verlo en los niños más pequeños. Nuestro esfuerzo es mantener viva esa bondad en nosotros mismos y tocarla en los demás. Es para lo que hemos nacido. Este libro nos ayuda a hacerlo.

– Shantum Seth
Marzo 2022

Shantum recibió la "transmisión de la lámpara" del maestro zen Thich Nhat Hanh, quien lo ordenó como *Dharmacharya* (maestro del Dharma) en 2001, y ha estado enseñando en la India y alrededor del mundo. También dirige peregrinaciones "Tras las huellas de Buda" y otros viajes multiconfesionales y de transformación desde 1988, y se le considera el principal guía de los lugares asociados a Buda. Participa activamente en programas sociales, medioambientales y educativos, incluido el trabajo sobre el cultivo de la atención plena en la sociedad, con educadores, la Fuerza de Policía de la Reserva Central y el sector empresarial, entre otros, promovidos por Ahimsa, una fundación sin ánimo de lucro de la cuál él es uno de los fundadores. Tras haber vivido en Inglaterra, Estados Unidos y Francia (en un monasterio) durante más de 14 años, ahora vive con su esposa, Gitanjali, y sus hijas en Dehradun, en las faldas de los Himalayas de la India.

Prólogo

Lucy Leu

❧

Vivo en un mundo en el que hay tanto por aprender, leer, ganar, ver, hacer y adquirir –un mundo de comidas rápidas, soluciones instantáneas, habilidades nuevas, últimos descubrimientos y técnicas prometedoras–. A veces me siento abrumada buscando consumir toda la sabiduría y el conocimiento que veo afuera en el mundo.

Catherine y Jesse ofrecen algo diferente aquí. Extendiendo una mano suave, me llevan a un viaje en el que cada paso es su propia recompensa. Me invitan a hacer una pausa, a encontrar mi equilibrio, a encontrar lo desconocido en mi interior. Me relajo en un espacio donde la comprensión fresca aterriza y se filtra a través de las capas de lo que soy. Cambio desde dentro hacia fuera. Y mi mundo cambia.

Este viaje es, como dicen los autores, "para quienes quieran ser noviolencia en el mundo real". La sensación de noviolencia en el cuerpo es un estado abierto y relajado de buena voluntad basado en el conocimiento de que, en su esencia, el "yo" no está separado de los demás. La conexión (o interconexión) es central para la Comunicación Noviolenta (CNV) y los linajes del Dharma reflejados en el *Libro Ongo*. Sin embargo, la no separación no es algo que mi cerebro (por más listo que sea) ni mi voluntad (por más fuerte que sea) pueden alcanzar. Mientras leo conceptos budistas, leo sobre noviolencia o incluso domino el uso y las expresiones postuladas en la Comunicación Noviolenta, mi vida y mi mundo solo se transformarán cuando las enseñanzas broten a la vida desde el corazón. Aunque el camino dure toda una vida, el *Libro Ongo* provee un andamio sólido de 12 semanas que me permite –por mi cuenta, o incluso más poderosamente con la intención compartida y presencia de compañeros de viaje– experimentar e integrar las nuevas formas de ser y ver que son ofrecidas a través de sabias enseñanzas.

Para mí, el *Libro Ongo* no es un libro para leer en el sentido habitual. Es una guía clara y luminosa que me lleva en un viaje de descubrimiento de mí misma bajo una nueva luz. Si estoy dispuesta a tomarme el tiempo para mirar de nuevo, una y otra vez, veré ángulos, facetas y potenciales desconocidos en ese rostro que llamo "yo". Puede que me dé cuenta de que no soy la persona que veo en el espejo –ni la que creo que soy (la buena, amable, competente, inteligente, fuerte) ni tampoco la (mala, estúpida) que no me gustaría ser–. Simplemente existe la plenitud del ser, una profunda conexión dentro y con los "otros", y un sentido de pertenencia a un flujo continuamente cambiante y vibrante –este misterio dinámico que llamamos vida–.

Me inspira que los autores incluyan y honren a sus muchos maestros y que reconozcan humildemente que "no hay nada nuevo en este libro". Aunque nuestras fuentes de sabiduría sean milenarias, cada generación anhela que se le hable en su propio idioma y a través de las formas y la cultura que han evolucionado durante su vida. Cuando emprendo el viaje de Ongo para encarnar las enseñanzas, no sólo me transformo a mí misma y a mi mundo, también riego la tierra de la que nacerán las próximas generaciones. Estamos en una época de cambios vertiginosos: la forma en la que cada uno de nosotros viva su preciosa vida marcará el futuro de la humanidad. Estoy muy agradecida de que el *Libro Ongo* esté aquí como un amigo que nos apoya.

– Lucy Leu,
Marzo 2022

Lucy fue presidenta de la junta directiva del Centro para la Comunicación Noviolenta, editora del libro de éxito internacional *Comunicación Noviolenta: Un lenguaje de vida*, autora del Libro *Compañero de Comunicación Noviolenta* y cocreadora del "NVC Toolkit for Facilitators" (Kit de herramientas de CNV para facilitadores). Es cofundadora del "Freedom Project" (Projecto Libertad), que lleva la CNV y los entrenamientos de atención plena a personas en situación de cárcel y a quienes se reintegran a la sociedad. Lucy comenzó a practicar la meditación "Vipassana Insight" en 1986. Se introdujo en la meditación relacional a través del "Insight Dialogue" en 2008, y se ha comprometido activamente con la práctica y el servicio en dicha comunidad. Tiene el privilegio de vivir en las tierras ancestrales no cedidas de los pueblos de la Costa Salish (también conocida como Vancouver, Columbia Británica).

"*Durante nuestro breve tiempo en este maravilloso planeta,*
debemos inclinarnos profundamente los unos ante los otros,
ante la Tierra,
y ante todos los demás seres sensibles,
y resistir con el poder del amor
ante todo lo que cree o se interponga como barrera
entre nosotros y todo el reino de la vida".

— Alycee J. Lane

La bienvenida a Ongo
Una invitación

"Sólo nos estamos acompañando mutuamente a casa".
– Ram Dass

Paz. Compasión. Sabiduría.

Cuando lees estas palabras ¿qué viene a tu mente?

¿Piensas en tu vida o en la vida de otra persona? ¿Piensas en el lugar donde vives y trabajas, o en un lugar lejos de tu experiencia cotidiana? ¿Piensas en algo que vives a diario o en algo a lo que aspiras?

Como profesores de meditación, educadores de acción noviolenta directa y Formadores Certificados en Comunicación Noviolenta, hemos facilitado formaciones en seis continentes y trabajado con miles de personas. Por dondequiera que vamos, nos hacen la misma pregunta de formas diferentes: "Lo que estoy aprendiendo hoy es maravilloso, pero ¿cómo lo llevo a la práctica en mi vida cotidiana?"

¿Qué tal si la paz, la compasión y la sabiduría no fueran solo palabras lindas, sino tu experiencia del día a día? ¿Qué tal si tu hogar fuera tu templo y tu vida tu maestra espiritual?

Para nosotros, éstos no son conceptos abstractos. Nos hacemos preguntas como éstas todos los días, en nuestro matrimonio y en nuestra relación con familiares, vecinos y compañeros de trabajo. Como docentes, sentimos la responsabilidad de explorar en nuestras propias vidas aquello que invitamos a nuestros alumnos a hacer; a estar presentes con nuestra respiración y sentimientos en medio de una agitada discusión; a enfrentar nuestras heridas emocionales y creencias arraigadas y a responsabilizarnos por cómo afectan nuestras relaciones a otros; a empatizar con las necesidades de los otros y a abogar por las propias nuestras, aún cuando tenemos miedo.

Lo que nos ha quedado claro es que, a pesar de que la mayoría de nosotros disfruta la sensación de "escapada" que nos dan los talleres o retiros, el gran aprendizaje comienza cuando volvemos a casa. La iluminación es una idea maravillosa, pero lo que todos queremos realmente saber es cómo tener una conversación compasiva sobre dinero con nuestra pareja, o cómo abordar sabiamente temas básicos en nuestras comunidades. En 2007, en Kabul, Afganistán, en medio de una invasión militar liderada por los EE.UU. y de bombardeos suicidas talibanes, el tema más candente de nuestra formación de líderes de paz fue cómo tener una conversación honesta con los vecinos sobre la basura y las aguas negras.

Ongo fue creado en 2010 como una respuesta a este pedido de traer nuestra práctica espiritual a casa. El término Ongo rinde homenaje a la tradición japonesa zen "ango" (安居). El término ango evoca la antigua tradición budista *Vassa*, un período de 3 meses de contemplación y práctica espiritual intensiva que tiene lugar durante la temporada de lluvias en la India. En estos meses, cuando era difícil viajar debido a las carreteras inundadas, y cuando los animales pequeños y plantas eran más vulnerables a ser invisiblemente aplastadas, el Buda y sus discípulos se asentaban en un lugar para profundizar en su práctica de la sabiduría y la compasión.

Hemos adaptado esta tradición a las necesidades de la gente común de hoy en día. La hemos llamado "Ongo" como una abreviación del término inglés "ongoing" que significa "contínuo" para hacer alusión a una práctica espiritual contínua. A pesar de que recomendamos participar en retiros o peregrinaciones lejos de casa y creemos que éstos tienen un efecto potente en nuestra vida, quisimos traer el apoyo de un retiro a la vida cotidiana de la gente. Quisimos crear una comunidad espiritual cuyo cuidado y conexión pudieran sentir cuando están en la casa o el trabajo. Quisimos que las enseñanzas y las prácticas que ofrecemos tuvieran sentido en el contexto de las relaciones y presiones del día a día.

Cada día la vida nos ofrece la oportunidad de despertar nuestras mentes y nuestros corazones a la paz. Tienes en tus manos una invitación a descubrir la posibilidad de esta práctica en tu propia vida.

Este libro nos muestra el "cómo llegar de aquí hasta allá" desde nuestro propio hogar. En estas páginas encontrarás doce semanas de inspiración, una guía paso a paso y formas de crear redes de apoyo y compañía. No hay ningún requisito previo, solo la voluntad de decir "sí" a esta travesía.

Estas prácticas provienen principalmente del Budismo –especialmente del Soto Zen y el Vipassana– y de la Comunicación Noviolenta. Algunas prácticas provienen de otras tradiciones de sabiduría y linajes como la Noviolencia, Los Doce Pasos, el trabajo de Stephen y Ondrea Levine y de los Sabios Indígenas con quienes hemos trabajado directamente. Creemos que todas las enseñanzas que compartimos aquí son innatas a muchos territorios de la Tierra. Respetamos a quienes custodian dichas tradiciones. También honramos el hecho de que no haya nada nuevo en este libro. Así como una historia que se transmite de generación en generación, cada recuerdo refleja la generación de su tiempo y una evolución necesaria para la humanidad. Al compartir este trabajo, honramos a los maestros que escucharon el llamado de la compasión para compartir su sabiduría con otros. Honramos a los que vinieron antes que ellos, quienes posiblemente hicieron enormes esfuerzos para mantener viva esta sabiduría.

Ongo no requiere adherirse a ninguna religión ni sistema de creencias particulares. De hecho, nuestra esperanza es que Ongo genere una nueva profundidad y posibilidades dentro de tu propia fe o práctica espiritual, ya sea esta la oración, la meditación, el yoga o simplemente el ser amable con los demás.

Imagínate vivir tu práctica espiritual en cada cosa que haces −en el movimiento y en la quietud, en la palabra y en el silencio−. Imagínate que no hay separación entre un retiro espiritual y tu vida. Este libro te invita a esa realidad a través de una progresión de prácticas cortas, simples y realizables en tu día a día, durante el transcurso de tres meses.

Este libro continúa la evolución de Ongo y cómo compartimos esas prácticas. Es nuestro mejor intento por hacer accesible el apoyo, la compañía y la sabiduría de Ongo a cualquier persona, en cualquier lugar del mundo. En sus páginas, esperamos que encuentres más que respuestas a tus preguntas sobre la vida: esperamos que encuentres un camino espiritual donde tus preguntas se profundicen y las respuestas emerjan a través de tus propias revelaciones y descubrimientos.

Sostienes en tus manos una invitación.

Una invitación a dar un paso en tu camino hacia la paz, la compasión y la sabiduría.

Una invitación a descubrir lo que esta travesía significa para ti.

Nota de la traductora

Queremos honrar la diversidad de género y la sensibilidad que existe en torno al uso de pronombres y terminaciones como un importante indicador de identidad, inclusión y justicia de género. Con duelo, reconocemos que el idioma español dificulta la tarea de usar un lenguaje que sea simultáneamente claro y fácil de entender, así como inclusivo y aceptado por todas las personas.

Por claridad y facilidad de lectura, usamos un lenguaje neutro siempre que fue posible y el masculino donde otras opciones hubiesen sido confusas. Y a la vez, hacemos y honramos el duelo de cualquier persona cuya necesidad de ser vista, de importar y de inclusión no sea cubierta por esta estrategia.

Finalmente, te animamos a que al leer las prácticas en voz alta, utilices el pronombre o la terminación que mejor te represente a ti y a tu grupo Ongo.

Cómo usar este libro
Guía de inicio rápido

🖋 **Lee "La bienvenida a Ongo".** (pág. 1).

🖋 **Si estás haciendo Ongo individualmente,** lee "Prácticas individuales: Instrucciones generales" (pág. 9). Luego, elige una fecha para comenzar tus doce semanas de práctica Ongo y comienza con "Prácticas individuales - Semana 1" (pág. 34).

🖋 **Si estás haciendo Ongo con otra persona,** ambas personas leen las "Prácticas individuales: Instrucciones generales" (pág. 9) y la "Preparación para la práctica en pareja" (pág. 11). Luego, juntos, eligen una fecha para empezar sus doce semanas de práctica Ongo y comienzan con la "Práctica en pareja - Semana 1" (pág. 30) y la "Práctica individual - Semana 1" (pág. 34).

🖋 **Si haces Ongo con un grupo ya existente,** lee las "Prácticas individuales: Instrucciones generales" (pág. 9) y la "Preparación para la práctica en pareja" (pág. 11). Después de la primera reunión grupal, comienza con la "Práctica en pareja - Semana 1" (pág. 30) y la "Práctica individual - Semana 1" (pág. 34).

🖋 **Si quieres hacer Ongo en grupo y no existe un grupo,** lee "Crear un Círculo de Apoyo: Cómo crear un grupo Ongo" (pág. 15).

🖥 289 **Si estás haciendo Ongo con un grupo virtual en vez de presencial,** busca este ícono a lo largo del libro. Cuando lo veas, dirígete a la página que señala el ícono. Allí, en el capítulo "Dirigir la práctica grupal en línea" encontrarás instrucciones adicionales para grupos virtuales. Utiliza esas instrucciones en lugar de las instrucciones originales para esa sección. Luego regresa a las instrucciones originales para la sección siguiente.

Prácticas individuales:
Instrucciones generales

"Para mí, las prácticas son tan simples y realizables que he continuado haciendo muchas de ellas después de Ongo. Estoy notando que a pesar de ser simples, su efecto cumulativo es poderoso".
– Franca N., Nigeria

Las prácticas individuales son el corazón de Ongo. Proveen un ritmo consistente en el cual apoyarse, cinco días a la semana, un ritmo que fortalece nuestra conexión con la sabiduría y la compasión a diario. Estos momentos relativamente cortos de compromiso diario nos han parecido energizantes y más sostenibles en el tiempo que el hábito de esperar a encontrar un "tiempo libre" para practicar.

Las prácticas individuales Ongo están diseñadas para la práctica personal. Incluso si no estás practicando como parte de un grupo, puedes tener una experiencia Ongo completa tan solo siguiendo las instrucciones de las "Prácticas individuales" en este libro. Cuando son realizadas en el orden presentado, estas prácticas te conducen por un viaje que profundiza tu comprensión y destreza en el transcurso de las doce semanas de Ongo.

Cada semana ofrecemos un flujo de tres Prácticas individuales alternadas con dos Recordares. Los Recordares, en este libro, son citas inspiradoras que profundizan y nos muestran la esencia de las prácticas. Nos ayudan a recordar el "ser" dentro del hacer. De esta manera, aún en los días en los que no estamos realizando ninguna práctica de forma activa, estamos contemplando cómo "ser" la práctica en todo lo que hacemos. Además, están diseñadas para apoyar la flexibilidad y la profundización en tu práctica –siempre tendrás la opción de esperar un día para hacer una práctica individual específica, o tomar dos días para realmente profundizar en una sola práctica–.

Estas son algunas sugerencias para sacarle el mayor beneficio a las Prácticas individuales:

- **Agenda un "tiempo Ongo" diario.** Muchas personas han notado que agendar un tiempo regular para su práctica individual alivia el estrés de "crear" un tiempo cada día. Recomendamos programar un mínimo de treinta minutos, tres días a la semana. La mayoría de las meditaciones toman al menos treinta minutos para su realización, y a la vez muchas son lo suficientemente ricas como para tomarte más tiempo con ellas, cuando sientas la amplitud de hacerlo. El resto de los días, toma un par de minutos para leer y reflexionar sobre los Recordares a fin de mantener viva tu conexión con Ongo. Algunas personas disfrutan de tomar un tiempo extra en los días de Recordares para meditar también.

- **Haz las prácticas (no sólo las leas).** Estas prácticas ofrecen experiencias transformadoras que van más allá de un momento de inspiración intelectual. Regálate esta oportunidad.

- **Haz las prácticas durante el período de tiempo asignado.** Rara vez llega ese momento "perfecto" cuando no hay nada más llamando nuestra atención. El mejor momento para practicar siempre es ahora. Además, estas prácticas se construyen unas sobre otras, así que cuando estás empezando a aprender, son mejor practicadas en secuencia.

- **Sigue las instrucciones ofrecidas,** incluso si piensas que ya sabes cómo hacer la práctica. La artista Georgia O'Keefe pintaba la misma flor más de cien veces para descubrir plenamente todo lo que podía sobre esa flor. Cada vez que volvemos a un ejercicio, descubrimos algo más de lo que habíamos encontrado originalmente. Podemos incluso cambiar la forma como practicamos, a medida que la práctica nos cambia a nosotros.

- **Ve suave.** En una ocasión, el Buda aconsejó a un intérprete de laúd que tenía problemas con su práctica de meditación, que abordara la práctica como el afinar las cuerdas de su laúd: sin apretar ni aflojar demasiado. Practicar la noviolencia significa cultivar la noviolencia con nosotros mismos y con los demás.

- **Algunas Prácticas Individuales ofrecen más posibilidades,** señaladas con los siguientes íconos:

  Tips – dan una orientación para la práctica, si estás teniendo dificultades.

  Audio o video – grabaciones de algunas prácticas disponibles en línea en la página web Compañero Ongo de ongo.global.

  "En el instante" – prácticas que son variaciones de uno o dos minutos que pueden realizarse incluso en medio de un día muy ajetreado.

  "Profundización" – prácticas que ofrecen sugerencias para practicantes experimentados sobre cómo explorar una práctica particular con más profundidad.

Preparación para la práctica en pareja:
Guía para Parejas Ongo

"No me imagino haberle sacado una fracción del provecho que le saqué a Ongo si no hubiese hecho la práctica en pareja. Fue allí donde más aprendí. Mi capacidad de tomar riesgos aumentó. Empecé a confiar un poco más en mí mismo y a querer mucho a mis parejas porque teníamos el espacio y la estructura para mostrarnos vulnerables entre nosotros".
– Andi W., EE.UU.

Las *Parejas* Ongo son tus compañeros más cercanos durante tu recorrido Ongo. Están allí para darte empatía y apoyo, y para profundizar tu aprendizaje en formas distintas a tu práctica individual o grupal. Algunos participantes han descrito su experiencia de práctica en pareja como la parte más desafiante y a la vez más provechosa de su recorrido Ongo.

La práctica en pareja semanal de una hora ofrece un espacio y estructura seguras para soltar antiguos hábitos e identidades. Una pareja Ongo es una oportunidad para practicar nuevas maneras de ser en presencia de otra persona, tu pareja Ongo. Si eres parte de un grupo Ongo, vas a tener tres parejas diferentes durante el transcurso de Ongo (las instrucciones sobre cómo escoger las parejas están descritas en las Reuniones Grupales uno, cinco y nueve). Si no eres parte de un grupo Ongo, puedes hacer las prácticas en pareja invitando a una amistad o ser querido dispuestos a hacerlas contigo.

Ofrecemos las siguientes sugerencias para las parejas Ongo:

Antes de reunirte con tu pareja:

🍃 **Lee la práctica en pareja de esa semana** para tener una idea de lo que harán juntas. Esto promueve la claridad, la facilidad de comprensión, la mutualidad y la conexión.

- ❧ **Establece una hora conveniente para ti y para tu pareja** en la cual reunirse una vez a la semana por una hora. Las prácticas en pareja han sido diseñadas para que se puedan practicar por teléfono o en persona.

Trae para tu práctica en pareja:

- ❧ Un diario o papel
- ❧ Bolígrafo, lápiz o cualquier otro utensilio de tu preferencia
- ❧ Tu ejemplar del *Libro Ongo*

Durante la práctica:

- ❧ **Reúnete (o realiza la llamada) en un lugar tranquilo** con pocas distracciones externas. Apaga las notificaciones de tu teléfono y otros dispositivos. Toma en consideración que estarán co-creando un espacio sagrado de encuentro.

- ❧ **Compórtate con tu pareja como si estuvieran en un lugar sagrado.** Al hacer estas prácticas a menudo afloran una vulnerabilidad e intimidad profundas. **Compórtate con tu pareja,** de principio a fin, de una forma que promueva la seguridad, la confianza y el respeto mutuos.

- ❧ **Sigue el formato de la práctica, tal como está escrito,** para tener la oportunidad de aprender lo que la práctica les puede ofrecer. Incluso si algunas de estas prácticas te parecen familiares de otros contextos, descubrirás que es posible encontrar nuevos significados cuando son realizadas de la forma aquí descrita.

- ❧ **Elige conscientemente la intensidad con la que deseas trabajar.** Algunas prácticas pueden hacer surgir emociones y recuerdos profundos. Cuando elijas el material de vida con el cual trabajar en presencia de tu pareja, elige un material que amplíe tu aprendizaje y con el cual te sientas seguro trabajando.

- ❧ **Si la práctica hace surgir sentimientos o recuerdos que no te sientes seguro de compartir en el momento,** simplemente reconócelo ante tu pareja. Haz una respiración profunda y siente el contacto entre tu cuerpo y la tierra que te sostiene. Haz un plan para abordar lo que ha surgido con un amigo o terapeuta de confianza para que puedas incorporar este importante aspecto de ti mismo a tu recorrido por Ongo.

- **Resiste el impulso de caer en antiguos hábitos de conexión** a través de la conmiseración, "arreglando" al otro, resolviendo o dando consejos, contando viejas anécdotas. Aunque no hay nada de malo con estas formas de conectar, este tiempo está destinado a la práctica de formas de ser que pueden sentirse más vulnerables, menos familiares y finalmente, más gratificantes.

- **Si quieres conectar con tu pareja en una forma que difiere de la práctica escrita, asegúrate de revisar si tu pareja está de acuerdo.** Esto promueve un sentido de consideración y elección compartida.

- **Recuerda que no hay forma "incorrecta" de hacer nada de esto.** Todas las personas estamos simplemente aprendiendo.

- **Relájate y disfruta** el tiempo juntos.

Crear un círculo de apoyo:
Cómo crear un grupo Ongo

"Ongo ha hecho que mis pies toquen el suelo con un poco más de firmeza; puedo recorrer el camino de paz y presencia que anhelo con un poco más de frecuencia. Me encantó el apoyo diario de saber que estaba compartiendo un viaje con un grupo de buscadores en un camino similar".
– Adina R., EE.UU.

Al realizar las prácticas de este libro, ya te has unido a una comunidad mundial de practicantes de Ongo. Incluso si sólo realizas las prácticas individuales y nunca llegas a formar parte de un grupo Ongo, seguirás teniendo una gratificante experiencia Ongo.

Cuando quieras experimentar una sensación directa de comunidad y apoyo, puede ser el momento de crear un círculo de apoyo local. Reunirte con otros puede profundizar tu viaje individual y ofrecerte un espacio para compartir tus luchas, celebrar tu crecimiento y aprender de las experiencias de los demás. Un grupo Ongo que se reúne semanalmente crea una incubadora segura para explorar prácticas que, a veces, pueden sentirse demasiado vulnerables para practicar en otras áreas de tu vida. Sentarse, reunirse y estar con otros, incluso en silencio, puede reconfortarnos cuando nos sentimos solos. Compartir la sabiduría en un grupo profundiza nuestro sentido de compañerismo en el camino espiritual.

Si quieres crear un grupo Ongo, esto es todo lo que necesitas saber:

Sugerencias y peticiones para los participantes del grupo:

🌿 **Las personas que se unen al grupo están motivadas por su propio deseo** de crecer en sabiduría y compasión en su vida, no por presión de otros.

- **Las personas que se unen al grupo tienen una idea sobre qué trata Ongo,** ya sea porque han ojeado el libro o porque alguien familiarizado con Ongo se los ha explicado.

- **Cada participante necesita su propio ejemplar del libro** para las prácticas individuales y de pareja.

- **Se le pide a los participantes que se comprometan y asistan a la mayor parte de las doce reuniones semanales,** especialmente a la apertura y al cierre, a fin de promover un sentido de conexión y propósito compartido.

- **Se le pide a los participantes que respeten la confidencialidad de lo que se comparte durante las Reuniones grupales y las Prácticas de pareja,** a fin de cuidar la seguridad y confianza de todos.

- **Se le pide a los participantes que se comprometan con su propio bienestar mental y espiritual** y que estén dispuestos a buscar ayuda externa si surge algo con lo que necesiten más apoyo del que el grupo Ongo les puede ofrecer.

Pasos de acción para el organizador del grupo:

- **Familiarízate con la estructura de Ongo** leyendo la "Bienvenida a Ongo" y las páginas introductorias sobre "Prácticas individuales", "Preparación para las prácticas grupales" y "Dirigir la práctica grupal". Si tu grupo se va a reunir en línea, consulta también el capítulo "Dirigir la práctica grupal en línea" que se encuentra en el Ápendice B.

- **Invita a un mínimo de tres o a un máximo de diecinueve personas** para que se unan a tu grupo Ongo. Con menos de cuatro participantes en total, algunos de los aprendizajes en las prácticas de grupo pueden no ser tan ricos. Con más de veinte, puede perderse parte de la conexión personal.

- **Elige un día y hora de reunión que funcione para todas las personas** cada semana, a lo largo de las doce semanas de Ongo, para Reuniones grupales de una hora y media (los grupos grandes pueden necesitar dos horas). Ongo comenzará en la fecha de la primera reunión grupal.

- 290 **Elige un lugar tranquilo, cómodo y de fácil acceso** para las Reuniones grupales. Opcionalmente, el lugar de reunión puede rotar entre las casas de quien guíe cada semana.

- **Como persona organizadora de un grupo Ongo, tú guiarás la primera Reunión grupal.** Repartirás esta responsabilidad con los demás participantes durante el resto de Ongo.

Dirigir la práctica grupal:
Instrucciones para el guía grupal

"Ongo me proporcionó una comunidad que eligió apoyarse mutuamente con empatía, respeto, confianza, conexión profunda, cuidado y apoyo –con una orientación sabia–. Esto era realmente importante para mí en este momento de mi vida".
– Kate F., Australia

Recorrer Ongo como grupo da a los amigos, la familia y los miembros de una comunidad la oportunidad de caminar juntos por el camino espiritual. Los grupos Ongo se reúnen una vez a la semana para divertirse, aprender y conectarse, utilizando la guía que se encuentra en los capítulos grupales de este libro. Por lo general, la reunión grupal semanal abre con una meditación, seguida de una breve enseñanza y una actividad de práctica, y cierra con un compartir y una gratitud. Cada grupo tendrá una persona Guía. El rol del guía grupal es dar un sentido de orden y claridad de dirección al grupo. En el transcurso de las doce reuniones semanales de grupo, cada participante se turnará para ser el guía grupal.

Gracias a esta estructura de poder compartido, siéntete libre de guiar y ofrecer orientación al grupo cuando sea tu turno de desempeñar este rol. De hecho, tu presencia e iniciativa como Guía puede apoyar el deseo de aprendizaje de la comunidad y su sensación de seguridad.

En las páginas siguientes se enumeran las responsabilidades del Guía. Éstas, junto con el capítulo de grupo correspondiente a la semana que tú diriges, describen paso a paso todo lo que necesitas saber para desempeñarte como Guía. No necesitas experiencia ni conocimientos previos. Unos días antes de la Reunión grupal, tómate tu tiempo para prepararte leyendo el capítulo –y sobretodo ¡recuerda divertirte!–.

Si tu grupo se reune virtual y no presencialmente, busca este ícono de computadora a lo largo del libro. El ícono aparecerá a la izquierda de cualquier sección donde exista una guía adicional para grupos virtuales. Dirígete al número que muestra el ícono a fin de encontrar guía adicional para dicha sección.

Dos o tres días antes de la Reunión grupal:

🍂 **Lee el capítulo grupal correspondiente a la semana que vas a guiar** para tener una idea de lo que va a ocurrir y de cualquier cosa que puedas necesitar.

🍂 **Recuérdale a todas las personas el día, hora y lugar de la reunión, así como cualquier preparación** que la práctica requiera. Consulta la sección "Preparación - Todos los participantes" al principio del capítulo grupal correspondiente a la semana que estarás guiando para obtener esta información. No todas las reuniones grupales requieren de preparación por parte de los participantes.

🍂 **Realiza cualquier preparación indicada en la sección "Preparación - Guía grupal",** que también se encuentra al principio del capítulo grupal de la semana que estarás guiando.

Cómo leer el capítulo grupal:

Cuál es la actividad → **Meditación de apertura**

Qué hacer (en negrita) → **Después de un momento de silencio, lee las instrucciones siguientes al grupo.**

Cómo hacerlo (sin negrita) → Lee de una forma que ayude al grupo a relajarse con las instrucciones:

Qué decir (con sangría) → Acomódate en tu asiento. Siéntate de forma cómoda y relajada.

🍂 Cada actividad comienza con un encabezado que tiene una pincelada detrás.

🍂 Debajo del encabezado hay instrucciones **en negrita** para que tú, la persona Guía, las sigas. Cuando sea necesario, habrá explicaciones adicionales sin negrita en el texto. Los ejemplos aparecen en *cursiva*.

🍂 El texto con sangría y una pincelada es para leerse en voz alta al grupo, tal y como está escrito.

Trae a la reunión grupal:

🍂 Una campanita u otro instrumento suave que pueda utilizarse para señalar el inicio y el fin de ciertas prácticas (como la meditación)

🍂 Un reloj u otro dispositivo para llevar el tiempo

🍂 Papel o tarjetas en blanco

🍂 Bolígrafos, lápices, marcadores u otros utensilios de escritura (si es posible, ofrece una variedad de colores)

- Tu ejemplar del *Libro Ongo*
- A partir de la Reunión grupal de la semana 2, el juego de cartas de Necesidades (si guías la reunión de la semana 1, puedes ignorar esta instrucción). Para ver instrucciones, consulta "Las cartas de Necesidades" (pág. 284).

291 El día de la reunión grupal:

- **Coloca las sillas en círculo.** Esto permite que todas las personas puedan ver y ser vistas fácilmente por todas las demás y respeta la igualdad de todas las personas.

- **Reduce al mínimo las distracciones visuales, sonoras y olfativas** para favorecer la concentración y la tranquilidad de todas las personas. Por ejemplo, oculta cualquier libro o medio de comunicación que no tenga relación con el espacio. Pide a los participantes que eviten usar perfumes o productos perfumados. Recuérdales a todos que apaguen sus teléfonos.

- **Considera la posibilidad de colocar algo pequeño y sencillo en el centro del círculo** que invite a una sensación de bienvenida, inspiración y reunión, sin obstruir la visión de los demás participantes –por ejemplo, unas flores frescas o una vela–.

292 Durante la Reunión grupal:

- **Si es tu primera vez haciendo Ongo, es muy recomendable que "sigas el guión" y que ayudes igualmente al grupo** a seguir las instrucciones establecidas en la reunión grupal de la semana1 tal y como están escritas. Incluso si algunas de las enseñanzas y prácticas te resultan familiares de otros entrenamientos que has recibido, puede que adquieran un nuevo significado cuando se practican de la manera que ofrecemos aquí. Dicho esto, hay limitaciones en todas las formas de hacer las cosas, incluyendo las que se ofrecen en este libro. Y si esta es la tercera o cuarta vez que el grupo hace Ongo, tal vez quieras experimentar con las instrucciones ofrecidas en "Continuar Ongo con integridad" (pág. 271).

- **Intervén con una suave orientación** si tienes la impresión de que lo que está pasando se aleja del propósito colectivo. Una forma de comprobar tu impresión es preguntando al grupo: "Noto que me empiezo a distraer de nuestro propósito colectivo en este instante y me pregunto si otras personas también lo están sintiendo". También es posible que lo que está pasando esté contribuyendo al aprendizaje, aunque no sea evidente para ti o para los demás en un principio. En esos momentos, tu pregunta puede ayudar a sacarlo a la luz. Después de conocer la impresión del grupo, dale continuidad con una propuesta. Una forma sencilla y eficaz de hacerlo: "En base a lo que estoy escuchando, me gustaría proponer _____. ¿Alguna persona no está dispuesta a hacerlo?". Puede ser una propuesta de cambiar o de continuar con lo que está ocurriendo durante un tiempo limitado. En cualquier caso, hacer una propuesta ayuda a generar claridad en el grupo.

🔹 **Usa un liderazgo de "poder compartido".** Recuerda el poder de la empatía silenciosa y de tomar un respiro colectivo cuando las cosas se pongan difíciles en el compartir grupal. Como guía, utiliza Ongo en lugar de sentirte en la obligación de resolver o saber las respuestas. Cuando te hagan preguntas por ser el guía o anfitrión del grupo, recuerda que la sabiduría es colectiva. Busquen juntos la respuesta en *el Libro Ongo*, o discutan la pregunta como grupo.

🔹 **Si surgen recuerdos traumáticos o traumas actuales de uno o más participantes,** detén la práctica o la discusión y baja la velocidad. Una forma de hacerlo es invitando a todas las personas a tomar juntas tres respiraciones profundas y a sentir las partes del cuerpo que se apoyan en la tierra. Luego, ofrece la meditación de bondad amorosa de la Práctica grupal de la primera semana (pág. 24). Después, pregúntale a la persona afectada si en ese momento desea elaborar un plan de cuidado con el grupo, o en privado con alguien del grupo, o al finalizar la reunión. Es importante que la persona afectada elabore un plan, que puede incluir recibir apoyo profesional fuera del grupo Ongo, y recibir seguimiento y cuidado por parte de alguien del grupo.

🔹 **Mide el tiempo,** sin preocuparte del ahora. Por lo general, si sigues las instrucciones del capítulo grupal semanal, todas las actividades caben en una hora y media de reunión. Para grupos más grandes, planifica dos horas. Siempre que hay una actividad que puede durar más del tiempo disponible, se ofrecen instrucciones para decidir cuándo llevar al grupo a la siguiente actividad.

🔹 **¡Recuerda divertirte!** Has venido a Ongo para enriquecer tu vida, no para añadirte una carga más. Si la responsabilidad de ser Guía empieza a pesarte, tómate un momento para respirar y relajarte. Sonríe. Todo va a estar bien.

Semana 1

El Círculo Ongo

"Entrar en un 'ango' o período de práctica lejos del ajetreo de la vida,
es detenerse y honrar a los ancestros, a la familia y a la comunidad.
Es una forma de cultivar la luz que heredaste de los primeros despiertos
hace mil años. Es una oportunidad para ofrecer
flores e incienso, para inclinarse ante el don de la vida".
– Zenju Earthlyn Manuel

Preparación – Todos los participantes:

🔸 Trae a esta primera Reunión grupal una intención escrita que exprese lo que te trae a Ongo en este momento de tu vida y lo que esperas obtener en tu aprendizaje al final del viaje Ongo.

🔸 Trae tu planificador, calendario o agenda, si es algo que utilizas.

290 Preparación - Guía grupal (quien organiza este grupo Ongo):

🔸 Un día o dos antes de la Reunión grupal, recuérdale a todas las personas el día, hora y lugar de reunión y la invitación de traer una intención (ver arriba).

🔸 Lee "Dirigir la práctica grupal" (pág. 17) y sigue los pasos que aparecen en "Responsabilidades del Guía".

294 Meditación de apertura

Invita a todas las personas a sentarse en el círculo.

Lee lo siguiente al grupo:

Te damos la bienvenida a nuestro Círculo Ongo. Nos reunimos en círculo porque en un círculo, cada persona tiene su lugar y todos podemos ser vistos y escuchados por igual. Aquí, todos pertenecemos y todos importamos.

Comencemos cada persona diciendo su nombre en el círculo. A medida que cada persona hable, dale la bienvenida con tu presencia, escuchando en silencio y permitiendo el tiempo de una respiración completa antes de que la siguiente persona diga su nombre. Comenzaré compartiendo mi nombre y respirando, y luego continuaremos alrededor del círculo a mi izquierda.

Di tu nombre en el círculo. Respira completamente. Invita en silencio a la persona de tu izquierda a continuar la ronda compartiendo su nombre.

Una vez que todas las personas del círculo hayan compartido su nombre, lee:

> El propósito del grupo Ongo es ofrecer aprendizaje, apoyo y compañía en nuestra práctica de la sabiduría y la compasión. Una de las formas en las que nos apoyamos mutuamente es a través de nuestra presencia y compromiso constantes. Pedimos que todos asistamos a la mayoría de las Reuniones grupales y Prácticas en pareja, y que hagamos la mayoría de las Prácticas individuales.
>
> Otra forma de apoyarnos mutuamente es cuidando de la vulnerabilidad que naturalmente surge con la práctica de algo nuevo y desconocido. Podemos crear un espacio seguro y de confianza para compartir de forma honesta nuestro proceso de aprendizaje. Para apoyar esa sensación de seguridad y confianza, pedimos que lo que se comparta en nuestras Reuniones grupales de Ongo sea tratado como confidencial y que no se hable de ello fuera de estas reuniones sin el permiso de la persona que lo compartió. Pedimos que nos apoyemos mutuamente para no caer en los hábitos de chismes, críticas o consejos no deseados. En su lugar, hagamos todo lo posible por ver la vulnerabilidad de los demás y notar dónde se refleja la nuestra.
>
> Una tercera forma de ayudarnos mutuamente es dando un paso adelante y otro atrás. Esto significa que si oyes la voz de los demás más frecuentemente que la tuya, intenta dar un paso adelante y compartir más, y si oyes tu propia voz más a menudo que la de los demás, da un paso atrás y escucha más. De este modo, apoyamos tanto la igualdad como la diversidad de voces en nuestro grupo.
>
> ¿Estás dispuesto a aceptar estas tres peticiones de compromiso, confidencialidad y consideración de todas las voces?

Haz una pausa para comprobar si todas las personas están de acuerdo. Si no están todos de acuerdo, pregunta si hay algún cambio sencillo en el acuerdo que todos estén dispuestos a aceptar. Si no lo hay, sugerimos que, para facilitar y aprovechar la energía de todos, el grupo continúe sólo con aquellos participantes que estén dispuestos a aceptar las peticiones descritas anteriormente. Nuestra experiencia es que los grupos de Ongo requieren algún tipo de compromiso, confidencialidad y consideración para que los participantes tengan una sensación real de apoyo por parte del grupo.

Después de que todas las personas estén de acuerdo, lee:

> Mira a tu comunidad Ongo. Éste será nuestro círculo para el recorrido Ongo. En este recorrido, nos apoyamos los unos a los otros, y cada uno se responsabiliza también de

sí mismo. A medida que practicamos, puede que material profundo de nuestras vidas surja para ser practicado. Depende de ti determinar cuánto estás dispuesto a trabajar en cada momento. Sal de tu zona de confort pero sin abrumarte. Si te abrumas, por favor avísanos para que podamos sostenerlo contigo. Una de las formas en que podemos ayudar es ofreciendo bondad amorosa.

Cada semana, nuestras reuniones comenzarán con una meditación para ayudarnos a aterrizar, asentarnos y recordar nuestro propósito de grupo. Hoy haremos juntos una meditación de bondad amorosa a la que podremos volver siempre que sea necesario, incluso en momentos de agobio individual o colectivo. La bondad amorosa se trata de la conexión, es una ofrenda de amor incondicional hacia nosotros mismos y hacia los demás. Con ella, no estamos tratando de alcanzar un determinado sentimiento o creencia. Estamos reuniendo toda nuestra atención detrás de una intención: conectar y ofrecer la energía del amor y la bondad amorosa que ya existe en la vida y en nuestro propio corazón.

Meditación de bondad amorosa

Invita a todas las personas a sentarse cómodamente.

Toca la campana para indicar el comienzo de la meditación.

Después de un momento de silencio, lee al grupo las siguientes instrucciones. Lee de una manera que ayude al grupo a relajarse con las instrucciones, dejando un espacio y respiraciones de silencio entre las frases.

Cierra los ojos o simplemente deja que se suavicen, eligiendo un punto donde la mirada pueda descansar. Deja que tu energía se asiente en el cuerpo.

Haz un par de respiraciones profundas, y luego deja que la respiración se asiente en su propio ritmo.

Mueve los dedos de los pies para tener la sensación de dónde están tus pies y estira el cuello para despertar la columna vertebral, permitiendo más espacio.

Mientras continuamos, si en algún momento te sientes desconectado o distraído, mueve los dedos de los pies para volver a la sensación de estar sentado en este momento, sintiéndote seguro y perteneciendo a este círculo.

Deja que tu vientre se suavice con cada respiración.

A continuación, dirige tu atención hacia la energía de bondad amorosa de tu propio ser hacia ti mismo.

Dite a ti mismo, en la quietud de tu propio corazón: Que yo esté seguro. Que yo esté sano. Que yo sea feliz. Que yo viva con facilidad.

Repite estas frases para ti mismo en silencio.

Permite unos minutos de silencio y luego lee:

Si te distraes, nótalo suavemente y vuelve a la respiración y a las frases: Que yo esté seguro. Que yo esté sano. Que yo sea feliz. Que yo viva con facilidad.

Ahora, acuérdate de un ser que te haya ayudado. Tal vez ni lo has conocido, pero te ha inspirado desde la distancia. Puede ser un adulto, un niño, un animal.

Ofreciendo esta energía de bondad amorosa, dile a ese ser en tu corazón: Que estés tranquilo. Que estés seguro. Que estés sano. Que seas feliz.

Permite unos minutos más de silencio y luego lee:

Con cada respiración, nota cómo se ablanda tu vientre.

A continuación, acuérdate de un amigo querido. Puede ser el primer amigo que venga a tu mente.

Dirige la energía de la bondad amorosa hacia él. Dile en tu corazón: Que estés tranquilo. Que estés seguro. Que estés sano. Que seas feliz.

Permite unos minutos más de silencio y luego lee:

A continuación, un grupo de nuevos amigos. Dirige tu atención interna hacia este grupo Ongo.

Con la energía de la bondad amorosa, diles, en la quietud de tu corazón: Que estén seguros. Que estén sanos. Que sean felices. Que vivan con facilidad.

Que el apoyo de esta comunidad y las enseñanzas y prácticas ofrecidas a través de Ongo, hagan crecer la paz, la sabiduría y la compasión en nuestros corazones, en nuestro ser.

Permite unos minutos más de silencio y luego lee:

A continuación, dirijamos nuestra atención, nuestra bondad amorosa, hacia todas las personas en todas partes.

Que todos los seres, conocidos y desconocidos, estén seguros. Que sean felices. Que vivan con facilidad.

Que todos los seres sean libres de sufrimiento.

Ahora haré sonar la campana tres veces: una para recordar la gratitud hacia nosotros mismos, otra para recordar la gratitud hacia los demás y otra para recordar la gratitud por todo lo que nos ayuda a reunirnos de esta forma. Después del tercer toque, cerraremos esta meditación juntando las palmas de las manos frente a nuestros corazones y ofreciendo una reverencia simple para expresar esta gratitud. La reverencia es un gesto de humildad y respeto en muchas tradiciones.

Toca la campana tres veces, haciendo una pausa de la duración de una inhalación entre cada toque de la campana.

Coloca las palmas de las manos juntas frente a tu corazón y ofrece una reverencia al círculo.

295   Compartir y escuchar

Lee estas instrucciones al grupo:

Cada uno de nosotros fue invitado a traer una intención escrita expresando lo que nos trae a Ongo en este momento de nuestra vida, y lo que esperamos obtener en nuestro aprendizaje al final del recorrido Ongo. Empezando por la primera persona que sienta el impulso de compartir, vamos ahora a recorrer el círculo y a escuchar las intenciones Ongo de cada uno. Cuando compartas, repite tu nombre y di tu intención. Les pido que nos apoyemos mutuamente escuchando con curiosidad y presencia plena a quien está compartiendo, en lugar de pensar en otras cosas. También les pido que no interrumpamos, ni hagamos preguntas, ni comentemos sobre lo que los demás están compartiendo. A fin de que todas las personas tengan tiempo de compartir, sugiero que nos limitemos a tres minutos por persona.

¿Quién se siente movido a empezar?

Invita a quien empiece a compartir su nombre y su intención Ongo.

Continúa alrededor del círculo hasta que todas las personas, incluyéndote, hayan compartido.

Cosecha

Pregunta al grupo: "¿Qué te conmovió al compartir y al escuchar a los demás?".
Invita a hablar a cualquiera que se sienta conmovido, incluyéndote a ti. Está bien si nadie responde de inmediato o si hay algún silencio entre las personas que comparten. En ese silencio, la energía puede estar reuniéndose para que alguien hable. Permite el espacio para esto simplemente respirando y escuchando hasta que sientas que no hay nada más que quiera ser dicho.

Cierra dando las gracias a todas las personas por haber compartido y escuchado.

Lee al grupo:

> Esta semana, nos reuniremos con otro miembro de Ongo, ya sea por teléfono o en persona, para nuestra primera Práctica en pareja Ongo. Seguiremos reuniéndonos una vez a la semana con esa misma persona hasta la cuarta semana de Ongo. Cada mes, cambiaremos de pareja Ongo para tener la oportunidad de profundizar en nuestra experiencia Ongo trabajando individualmente con diferentes miembros de la comunidad.

> Hoy seleccionaremos a nuestras primeras parejas Ongo. Nuestra única recomendación es que los familiares y los compañeros de vida esperen hasta el tercer mes para ser emparejados, con el fin de cuidar el vínculo profundo de esas relaciones y la vulnerabilidad que surge al principio del proceso de aprendizaje. Más allá de eso, el objetivo aquí no es encontrar "parejas perfectas", sino dejar que se desarrolle un proceso intuitivo. Tómate un minuto en silencio para respirar e imaginar, dentro de este círculo, a tres personas con las cuales te sientes llamado a practicar individualmente.

Después de un minuto de silencio, lee:

> A continuación, respirando la vulnerabilidad que puede suponer pedirle a alguien que sea nuestro amigo, nos giramos hacia una de las tres personas. Con este inicio, vamos a ponernos de acuerdo sobre cuáles serán las parejas de este primer mes. Tendremos diferentes parejas Ongo en los meses dos y tres, y puede surgir la magia cuando no pensamos demasiado en este proceso, así que sólo nos tomaremos cinco minutos para tomar una decisión.

Mide el tiempo. Avisa al grupo cuando sólo quede un minuto para acabar.

Después de que todas las personas tengan una pareja, lee:

> Después de esta reunión, por favor tómate un momento para conectar con tu pareja y programar su primera reunión juntos. Asegúrate de leer las páginas sobre "Preparación para la Práctica en pareja" antes de tu primera reunión, si aún no lo has hecho ya. Por último, si en las próximas semanas, tú o tu pareja no se han reunido con constancia para hacer la Práctica, por favor, comunícate con el grupo y pregunta si alguien más tiene disposición para ser tu pareja suplente por ese mes.

Estableciendo las Prácticas individuales Ongo

Lee al grupo:

> Cada semana, hay tres Prácticas individuales que haremos en nuestro propio tiempo y dos Recordares que amplían las enseñanzas de esas Prácticas individuales. Participantes de Ongo en el pasado descubrieron que agendar un tiempo consistente para la Práctica individual diaria, les ayudó a acordarse de practicar y a sentir una mayor conexión con Ongo a lo largo de su semana. Recomendamos que dispongas de 30 minutos, tres días a la semana, para la Práctica individual. También recomendamos que dispongas de unos minutos para la reflexión en los días de los Recordares. Para muchas personas, las primeras horas de la mañana, antes de comenzar el día, son un momento de claridad y tranquilidad para hacer su práctica. Independientemente de la hora que elijas, intenta encontrar momentos en los que puedas estar descansado y despierto.

Invita a todas las personas a dedicar unos minutos a programar su tiempo de Práctica individual para la semana y a crear recordatorios en su calendario, teléfono o en un papel.

Recuerda a las personas leer "Las Prácticas individuales: Instrucciones generales" (pág. 9), si aún no lo han hecho.

297 Cierre

Solicita un voluntario para guiar el grupo la semana siguiente. Esa persona guiará el grupo durante la Reunión grupal de la semana 2.

Recuérdale al voluntario leer las páginas sobre "Dirigir la práctica grupal" (pág. 17) y la Práctica grupal de la Semana 2 antes de la próxima reunión. Todo lo que necesita saber lo encontrará en esas páginas.

Invita a todas las personas a hacer tres respiraciones completas en silencio.

Invita a todas las personas a compartir su nombre y una palabra que describa lo que se llevan de esta primera Reunión grupal Ongo. Comienza con la persona de tu izquierda y recorre el círculo en el sentido de las agujas del reloj hasta que todas las personas, incluyéndote a ti, hayan compartido.

Seguridad, confianza y respeto

"La noviolencia no cambia inmediatamente el corazón del opresor.
Primero hace algo en los corazones y almas de quienes están
comprometidos con la noviolencia. Les da un nuevo respeto por sí mismos;
les proporciona recursos de fuerza y valentía que no sabían que tenían".
– Dr. Martin Luther King, Jr.

Meditación de apertura

Tómate unos minutos para encontrarte con tu nueva pareja, tal vez compartiendo con esa persona algo sobre ti que aún no sepa.

Decidan quién leerá la meditación y quién tomará el tiempo.

Quien lea la meditación, que se permita una pausa silenciosa entre párrafos para que ambos puedan profundizar en las instrucciones ofrecidas:

Haz una respiración profunda.

Concentra tu atención en el cuerpo, sintiendo cualquier sensación o sentimiento presente. Si es necesario, toma un instante para ajustar tu postura o sentarte con más comodidad y apoyo.

Haz otra respiración profunda. Al exhalar, invita suavemente al cuerpo y a la mente a relajarse y a asentarse.

Durante los próximos minutos, simplemente descansa tu atención sobre la respiración, permitiendo que ésta sea natural y fluida. Si en algún momento notas que tu atención se pierde en pensamientos, suavemente invitala a volver a descansar sobre el fluir de la respiración.

Permanezcan sentados en meditación por dos minutos.

Quien esté tomando el tiempo, avisa a su pareja cuando hayan pasado dos minutos.

Cierren con una reverencia de apreciación mutua por haber meditado juntos.

Practicar la seguridad, la confianza y el respeto

Alternándose, lean las instrucciones lentamente y en voz alta:

> Con frecuencia, cuando nos reunimos con una persona o grupo por primera vez, surgen Necesidades de seguridad, confianza y respeto. Hoy vamos a darnos la oportunidad de observar cada una de estas Necesidades y cómo viven en nosotros, a través de una práctica de meditación en pareja. En esta propuesta no existe diálogo ni conversación cruzada. Por el contrario, es una invitación a simplemente estar con curiosidad y presencia contigo mismo y con tu pareja.
>
> En unos instantes, nos alternaremos para hacernos algunas preguntas de respuesta abierta sobre la seguridad, la confianza y el respeto. Cuando sea nuestro turno para responder, estamos invitados a decir libremente cualquier respuesta que nos surja. Permitámonos que sea una exploración plena, tomándonos el tiempo necesario para degustar lo que la palabra significa para nosotros. ¿Cómo vive en nuestros cuerpos? ¿Qué sensaciones físicas y sentimientos asociamos con esa palabra? ¿Cuál es nuestra relación con ella cuando estamos solos, con otros o en un grupo? ¿Cómo se siente cuando está satisfecha o insatisfecha? ¿Hay algo más que surja en respuesta a la pregunta? Si notamos que nuestra atención se centra en nuestros pensamientos sobre lo que estamos diciendo –por ejemplo, si tenemos juicios sobre si es una "buena" respuesta o no; si estamos hablando poco o mucho; o incluso si nuestra respuesta tiene sentido para nuestra pareja o no– simplemente notemos, respiremos, y volvamos a estar presentes con lo que sea dicho a través de nosotros como respuesta a la pregunta. Simplemente permitimos que surja lo que surja de dentro y le damos voz.
>
> Cuando sea nuestro turno de escuchar, se nos pide escuchar en silencio, con total presencia. Si notamos que nos enganchamos en nuestros propios pensamientos sobre lo que está siendo dicho –por ejemplo, análisis, juicios, comparaciones, preguntas o nuestras propias historias– simplemente notemos, respiremos, y volvamos a estar presentes con nuestra pareja. No ofreceremos ninguna confirmación ni respuesta verbal a lo que estamos escuchando. Solo permitiremos que surja la respuesta que surja y le daremos el espacio para ser escuchada

Tómense un instante para asegurarse de que ambos entienden las instrucciones sobre cómo escuchar y responder. Si es necesario, uno de los dos puede leer las indicaciones nuevamente.

Una vez que ambos han entendido, decidan quién será "A" y quién será "B".

Ahora, traigan su presencia a la práctica:

1. A le pregunta a B, *"¿Qué es el respeto?"*

2. B responde mientras A escucha. Cuando B siente que ha terminado de responder, B hace una respiración y le pregunta a A, *"¿Qué es el respeto?"*

3. A responde mientras B escucha. Cuando A siente que ha terminado de responder, A hace una respiración y le pregunta a B, *"¿Qué es la seguridad?"*

4. B responde mientras A escucha. Cuando B siente que ha terminado de responder, B hace una respiración y le pregunta a A, *"¿Qué es la seguridad?"*

5. A responde mientras B escucha. Cuando A siente que ha terminado de responder, A hace una respiración y le pregunta a B, *"¿Qué es la confianza?"*

6. B responde mientras A escucha. Cuando B siente que ha terminado de responder, B hace una respiración y le pregunta a A, *"¿Qué es la confianza?"*

7. A responde mientras B escucha. Cuando A siente que ha terminado de responder, A hace una respiración y dice que han terminado.

8. Tomen tres respiraciones profundas juntos.

Cosecha

"Cosechen" lo que esta práctica fue para cada una de ustedes. La cosecha es una oportunidad para compartir cualquier cosa que haya resaltado de su experiencia, incluyendo lo que disfrutaron, lo que les pareció desafiante, lo que aprendieron o descubrieron.

Apoyo para la Práctica individual

Conversen sobre cómo pueden apoyarse mutuamente al hacer las prácticas individuales esta semana. Esto puede variar entre parejas, en función de lo que a cada persona le apoye más. Por ejemplo, en una pareja, una persona puede que le envíe un mensaje de texto o un correo electrónico diario a la otra persona al haber terminado su Práctica individual. En otra pareja, puede que hagan una breve llamada telefónica semanal para compartir sus experiencias de las Prácticas individuales de esa semana.

Cierre

Compartan cualquier apreciación que tengan acerca de este tiempo juntos.

SEMANA 1 PRÁCTICAS INDIVIDUALES

Un lugar para empezar

"Un altar es un lugar donde podemos reposar nuestras heridas y nuestros conflictos y nuestras preguntas y nuestras cicatrices, donde se las entregamos a Dios o al Gran Espíritu o a esa parte de nuestro cerebro del tamaño de un guisante que es el lóbulo de la sabiduría y que sabe qué hacer pero que no se ha activado aún. Un altar es un lugar donde reposamos nuestras espadas y nuestros escudos y pedimos ayuda. Una instalación visual dedicada a lo que sea que consideremos sagrado, un altar es un recordatorio para la mente de reunirse con el corazón".
– Nina Wise

Hoy...

Crea un espacio físico que te nutra. Éste puede ser toda una habitación, la esquina de una habitación o incluso un área externa. Elige y crea un espacio que, tanto como sea posible, contribuya a una cualidad de ser liviana y profunda, viva y serena. Por lo general, ayuda si este lugar es tranquilo y libre de desorden. Queremos crear un espacio que abra y aporte calidez al corazón, que ofrezca apoyo para que la mente se calme y no se sienta llamada a involucrarse con distracciones ansiosas. Tómate el tiempo para quitar o cubrir de forma creativa todo lo que no te ayude a crear ese espacio.

Si ya tienes un espacio semejante, tómate el tiempo de refrescarlo para que esté limpio, vivo y le hable a tu corazón en el momento presente. Por ejemplo, puedes quitar el polvo o quitar cualquier elemento que no sea más relevante para tu práctica. Usa tu creatividad –escucha tu intuición sobre lo que quiere y no quiere estar en ese espacio en este momento de tu vida–.

Agrega a este espacio todo lo que sea esencial para apoyar tu práctica Ongo. Como mínimo ten una silla o un cojín que te ayude a sentarte de forma recta y cómoda durante la meditación. También puede que quieras tener a mano tus lápices o bolígrafos favoritos para escribir / dibujar, una manta o mantas, luces bajas o una vela, agua, incienso, plantas o flores, una alarma suave o un dispositivo para medir el tiempo, fotos o imágenes que te inspiren y te recuerden tu intención espiritual.

Escribe tu intención Ongo, si no lo has hecho aún, y colócala en el espacio. ¿Qué te trae a Ongo en este momento de tu vida? ¿Qué te esperas llevar al terminar?

Tómate unos minutos (¡o más!) para simplemente disfrutar de estar en este espacio. Sonríe y respira.

Un lugar para empezar
Recordar

"La existencia física del santuario como espacio sagrado refleja la tierra con sus olores, luz, comida, flores, tatamis de hierba, madera y estatuas de piedra. Cada persona es un templo zen... Cuando cuidamos de nosotros mismos, cuidamos del santuario. Al mismo tiempo, cuando cuidamos de la tierra, cuidamos de la humanidad, porque somos la tierra. Así que, cuando entramos en el santuario, entramos en nosotros mismos, nos inclinamos ante nuestras vidas y hacemos ofrendas de la tierra antes de tomar asiento en ella".
— Zenju Earthlyn Manuel

Hoy es nuestro primer Recordar. Los días de Recordar nos invitan a profundizar en nuestra comprensión de la Práctica individual del día anterior, haciéndolo de cualquier forma que nos apoye más. Son una oportunidad para experimentar libremente con las prácticas que más nos llaman. Por ejemplo, en los días de Recordar, puedes:

- Tomarte un par de minutos para leer el Recordar (la cita) y reflexionar sobre su significado para ti, a la luz de la Práctica individual del día anterior. Usa el espacio debajo del Recordar para escribir tus reflexiones (este Recordar, por ser el primero del *Libro Ongo* tiene indicaciones escritas en vez de un espacio en blanco).

- Profundizar en la Práctica Individual del día anterior haciéndola nuevamente, posiblemente en una forma o contexto diferente. Tal vez haya un aspecto que quieras explorar más o con el cual quieras tomar más tiempo.

- Realizar cualquier otra práctica que te apoye y abra tu corazón, como caminar al aire libre, meditar, rezar, hacer yoga o danzar.

Independientemente de la forma en la que decidas hacer tu práctica en los días de Recordar, te recomendamos, como mínimo, siempre leer la cita y tomarte un momento para conectar con tu práctica Ongo.

La atención plena de la respiración

"La iluminación siempre está ahí. Si respiras y eres consciente de que estás vivo,—
si puedes tocar el milagro de estar vivo— ese es un tipo de iluminación.
Muchas personas están vivas pero no tocan el milagro de estar vivas".
— Thich Nhat Hanh

La simple práctica de meditar prestando atención a la respiración, a la inhalación y a la exhalación, tiene profundos y duraderos beneficios. No es solo un instante de paz en nuestro día sino que se vuelve un instinto que, cuando es recordado, crea la libertad en nosotros de responder a la vida como elegimos, en lugar de solo reaccionar ante la vida desde nuestros hábitos de condicionamiento de lucha, huída y bloqueo.

Hoy...

Siéntate en el espacio de práctica que creaste en el Día 1. Sentándote en una silla, manta, o cojín de meditación, tómate un tiempo para encontrar una posición sentada que sea cómoda y que a la vez te ayude a permanecer despierto.

Siente tu cuerpo sostenido por la Tierra debajo tuyo. Descansa en el lugar donde tu cuerpo toca la silla o cojín. Siente cómo se siente. Si tus pies están en el suelo, siente esa conexión y descansa en ella.

Coloca una alarma de 12 minutos, o pídele a alguien que te avise cuando hayan pasado 12 minutos. Durante este tiempo, simplemente siente el fluir de tu respiración como si estuvieras en el océano, sintiendo el ir y venir de las olas. Si es posible, respira solo por la nariz, y no por la boca, para ayudar a que la respiración se aquiete y se suavice.

Acompaña la inhalación hasta que llegue a su pico, luego el momento de pausa, luego libera la exhalación, luego el momento de silencio, luego la inhalación mientras comienza naturalmente. Continúa presenciando la respiración de esta forma hasta que se acabe el tiempo. Si es posible, permite que el sonido de la respiración se aquiete cada vez más; permitiendo que el esfuerzo disminuya progresivamente.

Cuando tu atención vague entre pensamientos, como sucede con frecuencia, suavemente devuelve la atención al fluir de entrada y salida de la respiración, y tu cuerpo descansando sobre la Tierra. No hace falta que te culpes o avergüences cuando tu atención vague –simplemente regresa a la simple intención de estar presente ante el fluir de la respiración–. No hay forma correcta ni incorrecta de hacer esto –solo regresa a estar simplemente presente con la respiración–.

Al finalizar los 12 minutos, tómate un momento para estirar suavemente tu cuerpo y salir del lugar donde estás sentado. Cierra con una apreciación hacia ti mismo por haberte tomado el tiempo de disfrutar el regalo de vida de la respiración y con una apreciación hacia la Tierra por sostenerte.

Tip – Si enfocarte en la respiración te está resultando abrumador, o si notas que te estás disociando de tu cuerpo, desplaza tu atención hacia un lugar del cuerpo que te resulte agradable, calmante y que te enraíce. Por ejemplo, sentir el lugar donde tu cuerpo se encuentra con la Tierra. O tal vez un lugar cálido en la piel. Después, cuando te sientas con recursos, amplía tu atención para incluir de nuevo la respiración y vuelve gradualmente a poner la atención sobre la respiración. Hazlo según sea necesario para ayudarte a ampliar tu aprendizaje, pero sin agobiarte.

Audio – Hay una grabación de esta meditación en la página web Compañero Ongo de ongo.global. También puedes hacer tu propia meditación guiada grabando la práctica en voz alta. Si haces tu propia grabación, recuerda hablar despacio y dejar muchos silencios entre instrucciones para que puedas seguirla con facilidad cuando la escuches posteriormente.

En el instante – Detente dondequiera que estés. Ya sea que estés de pie, sentado, o acostado, toma un instante para sentir el lugar donde el cuerpo contacta con la Tierra. Respira y permítele al cuerpo que descanse en ese apoyo. Si es necesario, ajusta la posición del cuerpo para ayudarte a estar cómodo y a la vez despierto. Siente la conexión con la Tierra. Ahora, permite que tu consciencia se expanda hasta incluir la respiración. Durante un minuto o dos, simplemente presencia el fluir de la respiración, tal y como está descrito en la práctica completa, suavemente retornando tu atención a ese fluir cada vez que te pierdas en pensamientos. Cierra con un momento de apreciación hacia ti mismo por tu práctica y a la Tierra por su apoyo siempre presente.

Profundización – Practica la atención plena de la respiración al empezar y al terminar tu día. A medida que te vayas sintiendo más cómodo con la práctica, incrementa gradualmente la duración de la meditación a 30 minutos o una hora. Una vez al mes, intenta hacer una mañana o incluso un día completo en silencio. En ese silencio, practica mantener la atención plena de la respiración y la conexión del cuerpo con la Tierra mientras haces actividades como preparar el desayuno o lavar los platos.

La atención plena de la respiración
Recordar

"El propósito de la meditación es animarte a ser amable contigo mismo. No cuentes tus respiraciones solo para evitar pensar sino para ofrecerle el mejor cuidado posible a tu respiración. Si eres muy amable con tu respiración, un respiro tras otro, tendrás una sensación de frescura y calidez en tu zazen [meditación]. Cuando tengas una sensación de frescura y calidez en tu cuerpo y en tu respiración, entonces podrás cuidar de tu práctica y te sentirás muy satisfecho. Cuando eres muy amable contigo mismo te sentirás de esta forma naturalmente".

– Zenkei Blanche Hartman

La atención plena del cuerpo

"Si queremos conocer plenamente la libertad, debemos encontrar la libertad no solo en la mente sino también en el cuerpo, la casa de nuestro ser. El cuerpo físico es nuestro medio para conectar con lo sagrado y lo profano, lo transcendental y lo ordinario, un medio para dar expresión a nuestra naturaleza esencial, la cual es libre, abierta y vital".
– Nina Wise

El cuerpo es un instrumento sabio, se ha desarrollado durante el curso de millones de años de adaptación. Practicar la atención plena del cuerpo nos permite acceder a nuestra sabiduría integrada, la cual a su vez nos ayuda tanto a profundizar en nuestro sentido básico de confianza, de pertenencia y de "estar bien" en la vida, así como de aclarar lo que realmente necesita atención. Tan simple como pueda parecer esta práctica, tiene el poder de afectar profundamente la forma como nos relacionamos con el mundo. Cuando estamos enraizados y presentes con nuestros propios cuerpos, es menos fácil que nos arrastre la corriente de nuestros pensamientos o que nos sacudan las palabras de otros. Junto con la atención plena de la respiración, la atención plena del cuerpo es la base para no tomarnos las cosas personalmente y al mismo tiempo permanecer comprometidos con el mundo. **Para la práctica de hoy, siéntete libre de cerrar los ojos en cualquier momento que esto te ayude a sintonizar con lo que estás sintiendo en tu cuerpo.**

Hoy...

Siéntate en tu espacio de práctica. Ya sea que te sientes en una silla, manta, o cojín de meditación, tómate un tiempo para encontrar una posición sentada que sea cómoda y que a la vez te ayude a permanecer despierto.

Asiéntate. Haz un par de respiraciones profundas, lentas y completas. Suavemente estira tu columna vertebral y relaja los hombros, abriendo espacio para que entre más aire y más vida.

Ahora haz una respiración profunda y completa, y lleva la atención a los dedos de tus pies. Muévelos suavemente. Haz una respiración y expande tu atención hasta incluir la totalidad de tus pies. Nota las sensaciones presentes. No necesitas moverte ni responder. Simplemente siente. En este instante ¿qué sienten estos pies que te han llevado durante toda tu vida? Respira con lo que quiera que surja.

Haciendo una respiración completa, lentamente lleva tu atención de tus pies a tus piernas, descansando sobre tus rodillas. Nota las sensaciones. Mientras respiras hacia estas rodillas que te han sostenido, ¿Cómo se sienten? ¿Qué emociones surgen? Simplemente nota y respira.

Respira y lleva tu atención hacia tus muslos, subiendo hasta tus caderas. Quédate en tus caderas. Nota como están tus piernas y tu torso. Respira por un momento y quédate con todo el sistema de apoyo de tus piernas y caderas. Ahora respira hacia cada cadera. ¿Qué sensaciones surgen? ¿cómo se siente aquí? Solamente siente. Solamente respira.

Haz una respiración profunda llenando el abdomen y descansando tu atención sobre el vientre. ¿Qué sensaciones hay aquí? ¿Qué notas? Quédate con tu vientre. Respira con lo que quiera que haya allí.

Haz una respiración profunda hacia los pulmones y lleva tu atención al pecho. Permite que tus pulmones se llenen por delante y por detrás. Nota por un par de respiraciones la longitud completa de tu columna. Haz varias respiraciones profundas desde la parte superior hasta la parte inferior de tu espalda, descansa tu atención en el centro de tu caja torácica. ¿Qué sensaciones surgen? ¿cómo se siente aquí? Solamente nota y respira.

Haz una respiración profunda hacia tus hombros. Encoge los hombros ligeramente. Con los brazos relajados, suavemente rota los hombros dentro de sus cavidades una o dos veces. Permite que llenen toda tu atención ¿Qué sensaciones tienes ahí? ¿Qué emociones notas? Simplemente nota. Simplemente respira.

Haz una respiración profunda hacia tus brazos hasta llegar a tus codos. ¿Qué sensaciones notas aquí? Haz otra respiración profunda respirando por los antebrazos hasta las muñecas. Simplemente nota lo que hay allí. Respira hacia tus manos. Mueve tus dedos. Trae tu atención a estas manos que te han ayudado toda tu vida. ¿Qué sensaciones hay allí? ¿Qué emociones notas? Quédate con estas manos. Respira.

Haciendo respiraciones profundas, lleva la atención de tus brazos a tu cuello. Suavemente mueve la cabeza de un lado a otro, estirando ligeramente el cuello. Nota la columna vertebral en tu cuello. Nota tu garganta. Respira la longitud completa de tu cuello y tu garganta. ¿Qué sensaciones sientes? ¿Qué emociones están vivas? Simplemente nota. Simplemente respira.

Haz una respiración llevando tu atención hasta tu rostro. Estira la boca abierta por un instante. Lleva tu atención y respiración a todos los aspectos de tu rostro –frente, ojos, nariz, mejillas, mentón– quedándote con las sensaciones que surjan. Solamente nota, sin juicio. Respira.

Haciendo una respiración completa, llega hasta a la coronilla. Nota como tu atención en este punto te ayuda a prolongar la columna.

Ahora, expande tu atención para incluir todo el cuerpo. Haz un par de respiraciones profundas, quedándote con todo el cuerpo, y ahora deja que tu atención se relaje por completo. Respira por un par de instantes más. Continúa con los ojos cerrados hasta que te sientas listo para empezar a mapear.

Sobre la imagen del cuerpo (pág. 43), crea un mapa de tu meditación de hoy. Dibuja, colorea y escribe las sensaciones y sentimientos que notaste. Coloca tus anotaciones cerca del área del cuerpo donde las experimentaste. Si te gustaría recibir sugerencias de palabras para describir cómo te sentiste, consulta "Sentimientos" y "Sensaciones corporales" (pág. 281) ben el Ápendice A. También, siéntete libre de solo utilizar colores e imágenes sin palabras para mapear tu experiencia.

Tip – Si durante esta práctica te surge más de lo que esperabas, incluyendo emociones o recuerdos que no habías experimentado anteriormente, o si estás trabajando con un trauma específico, tómate tu tiempo para bajar la velocidad. Puedes hacer un escaneo de sólo una o unas pocas partes del cuerpo a la vez, haciendo pausas para integrar con una danza, caminando al aire libre o hablando por teléfono sobre tu experiencia con una persona de confianza. Recuerda que siempre tienes el poder de elegir la profundidad con la que quieras explorar en cada una de tus meditaciones.

Audio – Hay una grabación de esta meditación disponible en la página web Compañero Ongo de ongo.global. También puedes hacer tu propia meditación guiada grabando la práctica en voz alta. Si haces tu propia grabación, recuerda hablar despacio y dejar muchos silencios entre instrucciones para que puedas seguirla con facilidad cuando la escuches posteriormente.

En el instante – Detente dondequiera que estés. Ya sea que estés de pie, sentado, o acostado, haz un par de respiraciones relajadas y profundas – inhala plenamente y exhala plenamente–. Trae tu atención al cuerpo. Durante el próximo minuto o dos, simplemente percibe qué sensaciones están presentes, coloca tus manos donde éstas surjan en el cuerpo. Respira hacia esos lugares. Cierra expandiendo tu atención para incluir tu cuerpo completo y haciendo un par de respiraciones profundas.

Profundización – Practica la atención plena del cuerpo al empezar y al terminar tu día. Antes de levantarte en la mañana y de acostarte en la noche, realiza un escaneo de pies a cabeza, respirando y observando suavemente cualquier sensación que percibas. Incorpora esta consciencia a otras actividades que hagas durante el día, como por ejemplo, estar presente con las sensaciones en tus manos mientras escribes en la computadora o respirando las sensaciones en tu pecho durante una conversación emocional.

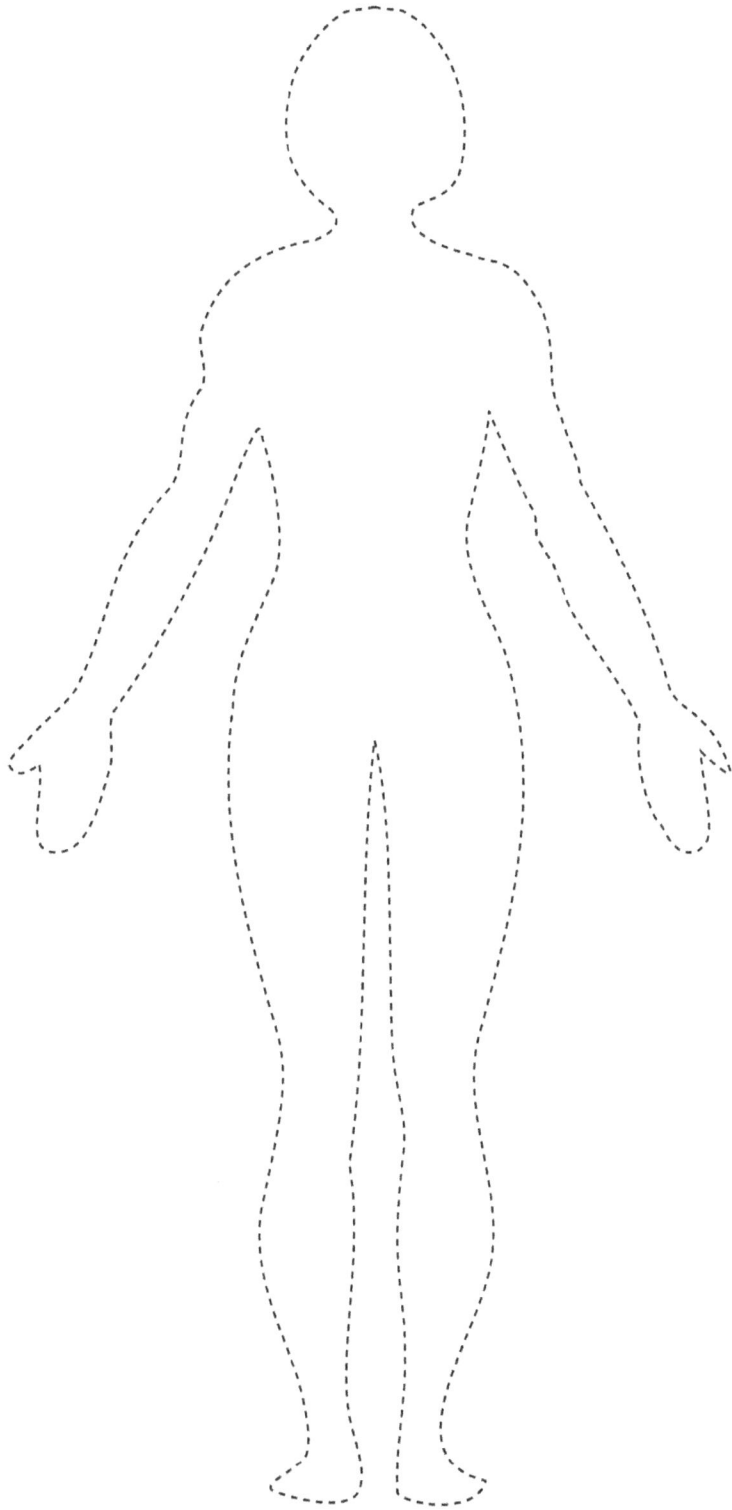

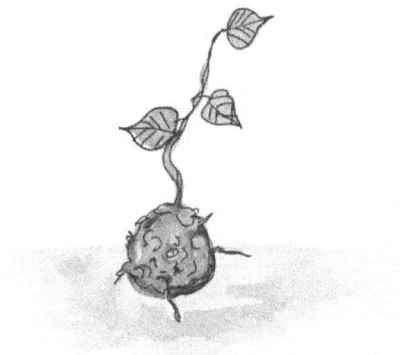

Semana 2

El círculo de empatía

"Cuando escuchamos la verdad de un momento, sabemos mejor qué hacer
y qué no hacer, cuándo actuar y cuándo no. Escuchamos que estamos todos
juntos aquí, y que somos todo lo que tenemos. En términos de Gandhi, estamos
permitiendo que la música de nuestras voces abra paso a la música de la vida".
— Mirabai Bush

298 Preparación – Guía grupal:

- Uno o dos días antes de la Reunión grupal, recuerda a todas las personas el día, hora y lugar de reunión.

- Lee "Dirigir la Práctica grupal" (pág. 17) y sigue los pasos que aparecen en "Responsabilidades del Guía".

- Prepara un juego de cartas de Necesidades (véase "Cartas de Necesidades" en la página 284 del Ápendice A) para cada ocho personas del grupo (es decir, haz un juego para grupos de una a ocho personas; haz dos juegos para grupos de nueve a dieciséis personas; haz tres juegos para grupos de más de dieciséis personas).

298 Meditación de apertura

Invita a todas las personas a sentarse en el círculo.

Da la bienvenida a todas las personas invitándolas a decir su nombre en el círculo, una por una. Comienza por la persona de tu izquierda y recorre el círculo a partir de allí, terminando contigo. Pide al grupo que ofrezca su presencia hacia cada persona, dejando un silencio completo entre cada nombre.

Toca la campana para indicar el comienzo de la meditación sentada.

Después de un momento de silencio, lee al grupo las siguientes instrucciones. Lee de una manera que ayude al grupo a relajarse con las instrucciones, permitiendo un espacio y respiraciones de silencio entre cada frase:

Instálate en el lugar donde estás sentado. Siéntate de forma cómoda y tranquila.

Deja que tu mirada se suavice o tus ojos se cierren. Permítete sentir plenamente el respaldo de la silla o el cojín y el suelo bajo tus pies.

Permítete hacer inspiraciones completas, inspirando por la nariz, llenando tus pulmones por completo.

Permítete hacer exhalaciones completas, exhalando por la nariz, dejando que tu vientre se ablande mientras exhalas.

Permítete estar en calma.

Permite que tu vientre se relaje un poco más con cada respiración.

El vientre relajado nos permite tener un poco más de espacio para estar presentes de forma consciente.

Cada respiración da paso a una escucha un poco más compasiva, hacia nosotros mismos y hacia el mundo que nos rodea.

Conectar con nosotros mismos y con los demás de este modo es el comienzo de la empatía. La empatía nos permite recibir abiertamente lo que estamos experimentando, nosotros mismos y los demás, desde un lugar de amor y no de miedo.

Siéntate en silencio por tres minutos más y luego toca la campana tres veces para terminar la meditación.

Coloca las palmas de las manos juntas y ofrece una reverencia de gratitud al círculo.

Introducción a la empatía

Lee al grupo:

Hoy vamos a explorar una práctica llamada "Empatía". La empatía sube el volúmen de la escucha en nuestros corazones y aquieta la mente conectando con un sentido de curiosidad hacia nosotros mismos y hacia los demás.

Consideramos que la Empatía tiene cinco componentes claves, en este orden:

1. <u>Curiosidad</u> – La palabra *curiosidad* viene de la raíz latina *cura*, que significa "cuidar". Cuando empezamos con esta energía de cuidado, invitamos a una exploración sin agenda. Estamos aquí para descubrir lo que hay. Esta indagación infantil inspira naturalmente la presencia consciente.

2. <u>Presencia atenta</u> – Estar presente significa existir y estar atento significa ser consciente. La presencia atenta no es nada especial; es el estado natural de un recién nacido, estar momento a momento con lo que ocurre, sin separación, concepto ni juicio.

3. <u>Intención de conectar</u> – La intención de conectar hace que nuestra escucha sea activa. Pone nuestra mirada en comprender y relacionarnos con lo que está vivo en cada momento en nosotros mismos y en los demás, en lugar de reaccionar, analizar o arreglar. Estamos utilizando nuestro poder para elegir la curiosidad y la presencia consciente por encima de otras formas de compromiso.

4. <u>Enfoque en las Necesidades Universales</u> – Lo que está vivo en cada momento es la expresión de las Necesidades Universales, la corriente de vida que recorre todos los pensamientos, sentimientos, palabras y acciones. Al enfocarnos en las Necesidades Universales, estamos abriendo nuestra escucha a algo más profundo que las palabras que utilizamos para describirlo. Estamos validando la verdad de nuestra existencia conjunta.

5. <u>Confirmación</u> – Este es el único componente de la Empatía que implica hablar o actuar. Hasta llegar a este paso, nuestra comprensión de las Necesidades Universales que alguien podría estar expresando es tan sólo nuestra mejor suposición. La confirmación nos ofrece la oportunidad de comprobar nuestra comprensión con la persona a la que escuchamos. Es la expresión externa de todos los demás componentes de la Empatía, que permite a la persona que estamos escuchando saber que estamos presentes con ella, que validamos su experiencia y que tenemos curiosidad de seguir explorando.

Los cuatro primeros componentes de la Empatía –la curiosidad, la presencia, la intención y el enfoque en las Necesidades Universales– se hacen completamente en silencio. Sólo el quinto componente, la confirmación, implica hablar. La empatía tiene cuatro partes de escuchar y sólo una de hablar.

La próxima actividad nos dará la oportunidad de poner en práctica estos conceptos.

299 Círculos de empatía

Para grupos de más de ocho personas, divide el grupo (incluyéndote a ti) de forma equitativa en grupos más pequeños de no más de ocho personas. Por ejemplo, un grupo de once personas se dividiría en un grupo de cinco y otro de seis. Así todas las personas tendrán tiempo suficiente para compartir.

Invita a cada grupo a sentarse en su propio círculo con un juego de tarjetas de Necesidades colocadas boca arriba en el suelo o en una mesa en el centro. Si es posible, es mejor dejar espacio entre los grupos para que cada persona de cada círculo se oiga fácilmente sin distraerse con las voces de otro círculo.

Lee estas instrucciones a todas las personas:

Una persona (por grupo) compartirá durante algunos minutos algo que esté ocurriendo en su vida. Puede ser algo doloroso o alegre. Para este primer Círculo de empatía, te recomendamos que compartas algo que esté vivo y sea significativo para ti en el día de hoy, y algo que te permita practicar la vulnerabilidad, sin sentirte abrumado. En otras palabras, elige compartir algo que consideres de intensidad media, es decir, ni de poca ni de mucha intensidad.

Para garantizar que todas las personas tengan tiempo para compartir, cada persona tendrá tres o cuatro minutos para hablar. Mientras la persona habla, el resto del grupo escucha en silencio aportando curiosidad, presencia atenta e intención de conectar con quien habla.

Después de que la persona haya terminado de hablar, quienes escuchan se enfocan en las Necesidades Universales observando las cartas de Necesidades en el centro del grupo e imaginando en silencio qué Necesidades puedan ser importantes para quien habló.

Luego, cada escuchante ofrece una confirmación a quien habló, tomando en silencio una o dos cartas de Necesidades y colocándolas delante de la persona.

A continuación, la persona que habló observa las cartas de Necesidades que han sido colocadas en frente suyo y se toma un minuto para recibir en silencio dichas palabras, respirando y sintiendo cualquier sentimiento que se mueva en su interior. Cuando dicha persona se siente preparada para continuar, devuelve las tarjetas al centro del círculo.

Ahora, otra persona del círculo habla y el Círculo de empatía se repite hasta que todas las personas del círculo hayan tenido la oportunidad de compartir.

Durante el Círculo de Empatía, la única persona que habla es la que está compartiendo. Se pide a los oyentes que respeten el espacio sin hacer comentarios ni preguntas. Después de esta práctica, todo el grupo tendrá la oportunidad de compartir sus experiencias como hablantes y oyentes.

Una última sugerencia antes de empezar: Si en cualquier momento, ya sea mientras escuchas o hablas, te sientes atrapado en tus propios pensamientos, simplemente respira y vuelve a estar presente con lo que se está compartiendo. Hablar significa traer tu presencia a lo que quiera ser dicho a través de ti, sin preocuparte de si tiene sentido ni de cómo suena para los demás. Al escuchar, esto también significa que, al observar las tarjetas de Necesidades, simplemente ofreces tu mejor suposición desde un lugar de curiosidad, presencia atenta e intención de conectar sin preocuparte de si es o no la palabra "correcta" o la suposición "correcta".

Revisa si a alguna persona no le queda clara la práctica y necesita volver a escuchar las instrucciones. Una vez todo el mundo tenga claridad, invita a todos a tomar una respiración colectiva y a traer su presencia al Círculo de Empatía.

Invita a todas las personas a empezar. Los participantes se pueden autoelegir para ser la primera persona que habla en cada grupo.

Mide el tiempo para el grupo. Permitiendo al menos diez minutos para la "Cosecha" y el "Cierre", avisa al grupo entero cuando quede la mitad del tiempo disponible para el Círculo de Empatía. Pide que cada grupo reparta el tiempo restante de forma que todas las personas tengan la oportunidad de compartir.

Ofrece al grupo entero un último recordatorio cinco minutos antes del comienzo de la "Cosecha". Si los participantes necesitan más tiempo del disponible, sugiere que quienes deseen más apoyo le pidan a sus parejas Ongo de reunirse después de la Reunión grupal.

Cierra invitando a todas las personas a formar un solo círculo (si están en grupos separados) y a recoger las cartas de Necesidades.

Cosecha

Lee al grupo:

> La cosecha es un momento en el que todas las personas estamos invitadas a compartir nuestras experiencias de la práctica de hoy. ¿Qué te conmovió? ¿Qué te desafió? ¿Cómo fue recibir las cartas de Necesidades? ¿Qué aprendiste sobre ti mismo y sobre tu comprensión de la empatía? ¿Qué aprendiste sobre tu propia presencia consciente?

Invita a hablar a quien se sienta conmovido, incluyéndote a ti.

Cuando la cosecha esté completa, lee al grupo:

> Nuestra práctica de Círculos de Empatía es una forma de apoyarnos mutuamente como comunidad en el camino Ongo. Cuando compartimos nuestro corazón en el círculo, depositamos nuestra confianza en el grupo en una forma que invita a otros corazones a mostrarse. Es un regalo para todas las personas. Juntos, podemos reescribir la historia que nos enseñaron a muchos de nosotros, la historia de que nadie quiere escuchar nuestras luchas o nuestros triunfos, que son demasiado pequeños para importar a los demás o que son una carga en lugar de un regalo. La empatía aporta un sentido de conexión nutritiva a todas las personas, tanto a los que escuchan como a los que comparten.

Cada semana que nos reunimos, tenemos siempre la opción de sostener un Círculo de Empatía después de la meditación de apertura si hay algo en el corazón o en la mente de alguien que quiera ser compartido. En lugar de escuchar a todas las personas, simplemente dedicaremos tiempo a las que se sientan llamadas a compartir: una, dos o tres personas. Si alguien pide un Círculo de Empatía, se hará después de la meditación de apertura, y mantendremos al menos una hora completa para las demás prácticas.

Esta práctica es uno de los muchos regalos que nos da Ongo para apoyarnos como comunidad y para ayudar a cada persona a crecer.

Cierra dando las gracias a todas las personas por compartir y escuchar.

301 Cierre

Solicita un voluntario para guiar al grupo la próxima semana. Entrega a esa persona el juego o juegos de carta de Necesidades.

Recuerda al voluntario leer las páginas "Dirigir la Práctica grupal" (pág. 17) y la Reunión grupal de la Semana 3 antes de la próxima reunión. Todo lo que necesita saber está en esas páginas.

Invita a todas las personas a hacer una gran respiración colectiva.

Invita a todas las personas a compartir su nombre y una palabra que describa lo que se llevan de esta segunda Reunión grupal de Ongo. Empieza por la persona de tu izquierda y recorre el círculo en el sentido de las agujas del reloj, hasta que todas las personas, incluyéndote a ti, hayan compartido.

La empatía

"Con la empatía no dirigimos, nos dejamos guiar. No hagas nada, sólo quédate presente".
– Marshall B. Rosenberg, Ph.D.

Meditación de apertura

Elijan quién de ustedes controlará el tiempo para una meditación de cinco minutos.

Siéntense juntos en silencio, presentes con la respiración, el cuerpo y la Tierra.

Quien controle el tiempo señalará al otro cuando hayan pasado cinco minutos.

Cierren con una reverencia de gratitud hacia su pareja por haberse sentado a meditar con ustedes.

Compartir y escuchar con empatía

Alternándose, lean lentamente las siguientes instrucciones en voz alta:

Hoy, vamos a turnarnos para compartir algo que nos esté pasando en nuestras vidas. Mientras una persona comparte, la otra escucha con curiosidad, presencia atenta, intención de conectar y un enfoque en las Necesidades, todo en silencio. De vez en cuando, quien escucha también ofrecerá suposiciones cortas y empáticas acerca de los sentimientos y Necesidades que están siendo expresadas, usando como referencia la Rueda de Necesidades del Ápendice A.

Por ejemplo, quien escucha puede preguntar "¿Te estás sintiendo triste porque necesitas conexión?". También puede ofrecer una sola palabra de Necesidad como "¿confianza?". Con la excepción de esas suposiciones cortas y empáticas, quien comparte será la única persona que habla. Como oyentes, estamos siguiendo los pasos de quien habla sin tratar de analizar su historia, ni de hacer suposiciones "correctas". Nuestras suposiciones son simplemente el reflejo de nuestra presencia con quien comparte. Continuaremos de esta forma hasta que quien comparte llegue a una sensación natural de completitud por el momento. Luego, cambiaremos de rol.

Cuando compartimos, elegiremos compartir algo que esté vivo, que sea significativo en ese momento y nos permita practicar ser vulnerables sin sentirnos abrumados. Cada quien decide qué desea compartir ese día.

Cuando escuchamos, si nuestra mente quiere aconsejar, juzgar, consolar, ofrecer simpatía o conmiseración, solo respira y vuelve a la curiosidad, la presencia atenta, la intención de conectar y de concentrarte en las Necesidades.

Si en cualquier momento tenemos un recuerdo o emoción abrumadora, podemos bajar la velocidad y decidir si queremos continuar. Si decidimos no continuar, podemos conversar sobre formas de apoyo para ayudarnos en ese momento. Por ejemplo, podemos hacer una meditación corta y luego volver a la práctica. O podemos hacer un plan para que la persona que se siente sobrepasada reciba apoyo externo y encontrarnos posteriormente para dar seguimiento y completar la práctica.

Independientemente de lo que se comparta, sostengámoslo juntos con sabio cuidado y compasión durante la práctica.

Decidan quién compartirá y quién escuchará primero. Tengan a mano la Rueda de Necesidades del Ápendice A.

1. **Quien comparte** hablará de algo que está pasando en su vida y que tiene presente en el corazón y en la mente.

2. **Quien escucha** lo hará con curiosidad, presencia, intención de conectar y con el enfoque en las Necesidades; todo esto en silencio.

3. Cuando quien comparte llega a un momento de respiro, a una pausa, quien escucha mira la Rueda de Necesidades y ofrece una confirmación tratando de hacer una suposición simple y empática sobre los sentimientos y Necesidades que están siendo expresadas. *Por ejemplo: "¿Te estás sintiendo triste porque necesitas aceptación?" o "¿Estoy escuchando una Necesidad de confianza?" o "¿Estás necesitando ser visto?" o "Me estoy conectando a Necesidades de respeto y consideración; ¿cómo te suena esto a ti?" o sólo palabras de Necesidades, como "¿Amor?" o "¿Compasión?"* Ofrece sólo una frase –una Necesidad– a la vez. Deja que sea recibida y toma una respiración.

4. Respiren juntos.

5. **Quien comparte** sigue compartiendo todo lo que está todavía vivo y presente en su corazón.

6. Cuando quien comparte haga una pausa, **quien escucha** ofrece una confirmación con suposiciones simples y empáticas sobre los sentimientos y Necesidades que están siendo expresados.

7. Continúen hasta que <u>quien comparte</u> se sienta satisfecho. Con frecuencia esto lo indica una relajación en la energía.

8. Luego, cambien de rol.

Cosecha de Cierre

Después de que ambas personas hayan tenido la oportunidad de compartir y escuchar, hagan una cosecha compartiendo cualquier aprendizaje sobre ustedes mismos y cualquier gratitud por haber sido escuchados de esta manera.

SEMANA 2 PRÁCTICAS INDIVIDUALES

La atención plena de las Necesidades

"Si contemplamos los deseos y los escuchamos, en realidad dejamos de estar apegados a ellos; solamente los estamos dejando ser lo que son. Luego nos damos cuenta de que el origen del sufrimiento, del deseo, es algo que podemos poner a un lado y soltar".
–Ven. Ajahn Sumedho

Hoy...

Siéntate en tu espacio de práctica. Sigue las instrucciones de la práctica "La atención plena de la respiración" (pág. 36) pero hoy excepcionalmente pon tu alarma para siete minutos en vez de doce. Sugerimos una meditación más corta hoy para dejar más tiempo para el resto de la práctica; sin embargo, siéntete libre de quedarte más tiempo.

Luego, observa la Rueda de Necesidades en la página 279 del Ápendice A. Gira la rueda y nota qué Necesidad está más viva en ti en este momento. No pienses mucho –solo deja que la palabra te salte a la vista.

Toma otro minuto para notar lo que sientes cuando mencionas para ti mismo esa Necesidad. ¿Dónde la sientes en tu cuerpo? Toca esa parte. Respira con las sensaciones. ¿Cómo se siente ahí? Si tienes dificultades identificando sensaciones corporales, consulta la página "Sensaciones corporales" en la página 281 del Ápendice A.

Escribe o dibuja esa Necesidad en un lugar que te la pueda recordar durante el día. *Por ejemplo, puedes hacer una tarjeta y ponerla en tu escritorio o un dibujo que coloques como fondo de pantalla en tu teléfono o tableta.*

En el mismo recordatorio, escribe estas preguntas:

🌰 ¿Qué siento cuando esta Necesidad está satisfecha?

🌰 ¿Qué siento cuando esta Necesidad no está satisfecha?

🌰 ¿Qué acciones o palabras contribuyen a satisfacer esta Necesidad?

Durante el día, usa este recordatorio para continuar escuchando cómo tu cuerpo comunica esa Necesidad, y siente esa Necesidad en diferentes situaciones. Observa qué satisface esa Necesidad y qué no lo hace.

Escribe en tu diario cualquier cosa que descubras.

En el instante – En este instante, mira la Rueda de Necesidades en la página 279, y observa qué Necesidad te habla más en este momento. No lo pienses mucho, sólo deja que una palabra te salte a la vista. Pronuncia para ti mismo la palabra de la Necesidad. Nota dónde la sientes en tu cuerpo y cómo se siente en ese lugar. Toma un momento para simplemente respirar con los sentimientos y sensaciones que te conectan con esa Necesidad. Durante el resto de tu día, presta atención adicional a las acciones o palabras que contribuyan a que esa Necesidad se sienta satisfecha en ti.

Profundización – Haz esto como una práctica contínua eligiendo una Necesidad diferente para explorar cada semana. Mantén un diario regular de estas Necesidades registrando los sentimientos y sensaciones corporales conectadas a esa Necesidad, cuando está satisfecha y cuando no lo está. Registra las acciones o palabras específicas que observas contribuyendo a satisfacer esa Necesidad en ti.

La atención plena de las Necesidades
Recordar

"Cuando juzgamos nuestro progreso como individuos tendemos a concentrarnos en factores externos como la posición social, la influencia y la popularidad, la riqueza y el estándar de educación. Éstos son, por supuesto, importantes para medir el éxito propio en lo material, y es perfectamente comprensible que muchas personas se esfuercen por alcanzar todo esto. Pero los factores internos pueden ser aún más cruciales al evaluar el desarrollo propio como ser humano. La honestidad, la sinceridad, la simplicidad, la humildad, la generosidad pura, la ausencia de vanidad, la disposición para ayudar a otros –cualidades que están fácilmente al alcance de toda alma– son el fundamento de la vida espiritual de una persona".

– Nelson Mandela

Satisfaciendo Necesidades

"Cuando cualquier experiencia de cuerpo, corazón o mente se sigue repitiendo en la consciencia, es una señal de que esta visita está pidiendo una atención más profunda y completa. Aunque la regla general de la meditación sea mantenernos abiertos al flujo de todo lo que pudiera surgir, cuando nos encontramos con una visita insistente, debemos reconocer que es su manera de pedirnos más atención, de entenderlo con más claridad".
— Jack Kornfield

A veces, cuando nos conectamos con una Necesidad particular, nos damos cuenta de que despierta dolor o incomodidad. A menudo llamamos a esto una Necesidad "no satisfecha". En lugar de sentir calma o paz cuando nos conectamos con esa Necesidad, sentimos impaciencia, frustración o abrimos una herida. Es posible notar una incansable búsqueda de satisfacerla o una desesperación desesperanzada. Estos sentimientos nos informan que hay algo vivo en nosotros que quiere ser "atendido" con un nivel más profundo de presencia y curiosidad. Esto tiene un significado diferente a "satisfacer" una Necesidad. Nuestros sentimientos nos están invitando a encontrarnos con nuestra Necesidad, como si estuviéramos conociendo a alguien a quien tenemos una genuina curiosidad de conocer. Y cuando hay dolor presente, la primera capa del encuentro a menudo implica tomar consciencia sobre los pensamientos y las creencias en torno a esa Necesidad para nosotros.

Hoy...

Siéntate en tu espacio de práctica y realiza la práctica de la atención plena de la respiración por un par de minutos.

Ahora, elige una Necesidad de la "Rueda de Necesidades" (pág. 279) que traiga sentimientos de incomodidad, frustración o dolor. Si estás haciendo esto por primera vez, no elijas una carga pesada. Por el contrario, elige una Necesidad liviana o medianamente incómoda para ti. El propósito es practicar, no abrumarse.

Toma entre cinco y diez minutos para escribir en tu diario cualquier pensamiento y creencia que tienes en relación a esa Necesidad. Pueden ser pensamientos o creencias acerca de ti mismo, acerca de otros o acerca de la Necesidad. *Por ejemplo, estos son algunos pensamientos típicos:*

❧ Pensamientos que usan el verbo **ser**, como *"Mi pareja **es** insensible"* o *"**soy** vago".*

❧ Pensamientos que usan las palabras **siempre** o **nunca**, como *"**Nunca** seré libre".*

- Pensamientos que predicen el **futuro**, como *"Nunca **entenderá"***.

- "Pensamientos tipo **"debería"** y **"tengo que"**, como ***"Debería** estar más calmado"* o ***"Tengo que** cambiar"*.

- **Creencias y afirmaciones genéricas,** como: *"No valgo"* y *"No les importo"*.

- **Evaluaciones de bueno/malo, correcto/incorrecto,** como *"Fracasé"* y *"Tengo la razón"*.

- **Interpretaciones,** como *"rechazado"*, *"manipulado"*, *"abandonado"*, *"atacado"*.

Cuando sientas que la lista de tus pensamientos y creencias sobre esa Necesidad está bastante completa (a veces se comienzan a repetir como variaciones del mismo pensamiento), **toma una respiración profunda y trae la atención al cuerpo.**

Observa tu lista de pensamientos y creencias, lee la primera en voz alta. Observa lo que sientes en tu cuerpo después de haber dicho ese pensamiento en voz alta. Si te resulta difícil identificar lo que sientes, mira las páginas sobre "Sentimientos" y "Sensaciones Corporales" en el Ápendice A y observa qué palabras te llaman la atención.

Respira con las sensaciones que sientas. Acompaña esos sentimientos y sensaciones como si fueran los llantos de un bebé, abrazándolos con amor materno y compasión en vez de evitarlos, perderte en ellos, o darte prisa por terminar la práctica.

Continúa de la misma manera con cada uno de los pensamientos de tu lista, uno por uno. Si en algún momento, un pensamiento o una sensación corporal en particular requiere de atención adicional, tómate tu tiempo para acompañar ese sentimiento, tal vez poniendo tu mano en esa parte del cuerpo mientras respiras con compasión.

Al final de la lista, toma un par de respiraciones largas y profundas, soltando esos pensamientos por el momento, y respirando para aliviar el cuerpo. Siente el sostén de la Tierra.

Finaliza escribiendo o dibujando la Necesidad con la que empezaste, en cualquier forma que quieras representarla, en tu diario o en un pedazo de papel. Usa tu creatividad; por ejemplo, en tu representación puedes incluir algunos de los pensamientos más fuertes sobre esa Necesidad.

Respira y toma un último momento para honrar y apreciar esta Necesidad que estás reencontrando hoy.

Satisfaciendo Necesidades
Recordar

"En última instancia, podemos considerar la meditación como una práctica de resistencia a la infinidad de formas en las que nuestra sociedad nos desanima a aislarnos del ruido y de conectarnos con nuestro interior; de no desarrollar ni la claridad mental ni la suavidad del corazón, las cuales son profundamente necesarias para abordar efectivamente la injusticia y crear las condiciones para la paz".

– Alycee J. Lane

Siendo Necesidades

"La intimidad que surge cuando escuchamos y decimos la verdad solo es posible si nos abrimos a la vulnerabilidad de nuestros propios corazones. Respirar, entrar en contacto con la vida que está aquí mismo, es nuestro primer paso".
– Tara Brach

La mayoría de nosotros hemos sido condicionados para pensar en las Necesidades de forma dualista –las tenemos o no, están cubiertas o no–. Se convierten en objetos externos que podemos poseer o perder, o actúan como dioses externos que debemos satisfacer de alguna manera. Pensar así es perder una parte de nosotros y dejar pasar una oportunidad de conectarnos con la vida.

Las Necesidades son como las notas de una escala. Cuando nos conectamos con una Necesidad, es como si estuviésemos tocando esa nota. Cuando escuchamos el sonido de cada nota y como ésta resuena en todo nuestro ser, nos volvemos más íntimos con esos aspectos de la vida. La escala musical completa de las Necesidades es la vida. Estamos profundizando nuestra intimidad con la totalidad de la vida. Hoy exploraremos lo que significa *ser* Necesidades en lugar de tenerlas o cubrirlas. Ser Necesidades es estar en contacto con las cualidades de la vida. Ser Necesidades es en realidad ser exactamente quienes somos.

Hoy...

Siéntate en tu espacio de práctica y toma un par de minutos para situarte en una consciencia presente y atenta del cuerpo y la respiración. Sin forzar, deja que tu mente y tu cuerpo se relajen en el sostén de la Tierra y el ritmo de la respiración.

Elige una Necesidad de la Rueda de Necesidades que sientas que abre tu corazón en este momento. No lo pienses mucho –solo deja que una palabra emerja de la página–.

Ahora, pronuncia esa Necesidad un par de veces. Cada vez que pronuncies la palabra, respira y haz una pausa; manteniendo la atención plena del cuerpo y de la respiración. No hay prisa.

Nota dónde sientes la energía de esa Necesidad, aunque sea sutilmente. ¿Dónde se expresa en el cuerpo? Por ejemplo, ¿la sientes en el pecho, o en el vientre, o en los brazos, o en todo el cuerpo?

Pronuncia de nuevo la palabra de esa Necesidad y observa cómo responde el cuerpo. ¿Cómo son las sensaciones? ¿Por ejemplo, sientes un hormigueo, un flujo, calma o expansión?

Respira y deja que esos sentimientos y sensaciones se expandan por todo tu cuerpo.
¿Cómo te sientes cuando esa Necesidad está realmente, plenamente y profundamente satisfecha? No registres los sentimientos de forma intelectual, como palabras. Permítete tener la experiencia de sentirlos. Si te ayuda, pronuncia la Necesidad un par de veces más, respirando y abriendo espacio para que ésta se exprese a través de tu cuerpo.

Para cerrar:

🍂 **Si pudiste seguir las instrucciones hasta aquí y estás respirando la experiencia viva de la energía de esa Necesidad en tu cuerpo, tómate un par de minutos para saborearla.** Respira y descansa en esa energía.

🍂 **Si aún no has podido sentir la energía de la Necesidad en tu cuerpo, prueba con una de estas opciones:**

- **Recuerda un momento de tu vida en el cual esa Necesidad estaba profundamente satisfecha.** ¿Dónde estabas? ¿Quién estaba allí? Tómate un momento para traer ese recuerdo a tu consciencia. ¿Qué contribuyó a que esa Necesidad estuviera tan satisfecha? Tal vez fue algo que alguien dijo o hizo, o algo que tú dijiste o hiciste. Una vez tengas conexión con ese recuerdo, nota qué sientes en tu cuerpo. ¿Cómo se siente cuando esa Necesidad está satisfecha en ti? ¿Dónde la sientes? A medida que tu atención se mueve más hacia los sentimientos y sensaciones del momento presente en tu cuerpo, deja ir el recuerdo y simplemente descansa sobre el respirar de la experiencia viva de la energía de esa Necesidad.

- **Imagina qué tendría que pasar en tu vida para que esa Necesidad estuviese profundamente satisfecha, aunque parezca un deseo imposible.** Ahora, imagina que está realmente ocurriendo. Visualízalo. Tómate unos instantes para imaginarte en esa realidad. Siéntelo. Experiméntalo como si estuviese pasando en realidad. Una vez te sientas conectado con esa experiencia, nota lo que sientes en el cuerpo. ¿Cómo se siente cuando esa Necesidad está satisfecha en ti? ¿Dónde la sientes? A medida que tu atención se mueve más hacia los sentimientos y sensaciones del momento presente en tu cuerpo, deja que la imaginación se desvanezca, y descansa sobre el respirar de la experiencia viva de la energía de esa Necesidad.

Tip – Es posible que esta práctica toque algo de duelo o aflicción en torno a una Necesidad. Si eso sucede, permítete abrirte a esa experiencia y siéntela en el cuerpo. Permítete sentir la Tierra sosteniendo tu cuerpo mientras sientes el duelo y le permites que se exprese. Al hacer esto, siente el dulce anhelo que se expresa a través de tu dolor. Mientras que el anhelo se vuelve más claro, respira y descansa sobre esa energía.

Audio – Hay una grabación de esta meditación disponible en la página web Compañero Ongo de ongo.global. También puedes hacer tu propia meditación guiada grabando la práctica en voz alta. Si haces tu propia grabación, recuerda hablar despacio y dejar muchos silencios entre instrucciones para que puedas seguirla con facilidad cuando la escuches posteriormente.

En el instante – En este instante, mira la Rueda de Necesidades y observa qué Necesidad sientes que te abre el corazón en este momento. No lo pienses mucho – solo deja que una palabra emerja de la página. Ahora, tómate un instante para imaginar que esa Necesidad está plenamente satisfecha. Nota dónde la sientes en tu cuerpo y cómo se siente allí. Respira con esos sentimientos y sensaciones. Saboréalos y trae esa energía a tu día.

Profundización – Haz esta práctica como una meditación diaria. Elige una Necesidad diferente con la cual conectar cada día, o bien elige la misma Necesidad, y practica conectarte con ella de una forma fresca en cada oportunidad. Experimenta elegir Necesidades con las cuales no te conectas con facilidad. En tu día a día, cambia el foco de la "satisfacción" o "insatisfacción" de Necesidades a notar cómo, en cualquier momento, una Necesidad está viva y respira en tu interior —observa dónde está en tu cuerpo y cómo se siente en ese lugar de tu cuerpo—.

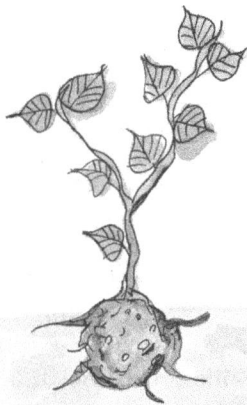

Semana 3

La autoempatía

"No salgas de tu casa para ver las flores.
Amigo mío, no te molestes con esa excursión.
Dentro de tu cuerpo hay flores.
Una flor tiene mil pétalos.
Con eso te basta para sentarte.
Sentado allí encontrarás un destello de belleza
dentro y fuera del vacío, antes y después de los jardines".
– Kabir

Preparación - Todos los participantes:

- Trae tu ejemplar del *Libro de Ongo* y tu diario a esta Reunión grupal.

301 Preparación - Guía Grupal:

- Uno o dos días antes de la Reunión grupal, recuérdale a todas las personas el día, hora y lugar de la reunión.
- Lee "Dirigir la Práctica grupal" (pág. 17) y sigue las pautas indicadas en "Responsabilidades del Guía".
- Coloca las cartas de Necesidades en forma de un mandala atractivo o en espiral en el centro del círculo.

302 Meditación de apertura

Invita a todas las personas a sentarse en el círculo.

Da la bienvenida a todas las personas invitándolas a decir su nombre en el círculo, una por una. Empieza por la persona de tu izquierda y recorre el círculo a partir de allí, terminando contigo. Pídele al grupo que ofrezca su presencia hacia cada persona haciendo un silencio de una respiración completa entre cada nombre.

Toca la campana para indicar el comienzo de la meditación sentada.

Después de un momento de silencio, lee al grupo las instrucciones a continuación. Lee de forma que ayude al grupo a relajarse con las instrucciones, permitiendo un espacio generoso y respiraciones completas de silencio entre frases:

Acomódate en una posición sentada, relajada y despierta, permitiendo que tu mirada se suavice o tus ojos se cierren.

Siente la silla, el cojín, o incluso el suelo debajo de ti y su sostén. Siente el corazón que late en tu pecho.

Inspira completamente, llenando el cuerpo de vida.

Exhala por completo, soltando cualquier tensión innecesaria.

Permite que tus sentidos se abran plenamente, recibiendo cualquier sonido, fuerte o suave. Acoge cualquier sensación, fuerte o suave. Siente cualquier emoción, cómoda o incómoda.

Permítete sentir una suave curiosidad hacia todo. Con curiosidad por todo lo que hay, sin necesidad de cambiar nada.

Deja que la respiración sea tu apoyo al hacer esto, que la inhalación y la exhalación sean como suaves olas bajo tu barco mientras navegas por el mar de todo lo que surge.

Siéntate en silencio por un par de minutos y luego lee:

Permítete sentir curiosidad por la mente. A veces tenemos pensamientos y simplemente entran y salen como nuestra respiración. A veces tenemos pensamientos y nuestra atención se engancha en ellos. Podemos perder la conexión con nuestro sentido del cuerpo, nuestro sentido de la respiración, nuestro sentido del lugar.

Si eso ocurre, vuelve suavemente al cuerpo, a la respiración y a la Tierra. No hay nada malo con haberse ido de paseo con el pensamiento. Sólo vuelve suavemente a la presencia con todo lo que está aquí. Sensación, sonido, sentimiento, respiración.

Siéntate en silencio durante unos minutos más, y luego lee, lentamente:

Pema Chödrön dice: "Cuando empezamos a mirarnos hacia adentro con mucha claridad y con mucha honestidad —a mirar nuestras emociones, pensamientos, quienes realmente somos— empezamos a disolver los muros que nos separan de los demás. De alguna manera, todos esos muros, esas formas de sentirnos separados de todo y todos los demás, están hechos de opiniones. Están hechos de dogmas; están hechos de prejuicios. Estos muros provienen de nuestro miedo a conocer partes de nosotros mismos".

Siéntate en silencio durante un par de minutos más y luego toca la campana tres veces para terminar la meditación.

Junta las palmas de las manos y ofrece una reverencia de gratitud al círculo.

Introducción a la autoempatía

Invita a todas las personas a sacar sus ejemplares del Libro de Ongo y a abrir el "Organigrama de la Comunicación" de la página 283 del Ápendice A.

Lee al grupo:

Nota que la parte superior del Organigrama de la Comunicación comienza con la Autoempatía. Para ser sabios y compasivos en nuestra comunicación, empezamos por estar presentes con lo que ocurre en nuestro interior.

Invita a todas las personas a observar el segmento de "La autoempatía" en la página 282 del Ápendice A.

Continúa leyendo:

Nota que el segmento de "La autoempatía" también lo titulamos "lo que traemos". Con la autoempatía, estamos asumiendo la responsabilidad de lo que traemos a nuestras conexiones con el mundo que nos rodea, incluyendo lo que nos estimula, ya sea de nuestro pasado o de lo que está ocurriendo en el momento presente.

Cuando juntamos las prácticas que hemos estado aprendiendo durante las dos últimas semanas, tenemos el comienzo de un mapa claro para navegar por nuestro terreno interior, un terreno que puede incluir el pensamiento crítico y sentimientos como la ira, el miedo, la culpa, la vergüenza, la depresión y la ansiedad. Este mapa es lo que llamamos la autoempatía.

La autoempatía es una alternativa a la creencia de que tenemos que deshacernos de nuestro pensamiento crítico o de las emociones que nos desafían. En lugar de evitar lo que experimentamos, la autoempatía nos invita a mirarlo con claridad, compasión y presencia anclada en la tierra, utilizando prácticas con las que ya hemos estado trabajando, como la atención plena del cuerpo y la respiración, la consciencia de los pensamientos y la conexión con la energía de las Necesidades. Cuando practicamos, estamos cambiando nuestra relación con nosotros mismos. Nos abrimos a la posibilidad de cambio en los momentos en que nos sentimos atascados y permitimos que surjan soluciones creativas en situaciones aparentemente sin esperanza. Estamos aportando conexión a experiencias de desconexión en nuestras vidas, ya sea de conflicto con otra persona o de lucha contra nosotros mismos. Tomando prestada una frase popular, estamos "siendo el cambio que queremos ver".

Dedica un par de minutos a una cosecha grupal de la meditación y de la introducción a la autoempatía. Invita a cualquier persona que se sienta movida a compartir con el grupo sobre cómo la meditación o la introducción a la autoempatía la ha inspirado o emocionado.

302 ## Practicar la autoempatía

Invita a todas las personas a sacar su diario o un papel y algo para escribir.

Lee al grupo las instrucciones abajo. Después de cada paso haz una pausa suficientemente larga como para que todas las personas, incluyéndote a ti, puedan seguir las instrucciones:

1. Escribe en tu diario una situación reciente con otra persona, que no resultó como hubieses querido. ¿Qué dijiste o hiciste? ¿Qué dijo o hizo la otra persona? Concéntrate por un momento simplemente en lo que realmente ocurrió.

2. Ahora anota los "pensamientos" que tienes sobre la situación. ¿Cuáles son tus juicios, creencias, interpretaciones o "deberías" en relación a ti mismo en torno a esta situación? ¿Cuáles son tus juicios, creencias, interpretaciones o "deberías" sobre la otra persona en la situación? Date la libertad de nombrar estos pensamientos con sinceridad, sin intentar cambiarlos.

3. Como próximo paso, consulta el segmento "La autoempatía" en el Ápendice A, para que tengas una referencia visual. Vamos a tomar cada uno de los pensamientos que anotamos y a practicar los tres primeros pasos de la autoempatía. Elige uno de tus pensamientos:

   a. Coloca una mano sobre tu frente y nombra claramente el pensamiento como tal, diciendo en silencio o en voz alta: "Cuando me digo a mí mismo _____", añadiendo el pensamiento. *Por ejemplo, "Cuando me digo a mí mismo que me han juzgado ... "*

   b. Tomando una respiración, llévate la mano al corazón. Nota qué emociones o sensaciones corporales sientes en tu cuerpo y menciónalas. Di en silencio o en voz alta: "Me siento _____", añadiendo el sentimiento. *Por ejemplo: "Me siento tenso y triste ... "*

   c. Tomando una respiración, llévate la mano al vientre. Siente las Necesidades que hay allí y menciónalas. Di en silencio o en voz alta: "Porque necesito _____", añadiendo las Necesidades. *Por ejemplo: "Porque necesito aceptación y pertenencia".* Anota las Necesidades que descubriste, en otro papel.

4. Repite estos tres pasos de la autoempatía con cada uno de los otros pensamientos que anotaste antes. Empieza de nuevo colocando una mano en la frente y diciendo: "Cuando me digo a mí mismo …", seguido del siguiente pensamiento que hayas anotado. Continúa sintiendo y nombrando los sentimientos presentes, y luego sintiendo y nombrando las Necesidades. Anota las Necesidades que descubras. Recuerda respirar y permite que tu mano te ayude a guiar tu atención en el proceso.

Cuando creas que casi todas las personas han terminado de practicar la autoempatía con los pensamientos que anotaron, pide al resto del grupo que cierre la actividad con el pensamiento con el que está practicando en ese momento.

Cuando todos hayan terminado, invita a todas las personas, incluyéndote a ti, a formar parejas.

Lee estas instrucciones al grupo:

Entrégale a tu compañero el papel en el que escribiste las Necesidades que descubriste. Dentro de un momento, nos alternaermos para reflejar las Necesidades de nuestra pareja. Cuando leas las Necesidades de tu pareja en voz alta, ofrécelas, una a la vez, con respiraciones completas entre cada una, para que tu pareja pueda asimilarlas realmente.

Pareja, cuando sea tu turno escuchar tus Necesidades reflejadas, simplemente recibe y respira. Deja que tus manos se apoyen en tu vientre y siente la respuesta del cuerpo al escuchar cada Necesidad. Respira y permite que esos sentimientos y sensaciones se expandan por todo tu cuerpo. Sin hacer ningún esfuerzo, nota si tus manos se quedan en el vientre o si quieren abrirse y descansar en tu regazo.

Invita a todas las personas a empezar.

Una vez todas las personas hayan terminado de recibir sus Necesidades, invita al grupo a tomar tres respiraciones todos juntos.

Lee al grupo:

El significado de las manos sobre el vientre o abiertas sobre el regazo puede ser a veces un indicador de lo que ocurre en nuestro interior. Cuando las manos permanecen cerradas sobre el vientre, puede haber una Necesidad que quiere ser expresada a través de un duelo o celebración. Puede estar pidiéndonos que profundicemos en el aprendizaje de lo que rodea a esa Necesidad, lo cual haremos en prácticas posteriores sobre "Creencias primarias" y "El Perdón".

En otras ocasiones, cuando las manos se abren y se relajan en nuestro regazo, puede que estemos preparados para actuar en el mundo. Con las manos abiertas para dar y recibir, mencionamos cualquier petición de acción que surja de nuestra conexión con las Necesidades.

Tómate un momento para escribir lo que te ha indicado la colocación de tus manos. Anota cualquier idea que hayas descubierto sobre tu situación, y cualquier petición de acción clara y realizable que haya surgido para ti o para la otra persona en esta situación.

Cosecha

Invita a hablar a cualquier persona que se sienta inclinada a compartir con el grupo sus percepciones, aprendizajes o descubrimientos de esta práctica.

Cierra dando las gracias a todas las personas por haber compartido y practicado.

303 Cierre

Pide a un voluntario que guíe al grupo la próxima semana. Dale a esa persona el juego o juegos de cartas de Necesidades.

Recuerda al voluntario que lea las páginas sobre "Dirigir la práctica grupal" (pág. 17) y la Práctica grupal de la semana 4 antes de la próxima reunión. Todo lo que necesita saber está en esas páginas.

Invita a todas las personas a hacer una respiración colectiva plena.

Invita a cada persona a elegir del centro una carta de Necesidad que describa lo que se llevan de esta tercera Reunión grupal de Ongo.

Invita a cada persona, empezando por la de tu izquierda, a compartir su Necesidad con el grupo, sosteniendo su tarjeta boca arriba para que todas las personas puedan verla. Recorre el círculo en el sentido de las agujas del reloj hasta que todas las personas, incluyéndote a ti, hayan compartido.

Formar alianzas con la mente que compara

"Una mente que está siempre comparando, siempre midiendo, siempre generará fantasías. Si yo me comparo contigo, que eres más listo, más inteligente, estoy luchando por ser como tú y negándome a mí mismo a ser como soy. Estoy creando una fantasía".
– Jiddu Krishnamurti

Mientras más profundizamos en nuestra práctica de empatía, más conscientes nos volvemos de nuestros pensamientos, juicios (positivos y negativos), y de cómo etiquetamos nuestras experiencias, a nosotros mismos y a las personas a nuestro alrededor. Podemos, a veces, estar en desacuerdo con nuestra mente cuando trata de convencernos de que nuestras comparaciones son verdad. A esto lo llamamos la "mente que compara".

Cualquier cosa puede despertar a la mente que compara: una publicación en redes sociales, el comentario de un compañero de trabajo, la presencia de un maestro, incluso el proyecto de remodelación de casa del vecino. Una vez la mente se ha despertado, puede hacernos pasar la noche en vela. Vemos lo que alguien ha publicado en redes sociales y comparamos esa imagen con una de nuestras imágenes internas del yo. Oímos a un colega chismear sobre otro y lo comparamos negativamente con nuestra historia interna angelical de nuestro yo. Vemos cómo un maestro se muestra al mundo para compartir su sabiduría, y lo comparamos con nuestra inseguridad. Vemos que un vecino remodela su casa como nos hubiera gustado a nosotros remodelar la nuestra y la mente que compara nos pone en conflicto, pensando algo negativo sobre esa persona o algo positivo sobre nosotros mismos.

La mente que compara nos coloca en posiciones diametralmente opuestas. El pensamiento nos compara constantemente con los demás y a los demás con nosotros mismos. Esa densa fusión de juicios, miedo y separación mantiene la protección sobre nuestro corazón y ahoga nuestra capacidad de escuchar y conectar con nosotros mismos o con los demás. Como dicen Stephen y Ondrea Levine: "La mente que compara nunca nos permite ser. La mente que compara es una mente que se queja. ¡Es demasiado grande! ¡Es demasiado pequeño!" En realidad, la mente que compara nos pone en conflicto con todas las personas que nos rodean y, en última instancia, con nosotros mismos.

Uno de los principios de la noviolencia es formar alianzas, incluso con aquellos que llamaríamos enemigos. En la práctica noviolenta entendemos que pensar que podemos deshacernos completamente de nuestros enemigos es una fantasía, incluso si nuestros enemigos son nuestros propios pensamientos o sentimientos no deseados, así que es mejor usar nuestro esfuerzo y energía para convertirlos en nuestros aliados.

Cuando formamos alianzas con nuestra mente que compara, aceptamos que no hay nada de lo cual deshacernos. Nos convertimos en nuestros propios aliados. Incluso nuestros pensamientos más cargados de juicios pueden ser guías para crear conexión. A medida que profundizamos en nuestra comprensión y aceptación de la mente que compara, somos capaces de vernos a nosotros mismos y a otros como simplemente humanos. Reconocemos que sólo estamos acompañándonos mutuamente a casa.

Preparación – antes de la sesión:

- **Toma un par de minutos para escribir de forma libre cómo te defines a ti mismo en relación con un grupo con el que interactúas (e.j.: amigos virtuales, colegas, vecinos).** Te sugerimos que escojas un grupo diferente de tu grupo Ongo. *Éste es un ejemplo de cómo hacerlo, usando la "familia" como grupo: "Yo me defino como dispuesta a sanar, hablar y tratar de perdonar. Yo soy quien está pendiente de todos los cumpleaños. Yo soy quien llama. Si yo no llamara a mi familia, no tendríamos ninguna relación. Yo lo doy todo y no recibo nada. Yo soy completamente diferente de todas las personas de mi familia".*

- **Debajo de tu definición de ti mismo, escribe tres observaciones claras que apoyan esta definición.** Una observación es como una grabación de video de lo que pasó, no tu evaluación. *Por ejemplo: "Asisto a cursos de Comunicación Noviolenta. Este año llamé a cada miembro de mi familia en su cumpleaños. Me alimento con comida vegetariana orgánica".*

- **Pon un nombre al grupo y defínelo.** Explica tan detalladamente como desees. *Por ejemplo: "Mi familia de origen: Yo defino a este grupo como hostil y no dispuesto a sanar. No se buscan ni se llaman. No hablan el mismo idioma que yo. Sólo están interesados en sí mismos. No dan nada a menos que reciban algo a cambio".*

- **Debajo de tu definición del grupo, escribe tres observaciones claras que apoyen esta definición.** *Por ejemplo: "Nadie en mi familia asiste a cursos de CNV ni hace terapia. Nadie de mi familia vino a mi boda. Todos los miembros de mi familia comen carne".*

- **Trae estas notas a tu práctica en pareja.**

Meditación de apertura

Decidan quién controlará el tiempo para hacer una meditación de tres minutos.

Siéntense juntos en silencio, invitando una presencia plena a este momento juntos.

Quien controle el tiempo, avisa al otro cuando hayan pasado los tres minutos.

Cierren con una reverencia de gratitud hacia su pareja, por haberse sentado juntos.

Formando alianzas con la mente que compara

Escojan quién será A y quién será B. La persona A seguirá las instrucciones marcadas con la "A", y la persona B seguirá las instrucciones marcadas con la "B"

A: Comparte lo que escribió antes de la llamada.

B: Se conecta con la curiosidad, con una presencia atenta, con la intención de conectar, y se enfoca en las necesidades. Todo esto en silencio.

A: Lee de nuevo –solo la parte de cómo define al grupo y las observaciones relacionadas

B: Usando la "Rueda de Necesidades", menciona las Necesidades que percibe de lo que comparte la persona A. Deja que las palabras de Necesidades broten como una lluvia, entre cinco y ocho palabras de Necesidades.

A: Recibe cada palabra. Si tu vientre se relaja, deja entrar esa palabra, si tu mente empieza a pensar o a analizar, suelta la palabra. Refleja de vuelta a tu compañero las Necesidades que resonaron para ti.

B: Simplemente toma nota, escribiendo las Necesidades que resonaron para la persona A.

A: Ahora lee la parte sobre cómo te defines a ti mismo en relación con este grupo y las observaciones relacionadas.

B: Escucha en silencio. Cuando la persona A se siente completa, sugiere en voz alta las Necesidades que escuchaste, de cinco a ocho palabras de Necesidades.

A: Recibe cada palabra. Si tu vientre se relaja, deja entrar esa palabra, si tu mente empieza a pensar o a analizar, suelta la palabra. Refleja de vuelta a tu compañero las Necesidades que resonaron para ti.

B: Simplemente toma nota, escribiendo las Necesidades que resonaron para la persona A.

A: Ahora reposa, escucha la meditación guiada a continuación y nota lo que sucede.

B: Lee lo siguiente para guiar a la persona A. Permite pausas para que A pueda captar las instrucciones. Siente el ritmo. Respira.

> Te invito a tomar un par de respiraciones profundas en tu cuerpo.
>
> Nota que la mente tiene muchas voces, permite que sus palabras simplemente floten.
>
> Deja que el flujo regular de tu respiración relaje tu vientre.

B: Lee una o dos palabras de Necesidades de la lista que hiciste para la persona "A". Lee:

> Nota qué voces de la mente afloran cuando escuchas estas Necesidades.

B: Menciona una o dos palabras de Necesidades de la lista. Lee:

> Nota qué palabras se empiezan a formar cuando entras en relación con estas Necesidades.
>
> Explora las sensaciones en el cuerpo. ¿Hay tensión? ¿Resistencia?

B: Menciona una o dos palabras de Necesidades de la lista. Lee:

> Permite que tu atención se dirija a cualquier sensación que exista. Explora los patrones corporales que afloran en relación con esta Necesidad.
>
> ¿Cómo ha etiquetado la mente estas Necesidades? ¿Las llama "egoístas"? ¿Las llama "imposibles"? ¿Las llama "alegría"?

B: Menciona un par de palabras de Necesidades más de la lista. Lee:

> Simplemente nota la voz de la mente. Solo escucha.
>
> ¿Es una voz irritada? ¿Es una voz asustada? ¿Es una voz confundida?
>
> Escucha el tono. ¿Te acepta como eres?

B: Menciona las palabras de Necesidades nuevamente. Menciona cada una, con una respiración o dos antes de la siguiente. Lee:

> Sólo observa las voces que responden a estas Necesidades.
>
> Observa la forma natural con la que cada pensamiento termina. Observa cuán espontáneamente el próximo pensamiento comienza.
>
> Nota el despliegue constante.
>
> Permite el despliegue momento a momento.
>
> Observa como aflora cada pensamiento, cada emoción.
>
> Constantemente viniendo, constantemente alejándose.

Dale a estas sensaciones y pensamientos constantemente cambiantes un poco más de espacio, un poco más de campo para que se desplieguen en un cuerpo relajado, en un corazón abierto.

B: Menciona las palabras de Necesidades de nuevo. Haz una pausa para tomar una respiración o dos entre cada palabra. **Lee:**

Simplemente recibe estas Necesidades en este momento, sin apego ni rechazo.

Nada que cambiar. Nadie quien ser. Nada que hacer.

B: Menciona las palabras de Necesidades de nuevo. Haz una pausa para tomar una respiración o dos entre cada palabra. Lee:

Permite que las sensaciones afloren y se disuelvan en un vientre relajado.

Permitiendo. Recibiendo. Observando. Descansando en el ser.

Este despliegue es la vida misma, tan preciosa, tan plenamente viva.

Todas las Necesidades importan.

Todas las Necesidades plenamente vivas.

B: Permite un momento de silencio para finalizar la meditación guiada.

A: Comparte cómo te sientes en este momento. Toma un instante para escribir cualquier reflexión y compartir lo que estás descubriendo de ti mismo y de tu mente que compara. Comparte lo que estás aprendiendo sobre las Necesidades Universales.

Ahora cambien de rol.

Cosecha de cierre

Cosechen compartiendo cualquier reflexión, aprendizaje o descubrimiento, así como cualquier celebración del tiempo que compartieron.

SEMANA 3 PRÁCTICAS INDIVIDUALES

Lista de "Qué Ser"

"La Comunicación Noviolenta requiere que tomemos nuestro tiempo para actuar desde nuestra energía divina y no desde nuestra programación cultural".
— Marshall B. Rosenberg, PhD

Muchos de nosotros llevamos una vida que enfatiza el "hacer" y el "resolver", y no tanto el "ser" ni el espíritu con el cuál hacemos las cosas. Este modo de vivir lo podemos sentir mecánico e inerte porque está desconectado de quienes somos. En cambio, cuando "hacemos" desde un sitio de conexión con la energía de nuestras Necesidades, nuestras palabras y acciones cobran vida con un sentido de profundidad y significado, y nuestras vidas pueden sentirse más enriquecidas y abundantes.

Hoy...

Coloca tu atención presente en el cuerpo y la respiración. Descansa allí por un par de minutos.

Ahora, mira tu lista de quehaceres del día o de la semana. Si no tienes una, tómate un momento para apuntar lo que sientas que es importante atender el día de hoy.

Considera la energía desde la cual quisieras actuar, "Qué Ser" al hacer cada "Quehacer". ¿Con qué Necesidades te gustaría conectar y expresar a través de tus acciones y palabras en este día o semana? **Observando la "Rueda de Necesidades", escribe las Necesidades que te gustaría ser en la lista "Qué ser" al lado de tu "Quehacer".**

Por ejemplo, nuestra lista pudiera verse así:

Quehacer	Qué Ser
Limpiar la casa	Juego, Belleza
Responder a los mensajes de los clientes	Conexión, Presencia, Empatía
Pagar las cuentas	Facilidad, confianza, orden

Trata esta lista de Qué Ser, del mismo modo que tratarías a una lista importante de Quehaceres, llevándola contigo o colocándola en un lugar donde puedas verla.

Marca una casilla de la lista de Qué ser cada vez que notes que estás siendo esa cualidad. A diferencia de las tareas, ¡puedes marcar cada casilla de Qué Ser tantas veces como quieras!

Lista de "Qué Ser"
Recordar

"A menudo pensamos que para ser espirituales o iluminados necesitamos tener experiencias especiales, así como también pensamos que para preparar una comida maravillosa o convertirnos en super chefs necesitamos ingredientes especiales y una cocina sofisticada. Sin embargo, lo único que necesitamos para preparar una comida es poner las ollas, sartenes e ingredientes en el lugar que les corresponde. Y todo lo que necesitamos hacer con nuestra espiritualidad es permitirle a la mente que se asiente, como un vaso de agua turbia salida de un grifo de la ciudad".
— Bernie Glassman

Diario de Autoempatía

"Si tienes algo de experiencia viendo cómo las malas hierbas de tu mente se convierten en alimento, tu práctica progresará notablemente".
– Shunryu Suzuki

La autoempatía es una práctica de traer consciencia y compasión a los pensamientos, sentimientos, necesidades y peticiones que surgen dentro de nosotros cada día. Aunque la autoempatía puede ser practicada en cualquier momento, cuando estamos empezando a desarrollar los músculos de la autoempatía, puede ser más fácil ejercitarla en un ambiente nutritivo, como nuestro espacio de práctica, en vez de en una situación social. El diario de autoempatía es una forma de hacerlo. Es a la vez una herramienta de autorreflexión y una práctica de conexión con la vida. Apoya el crecimiento y la claridad después de interacciones difíciles y canaliza la energía hacia acciones que enriquecen nuestra vida. Con el paso del tiempo, cuando es usada regularmente, desarrolla y acelera nuestra habilidad de acceder a la consciencia y al lenguaje de la noviolencia en interacciones "en vivo" también.

(Hay un ejemplo de esta práctica al final de las instrucciones del día de hoy).

Hoy...

Siéntate por un par de minutos, presente con tu cuerpo, la respiración y el sostén de la Tierra.

Trae a tu mente una interacción reciente, no resuelta, que hayas tenido con otra persona, que quieras explorar más profundamente –una situación en la cual tú o la otra persona dijeron o hicieron algo que estimuló una reacción en ti–. Escoge una interacción específica que hayas tenido, incluso si has experimentado ese mismo patrón en múltiples ocasiones con esa persona o contigo mismo. Si estás haciendo esta práctica por primera vez, escoge una situación de intensidad mediana, y no una situación con mucho peso histórico.

1. **Comienza una nueva página en tu diario y escribe "Situación:" en la parte superior de la página. Al lado, escribe libremente lo que sucedió, en cualquier forma que te ayude a recordar esa interacción.**

2. **Abajo escribe "Estímulo:" y al lado cualquier cosa específica que tú o que la otra persona hicieron o dijeron que te hizo reaccionar.** Esto es una observación clara, no una evaluación de lo que sucedió. Piénsalo como el punto de vista de una cámara de

video. *Por ejemplo: "Ella me criticó" es una evaluación, pues una cámara de video no puede interpretar palabras como "crítica". Una observación en ese caso podría ser: "Ella me dijo: '¿Por qué siempre llegas tan tarde?'", escribe solo las palabras que fueron dichas.* El mismo principio se aplica si lo que pasó fue una acción. *Por ejemplo: "Él me ignoró", es una evaluación. Una observación de la misma situación podría ser: "Él pasó caminando por mi lado sin mirarme"* –simplemente la acción que ocurrió–.

3. **Ahora divide la página en tres columnas: pensamientos, sentimientos y necesidades".**

4. **Coloca una mano sobre tu cabeza. En la columna de "Pensamientos", coloca una a una todas las historias, juicios, interpretaciones y creencias que tienes sobre la situación. Escribe cada pensamiento en un renglón.** Si te resulta difícil identificar alguno, guíate por las viñetas de ejemplo de la práctica individual de la semana pasada "Satisfaciendo necesidades" (pág. 59).

5. **Cuando sientas que la lista sobre tus pensamientos en torno a este estímulo está bien completa** (con frecuencia, los mismos pensamientos empiezan a repetirse en forma de variaciones) **o si tu atención comienza a cambiar hacia lo que estás sintiendo, toma una respiración profunda y trae la consciencia a tu cuerpo.**

6. **Desplaza tu mano hacia tu corazón. Lee en voz alta para ti mismo los primeros pensamientos que escribiste, notando lo que sientes en tu cuerpo cuando los escuchas. Respira y permítete realmente sentir esas emociones. Escribe esas emociones o sensaciones corporales en la columna de "Sentimientos".** Si tienes problemas para identificar cualquier sentimiento o sensación, revisa las listas de sentimientos y sensaciones en las páginas 280 y 281 del Ápendice A y escribe cualquier palabra que corresponda a lo que estás sintiendo.

7. **Toma una respiración profunda y desplaza tu mano hacia tu vientre. Revisa la Rueda de Necesidades en la página 279 del Ápendice A. ¿Qué Necesidades están siendo expresadas por ese pensamiento y esos sentimientos? Sin pensarlo mucho, escribe en la columna "Necesidades" aquellas Necesidades que te salten a la vista . Si emergen nuevos pensamientos, agrégalos a la columna de "Pensamientos".**

8. **Repite los pasos 6 y 7 con otros pensamientos de tu lista, escribiendo los sentimientos y Necesidades conectadas a cada uno.**

9. **Lee nuevamente en voz alta todas las Necesidades que escribiste en tu columna de "Necesidades", notando lo que sientes en tu cuerpo a medida que las escuchas.**

10. **Debajo de las columnas escribe: "Sentándome con las Necesidades:" y, al lado, solamente las Necesidades que te resonaron más fuertemente. Tómate un tiempo**

para simplemente estar con esas Necesidades –nota dónde y cómo las sientes en tu cuerpo–. Nota qué significan para ti. No te apresures en este paso. Date permiso para salir a caminar con estas Necesidades o incluso tomarte el día para reflexionar sobre ellas. Adicionalmente, si hay algún pensamiento persistente que no hayas visto antes y que esté pidiendo tu atención.

11. Escribe "Revelación:" seguido de cualquier revelación que hayas tenido sobre esta situación después de reflexionar desde la perspectiva de "Sentarte con las Necesidades".

12. Finalmente escribe "Petición de acción:". Cuando revisas nuevamente el "Estímulo" original después de haberte "Sentado con las Necesidades", ¿hay alguna petición que tengas para ti mismo o para los demás? ¿Hay algunos pequeños pasos que quisieses tomar para responder a esta situación? Escribe cualquier petición de acción sobre la cual quieras actuar. Te sugerimos pequeños pasos porque son más viables que los pasos grandes, y ambiciosos. Además, mientras más clara y específica sea la acción, más fácil será llevarla a cabo.

Cierra con un momento de gratitud por cualquier cosa que la práctica de hoy te haya ofrecido. Incluye un reconocimiento hacia ti mismo por haber hecho el esfuerzo de llevar a cabo esta práctica.

En el instante – Cuando notes que hay algo "en tu mente", detente y respira. En un papel, escribe cualquier pensamiento o pensamientos que aparezcan una y otra vez. Toma una respiración profunda y siente lo que está sucediendo en tu cuerpo. Escribe esas emociones y sensaciones. Toma una respiración profunda y mira la Rueda de Necesidades. ¿Qué Necesidades están siendo expresadas a través de los pensamientos y sentimientos que estás experimentando? Escribe esas Necesidades. Toma otra respiración profunda y conecta con la claridad de esas necesidades. Haz cualquier cosa que te sientas llamado a hacer.

Profundización – Toma el diario de autoempatía como una práctica semanal. Escribe sobre cualquier tipo de situaciones, livianas o pesadas –cualquier situación que esté más viva para ti en el momento en que te sientes a escribir–. Escribe en este diario situaciones divertidas también, llevando así un registro de los pensamientos y sentimientos agradables que experimentas, y las Necesidades que éstos expresan. A medida que escribes en tu diario, presta especial atención a pensamientos "elaborados" como: "Este proceso no va a funcionar para mí". A medida que te familiarizas con Ongo, combina esta práctica con la de "Deconstruyendo creencias primarias" de la Semana 5.

Ejemplo: Diario de autoempatía

Situación: Estaba muy cansada después de trabajar todo el día y llegué a casa queriendo relajarme y descansar. Leo estaba actuando súper raro, y yo no quería lidiar con eso. De pronto, empezó a decir que yo nunca pasaba tiempo con él y ahí estallé.

Estímulo: Leo me dijo: "Nunca pasas tiempo conmigo".

Pensamientos:	Sentimientos:	Necesidades:
¡Leo no tiene ni la más mínima idea de lo duro que trabajo para mantenernos!	Tensión en los hombros, fastidiada	Gratitud, Comprensión
Nunca debí haberme venido a vivir con él.	Calor en el rostro, asfixiada, exasperada	Paz mental
Leo es un irresponsable.	Molesta, pecho contraído	Apoyo
No podríamos sobrevivir si yo viviera como él.	Tensión en la barriga, dolor de espalda, preocupación	Seguridad, Bienestar
Tengo que trabajar duro para que podamos sobrevivir.	Frustrada, cansada	Facilidad, Seguridad

Sentándome con las necesidades: Facilidad y seguridad

Revelación: Me estoy dando cuenta de la enorme presión que estoy poniendo sobre mí misma al creer que nuestra supervivencia básica depende de que yo trabaje súper duro. Esa presión es lo que realmente me está disparando la rabia. Cuando reconozco que también tengo una necesidad de facilidad, me siento más plena, y tengo más disposición de conectar con Leo.

Petición de acción: Voy a pedirle a Leo que me pase mi diario (¡y que lo haga con un beso!) la próxima vez que me sienta estresada. Mañana en el almuerzo me gustaría sentarme 10 minutos con mi necesidad de facilidad para poder conectar más fácilmente con la energía de esa cualidad vital durante mi jornada laboral.

Diario de Autoempatía
Recordar

"Muchas personas tratan de encontrar un camino espiritual donde no tengan que confrontarse a sí mismos, pero donde puedan liberarse —liberarse de sí mismos, de hecho—. La verdad es que esto es imposible. No podemos hacer eso. Tenemos que ser honestos con nosotros mismos. Tenemos que ver nuestras tripas, nuestra verdadera mierda, nuestras partes más indeseables. Tenemos que ver eso. Ese es el cimiento del guerrero y de conquistar el miedo. Tenemos que enfrentar nuestro miedo; mirarlo, estudiarlo, trabajarlo y practicar la meditación con él".

– Chögyam Trungpa

Meditación de autoempatía

"Dar la bienvenida a cualquier reactividad que experimentamos y no transformarla en enemiga es un cambio radical. En lugar de decir, "debo superar esto, librarme de esto" o "tengo que sanar esto", podemos dirigirnos hacia nuestra reactividad y verla como nuestra fuerza vital siendo expresada en nosotros, diciendo "mírame, permíteme ser". Nuestra liberación, nuestra libertad, reside en atender nuestros mayores miedos con una presencia acogedora. La acción de volvernos hacia lo que percibimos como un bloqueo en nuestra vida es el acto de la autocompasión".
– Robert Gonzales

Todos tenemos momentos en los que necesitamos empatía inmediata y no tenemos ni acceso a un amigo, ni tiempo de autoempatizar con nuestro diario. En esos momentos, podemos practicar esta meditación de autoempatía. Esta práctica es más efectiva cuando estamos presentes con el cuerpo y la respiración durante el proceso. Sin esa presencia, la práctica pierde su poder y nos podemos perder fácilmente en nuestros pensamientos y emociones reactivas. Tanto los movimientos de manos que se ofrecen como parte de la guía detallada abajo como los recordatorios de respirar, están diseñados para ayudarnos a mantenernos presentes con nuestro cuerpo y respiración aun en medio de pensamientos y emociones fuertes. Aunque no utilicemos los movimientos de las manos en una situación social, recomendamos mucho usarlos al aprender esta práctica en privado.

Para la práctica de hoy, usa la "Autoempatía" (Ápendice A, pág. 282) como referencia visual.

Hoy...

En un momento en el que notes algo en tu mente o corazón que necesite atención compasiva, detén cualquier actividad que estés haciendo y haz esta práctica. *Por ejemplo, no puedes dejar de pensar en algo, o una emoción particular está surgiendo en tu pecho con regularidad, o estás reaccionando a situaciones de una manera que no te gusta.*

Toma un momento para respirar y sentir tu cuerpo sobre la Tierra.

Trae a tu mente la situación que está pidiendo tu atención.

1. **Toca tu cabeza con la mano. Mientras los pensamientos –las historias, los juicios, las interpretaciones y las creencias sobre la situación– vienen a tu mente, nómbralos en voz alta, uno por uno, precedidos por las palabras "Me estoy diciendo a mí**

misma…". **Haz una pausa entre cada pensamiento para poder respirar y conectar con el apoyo de la Tierra.** *Por ejemplo, "Me estoy diciendo a mí misma que nunca seré feliz". Después haz una pausa, respira, conéctate con la Tierra. Luego, "Me estoy diciendo a mí misma que toda la gente tiene su vida resuelta menos yo". Después haz una pausa, respira, conéctate con la Tierra. Luego, "Me estoy diciendo a mí misma que soy una carga para los demás", etc.* **Permítete realmente escuchar y experimentar cada pensamiento sin tratar de deshacerte de él. Cuando los pensamientos empiecen a aquietarse y tu atención empiece naturalmente a distanciarse de ellos, toma una respiración profunda y colócate la mano en el corazón.**

2. **Lleva tu atención a sentimientos y sensaciones corporales. A medida que vayas notando diferentes sensaciones y emociones, exprésalas en voz alta. Haz una pausa entre cada sentimiento para respirar, sentirlo sin tratar de cambiarlo y conectarte con el apoyo de la Tierra.** *Por ejemplo, "Frustración", luego pausa para respirar, siente la frustración, conéctate con la Tierra; luego, "Tensión en los hombros", pausa para respirar, siente la tensión en los hombros, conéctate con la Tierra; luego "Tristeza", etc.* **Después de un cierto punto, sentirás tu cuerpo tranquilizándose y ablandándose, y tu atención transicionando naturalmente. En ese punto, respira profundamente y coloca la mano sobre tu vientre.**

3. **Mira la "Rueda de Necesidades". Escucha en tu interior: ¿Qué Necesidades están expresando estos pensamientos y sentimientos?** Nota qué necesidades te saltan a la vista sin tratar de averiguarlo ni pensarlo demasiado. **Nombra en voz alta cada palabra de Necesidad con la cual resuenas. Haz una pausa entre cada palabra para respirar y observar cómo se siente esa necesidad en el cuerpo.** *Por ejemplo, "Confianza", luego respira y siente la confianza en tu cuerpo, luego "Apoyo", respira y siente el apoyo en tu cuerpo, después "Comodidad", etc.* Nota cada vez que un nuevo pensamiento empieza a apartar tu atención de tus Necesidades. Si eso pasa, repite los pasos del 1 al 3 con ese pensamiento. O, si un nuevo sentimiento surge y te distrae, repite los pasos 2 y 3 con ese sentimiento.

4. **Con la mano en tu vientre, toma un minuto para simplemente permanecer con las Necesidades que has nombrado, descansando en lo que sientes cuando te conectas con ellas.** Es común que en esta etapa sientas una profunda sensación de paz y liviandad en relación a las Necesidades. Si no lo sientes, es posible que algún pensamiento o sentimiento aún necesiten atención. En ese caso, puedes volver al paso 1 (pensamientos que necesitan atención) o al paso 2 (sentimientos que necesitan atención).

5. **Ahora, con la mano en tu vientre como un ancla a esta conexión profunda con las Necesidades, trae de vuelta a tu mente la situación original. Mientras estás mirando**

la situación desde esta perspectiva de conexión con las necesidades, ¿hay alguna acción que te gustaría realizar en respuesta a la situación? Si es así, abre tus manos y realiza esa acción, o escríbela como un recordatorio para más tarde.

6. Respira. Conéctate con la Tierra. Agradece.

Tip – Esta práctica no es lineal, a pesar de que fue escrita en un orden secuencial. En otras palabras, es muy posible que tomes consciencia de nuevos pensamientos, sentimientos o necesidades en cualquier punto de la meditación. Si esto pasa, la práctica es atender a ese nuevo pensamiento, sentimiento o necesidad, como paso siguiente en la meditación. Déjate guiar por tu cuerpo –quédate compasivamente presente con lo que sea que llame tu atención–.

Video – Hay una demostración en video de esta práctica en la página web Compañero Ongo ongo.global.

En el instante – Cuando observes algo en tu interior que pide tu atención, detente y respira. Si es un pensamiento, coloca una mano sobre tu cabeza y nombra el pensamiento en voz alta para ti mismo. Permítete experimentar ese pensamiento sin tratar de cambiarlo. Si es un sentimiento que está pidiendo tu atención, coloca una mano sobre tu corazón y nota lo que sientes en tu cuerpo sin tratar de cambiarlo. Después de haber tomado un momento para experimentar el pensamiento o sentimiento que estaba ahí, respira profundamente y coloca una mano sobre tu vientre. Consulta la Rueda de Necesidades y nombra cualquier Necesidad que esté siendo expresada a través de los pensamientos y sentimientos que estás experimentando. Toma una nueva respiración profunda y conéctate con la claridad de esas Necesidades. Haz lo que te nazca en ese momento.

Profundización – Practica la meditación de Autoempatía cada vez que notes algo en tu mente o corazón que quiera atención compasiva. Cuando te sientas más familiarizado con la práctica, permite que tu cuerpo te guíe más y más hacia todo lo que quiera atención sin preocuparte de si estás siguiendo los pasos del proceso. Tal vez sea suficiente por el momento que te tomes un instante de consciencia con un pensamiento o Necesidad. Presta atención especial a cualquier intención, aunque sea sutil, de usar esta práctica como herramienta para cambiar o arreglar lo que te está pasando, en vez de usarla como una práctica de presencia compasiva momento a momento. Practica esta meditación con esos pensamientos también. *Por ejemplo, "Me estoy diciendo a mí misma que ésta práctica no va a funcionar..." o "Me estoy diciendo a mí misma que debería estar sintiendo algo diferente en este momento...", etc.*

Semana 4

Girarnos hacia el sufrimiento y hacia un poder más grande que nosotros

*"Supongo que algunos se escandalizarían de nuestra aparente mundanidad y frivolidad.
No obstante, por debajo de éstas hay una seriedad mortal.
La fé tiene que trabajar las veinticuatro horas al día dentro y a través de nosotros,
de lo contrario pereceríamos".*
– Bill W.

Preparación - Todos los participantes:

❧ Trae tu ejemplar del *Libro Ongo*, tu diario a esta Reunión grupal y utensilios con los que disfrutes escribir.

Preparación - Guía Grupal:

❧ Uno o dos días antes de la Reunión grupal, recuerda a todas las personas el día, hora y lugar de la reunión.

❧ Lee "Dirigir la Práctica grupal" (pág. 17) y sigue las pautas indicadas en "Responsabilidades del Guía".

❧ Trae un "bastón de la palabra" (un palo, piedra u objeto que pueda sostenerse fácilmente con una mano para realizar una ronda de palabra). Lee la práctica de "Rondas de Palabra" (pág. 93) para ver cómo se utilizará.

❧ Coloca las cartas de Necesidades en forma de un mandala atractivo o en espiral en el centro del círculo. Coloca el bastón de la palabra en el centro.

Meditación de apertura

Invita a todas las personas a sentarse en el círculo.

Toca la campana para indicar el comienzo de la meditación sentada.

Después de un momento de silencio, lee al grupo las siguientes instrucciones. Lee de forma que ayude al grupo a relajarse con las instrucciones, permitiendo un espacio generoso y respiraciones completas de silencio entre frases:

Permite que tu respiración te ayude a llegar aquí, al grupo Ongo. Solo permítete respirar. Solo nota como tu ser respira. Sin esfuerzo.

A medida que respiramos, permítele al vientre que se relaje un poquito más. Reconoce cualquier tensión presente. Reconoce cualquier cosa que te retenga del día de hoy o de la semana.

Solo permítete respirar. Permite que se relaje el vientre.

Solo vuelve a la respiración cuando la mente se vaya de paseo. Independientemente de lo que haya allí, solo respira con esos pensamientos. Solo relaja el vientre.

Este es el momento de llegar. No hay nada más que resolver. Nada más que hacer.

Esta es la práctica. Estar con la respiración. Algo más grande que nosotros mismos. Nuestra respiración respira todo el tiempo sin ningún esfuerzo. Ahora podemos recibir ese regalo. Permitiendo que se relaje el vientre.

Siéntate en silencio por un par de minutos más y luego toca la campana tres veces para terminar la meditación.

Girarnos hacia un poder más grande que nosotros

Lee al grupo:

Cuando nos abrimos al apoyo de la comunidad en nuestras prácticas, cuando ofrecemos nuestra vulnerabilidad para que otros la sostengan, nos estamos entregando a algo más grande que "yo". Estamos reconociendo que, quizás, no podemos hacerlo todo solos.

Mientras más meditamos, más nos hacemos conscientes de nuestros pensamientos, sentimientos y necesidades y más nos damos cuenta de lo imposible que es forzarnos a ser pacíficos o compasivos. Con demasiada frecuencia, nos sentimos sin poder ante nuestras reacciones. Necesitamos ayuda y, sin embargo, tenemos miedo de buscar apoyo.

En algún momento, quizá porque ya hemos sufrido lo suficiente o porque estamos preparados para un cambio, decidimos que merece la pena el riesgo. ¡Es preferible admitir humildemente nuestras limitaciones que agotarnos tratando de resolverlo todo solos! En algún momento, sacamos la cabeza del hueco que hemos cavado y descubrimos que no estamos solos. El nombre que le demos a ese "no estar solo" es algo personal.

A lo largo del tiempo, ha recibido muchos nombres: Dios, naturaleza del Buda, Poder Superior, Amor, la Energía Viva de las Necesidades. Independientemente del nombre que le des, se reduce a lo que sea que experimentes como algo más grande que tu concepción de ti mismo.

Invita a todas las personas a sacar sus diarios o un hoja de papel. Coloca crayones de cera, lápices de colores y/o marcadores. Luego lee:

> Tómate un tiempo en este momento para considerar lo que significa para ti la idea de "girarte hacia un poder más grande que tú". Dibuja, colorea y escribe libremente lo que te surja, sin censurarte ni preocuparte por el "aspecto" de tu representación. También ofreceré una lectura durante este tiempo, que puedes recibir como una lluvia en el fondo, mientras sigues dibujando, coloreando y escribiendo.

Permite que todas las personas se acomoden para dibujar y escribir, y luego lee con claridad pero con suavidad, a un ritmo meditativo:

> Cuando practicamos cualquier disciplina espiritual, parte de lo que hacemos -algunos dirían que la mayor parte de lo que hacemos- es reconocer nuestras limitaciones y entregarnos a un poder superior a nosotros mismos. En Ongo, nos entregamos a la estructura de Ongo, nos entregamos al grupo de Ongo, nos entregamos a nuestros Compañeros, nos entregamos a las Prácticas individuales. Todas ellas son espejos para la vida.
>
> En este punto de Ongo, empezamos a volver la mirada seriamente hacia el sufrimiento en lugar de huir de él. A través de nuestras Prácticas de Empatía y Autoempatía, estamos observando activamente el sufrimiento con todo nuestro ser. En lugar de tratar de arreglarlo o cambiarlo, estamos fluyendo con él, sosteniéndolo con amor y compasión.
>
> Nuestra capacidad de apoyarnos en una fuerza más poderosa que nosotros mismos es lo que nos permite dirigirnos hacia el sufrimiento sin sentirnos abrumados o agotados. Gandhi llamó a esta fuerza "Satyagraha" o "fuerza del alma". Es una fuerza que nace del amor incondicional, el mismo amor que encontramos cuando renunciamos a todas las condiciones que ponemos al amor y nos entregamos a la posibilidad de poder ser amados en toda nuestra imperfección. Es el ágape del que habló el Dr. Martin Luther King Jr. cuando buscaba la fuerza para enfrentarse al odio y la violencia intolerables.
>
> En nuestra propia vida, nosotros también podemos encontrar esta fuerza. Esta comienza cuando nos apoyamos en nuestra comunidad espiritual, en nuestro grupo Ongo, en las enseñanzas de quienes caminaron antes que nosotros y en nuestras prácticas Ongo.

Dale a las personas un par de minutos más para que sigan dibujando y escribiendo. Durante este tiempo, tú puedes escribir y dibujar sobre el tema.

Cuando sientas que la mayoría de la gente ha terminado o está a punto de hacerlo, espera uno minuto más y luego toca la campana.

Invita a todas las personas a poner sus diarios y papeles a un lado. Si la gente está dispersa, invítalos a formar de nuevo un círculo para hacer esta práctica.

Con el bastón de la palabra en la mano, lee estas instrucciones al grupo:

A continuación compartiremos a través de Rondas de Palabra. Durante las Rondas de Palabra, pasaremos este bastón de la palabra por el círculo para indicar quién tiene nuestra atención.

Muéstrale al grupo el bastón de la palabra que has traído y continúa leyendo:

La persona que hable tendrá toda nuestra presencia silenciosa. Mientras esté hablando, no comentaremos ni responderemos a sus palabras, ni pensaremos en lo que diremos cuando nos toque hablar. Sostendremos el espacio de empatía para cada orador. Cuando nos toque hablar, no nos referiremos a lo que otros han compartido. Por el contrario, hablaremos de nuestras propias experiencias e ideas.

Tendremos tres rondas de palabra. En la primera ronda, cada persona compartirá sobre el tema: "Háblanos del sufrimiento que observas en ti y en el mundo". Empezaremos con la primera persona que se sienta llamada a hablar del tema, luego el bastón de la palabra pasará a la persona de su izquierda, y esa persona compartirá. Continuaremos alrededor del círculo hasta que el bastón de la palabra vuelva a la persona que habló primero; en ese punto mencionaré el siguiente tema a compartir. Dado que habrá tres rondas de palabra y visto que somos muchos, seamos todos conscientes de la duración de nuestra intervención para que haya tiempo de escuchar la voz de todos. A la vez, honra tu propia voz dándole el espacio necesario para expresarse.

Revisa si alguien no tiene clara la práctica y necesita volver a escuchar las instrucciones. Una vez que todas las personas tengan claridad, invítalas a respirar juntas y a traer su presencia al círculo. Lee:

Háblanos del sufrimiento que observas en ti y en el mundo. ¿A quién le gustaría hablar sobre este tema en este momento?

Pasa el bastón de la palabra a esa persona para que comience la primera ronda de palabra.

Una vez que el bastón de la palabra haya dado la vuelta al círculo hasta llegar a la primera que compartió, toma el bastón de la palabra e invita a todas las personas a tomar una respiración juntas. Luego lee:

> Para esta segunda ronda, cuéntanos qué significa para ti dirigirte hacia un poder más grande que tú. ¿A quién le gustaría hablar sobre este tema en este momento?

Pásale el bastón de la palabra a esa persona para que comience la segunda ronda de palabra.

Una vez que el bastón de la palabra haya dado la vuelta al círculo hasta llegar a la primera persona que compartió, toma el bastón de la palabra e invita a todas las personas a respirar juntas. Luego lee:

> Antes de la tercera ronda, en silencio, permitamos que cada uno observe su Rueda de Necesidades o las tarjetas de Necesidades que tenemos delante para conectar con las Necesidades que nuestro compartir ha despertado. Respira mientras observas estas Necesidades y nota cuáles te hablan en este momento.

Permite un minuto de silencio para que todas las personas observen las Necesidades antes de seguir leyendo:

> Para la tercera ronda, háblanos de las Necesidades que notas que han cobrado vida durante este compartir. ¿Cómo se relacionan estas Necesidades con tus ideas sobre el sufrimiento y/o la idea de un poder superior a ti mismo?
>
> ¿A quién le gustaría hablar ahora sobre este tema?

Pasa el bastón de la palabra a esa persona para que comience la tercera ronda de palabra.

Una vez que el bastón de la palabra haya dado la vuelta al círculo hasta llegar a la primera persona que compartió, toma el bastón de la palabra e invita a todas las personas a tomar una respiración juntas.

Coloca el bastón de la palabra en el centro del círculo.

Cosecha

Invita a hablar a cualquier persona que se sienta motivada a compartir con el grupo sus percepciones, aprendizajes o descubrimientos de la práctica del día de hoy.

Cierra dando las gracias a todas las personas por su presencia y por haber compartido el día de hoy.

Pide a un voluntario que guíe al grupo la próxima semana. Dale a esa persona el juego o juegos de cartas de Necesidades.

Recuerda al voluntario que lea las páginas sobre "Dirigir la práctica grupal" (pág. 17) y la Práctica grupal de la Semana 5 antes de la próxima reunión. Todo lo que necesita saber está en esas páginas.

Invita a todas las personas a hacer una respiración colectiva plena.

Invita a cada persona a compartir una palabra que describa lo que se llevan de esta cuarta Reunión grupal de Ongo. Empieza por la persona de tu izquierda y recorre el círculo en el sentido de las agujas del reloj hasta que todas las personas, incluyéndote a ti, hayan compartido.

Mirando el sufrimiento, encontrando serenidad

"Dios, dame la serenidad para aceptar las cosas que no puedo cambiar,
la valentía para cambiar las cosas que sí puedo,
y la sabiduría para conocer la diferencia".
— La oración de la serenidad

Cuando llevamos la mirada hacia el sufrimiento y nos apoyamos en un poder superior a nosotros mismos, encontramos serenidad reconociendo lo que está bajo nuestro control y lo que no. Aprendemos la diferencia entre las peticiones realizables para nosotros mismos o para otros y las que no están bajo nuestro poder. A menudo creamos más sufrimiento de lo necesario cuando tratamos de controlar lo que no está bajo nuestro control. Cuando somos capaces de discernir lo que está dentro de nuestra capacidad de influencia, podemos poner límites y tomar decisiones para satisfacer necesidades.

Preparación – antes de la sesión:

❧ **Escribe tres aspectos de tu vida que no puedes controlar totalmente y describe cualquier frustración que aparece cuando tratas de controlarlos.**

Por ejemplo:

Mi pareja: Me siento muy frustrada cuando hay algo en su conducta que no ha cambiado, incluso cuando pienso que realmente necesita cambiar. Cuando actúa de esa manera y yo le hago notar que está "mal", peleamos y me siento aún más desconectada.

Los prejuicios de una amiga: Me siento muy frustrada porque después de haberle dicho por años que hablar de algunas de sus creencias en público no es apropiado, ella sigue diciendo cosas que no quisiera jamás que mis hijos escuchen o imiten. Cuando trato de hacerla cambiar, esto intensifica la desconexión y la distancia entre nosotras.

Las decisiones del presidente de los EE.UU.: Aunque crea que puedo influir en sus decisiones, en última instancia sé que el presidente hará lo que él elija. Igual me siento frustrada porque me estoy diciendo "Yo sé lo que es correcto y lo que él debería hacer". Cuando trato de hacer más de lo que está realmente en mi poder para influir en sus decisiones me enfermo y me deprimo.

❧ **Escribe tres aspectos de tu vida en los que puedes efectuar un cambio inmediato y medible. Describe como asumes responsabilidad por estos aspectos.**

Por ejemplo:

La elección de mi profesión: Puedo elegir en qué trabajo. He asumido la responsabilidad de esto eligiendo no quedarme en un empleo por más tiempo del que contribuye a mi felicidad.

La comida que como: Tengo el poder de elegir la comida que como. Asumo la responsabilidad de esto observando cuando mi cuerpo no responde bien a algo que comí y eligiendo dejar de comer esa cosa en particular.

Lo que digo: Tengo el poder de elegir las palabras que digo. Asumo la responsabilidad de esto cuando expreso mi arrepentimiento después de haber dicho algo que no contribuyó a la conexión de un modo que aprecio o cuando practico la presencia consciente para volverme más atento a lo que digo.

🍂 **Lleva lo que escribiste a la reunión con tu pareja (o, si es por teléfono, envíale un correo electrónico con tu escrito antes de la reunión).**

Meditación de apertura

Saluda a tu pareja.

Elijan quién controla el tiempo para una meditación de cinco minutos.

Siéntense juntos en silencio, descansando la atención en la respiración, dejando que el cuerpo y la mente se aquieten.

Quien esté tomando el tiempo, avisa al otro cuando han pasado los cinco minutos.

Cierren con una reverencia de gratitud hacia su compañero, por haberse sentado juntos.

Mirando el sufrimiento, encontrando serenidad

Pásale o envíale por correo a tu pareja lo que has escrito anteriormente. También, ten a mano la página de la "Rueda de Necesidades" del Ápendice A.

Escojan quién será A y quien será B.

1. **La persona A lee en voz alta el primer punto en la lista de la persona B sobre los aspectos de su vida que no puede controlar totalmente. B escucha en silencio, con curiosidad, presencia y la intención de conectar.**

2. **Cuando A termina de leer, B mira la "Rueda de Necesidades" y menciona en voz alta una o dos Necesidades que haya escuchado ser expresada.**

3. **La persona A anota las Necesidades que B ha ofrecido.**

4. Repitan los pasos del 1 al 3 con los puntos restantes de la lista de B sobre las áreas de su vida que no puede controlar totalmente y luego con tres puntos de la lista de B sobre las áreas de su vida que sí tiene control.

5. Una vez que la persona A ha leído en voz alta todos los puntos de ambas listas de B y ha escrito todas las necesidades que B ha mencionado, la persona A ofrece de vuelta las palabras de Necesidades una a una, lentamente, tomando una respiración completa entre cada palabra. La persona B, con la mano sobre su vientre, simplemente recibe todas estas Necesidades, respirando y estando presente con todo lo que aflore. Considera cualquier petición que tengas hacia ti mismo en relación a estas Necesidades que has descubierto. ¿Qué aprendiste sobre tus Necesidades cuando miras tus dos listas originales?

6. Toma un par de respiraciones en silencio y comparte cualquier reflexión que hayas tenido.

7. Cambien de rol.

Cosecha de cierre

Cosechen compartiendo cualquier reflexión, aprendizaje o descubrimiento, así como cualquier apreciación del tiempo que compartieron.

Adicionalmente, tómense un tiempo para compartir cualquier apreciación que tengan por el tiempo que compartieron como Pareja Ongo, por haberse dado la bienvenida el uno al otro de esta forma. La próxima semana comenzarán con una nueva pareja para su segundo mes de Práctica en Pareja Ongo.

SEMANA 4 PRÁCTICAS INDIVIDUALES

El buzón de la Vida

"Lo más duro de la práctica devocional es suspender la 'inteligencia' y confiar nuestro corazón-mente a la gracia de las fuerzas incontrolables que nos apoyan… Es una carta de amor y una petición… Y cuando conjuras desde lo profundo de tu corazón, el amor por las montañas y los ríos, y el pavimento y los bancos de parque, logras experimentar y recibir apoyo gracias al amor que estás conjurando… Fomentar esa mente que "confía de verdad" crea una estabilidad de corazón que es tan buena como la iluminación misma. Y es muchísimo más fácil y humilde. Solo requiere la suspensión de la sofisticación… Así que solo… 'Bendice este desastre'".
– Koji Acquaviva

Al crecer en nuestra práctica, a veces también actualizamos la versión de nuestro "yo debería". Lo que antes sonaba en nuestra cabeza como una lista infinita de "deberías", ahora suena como una lista de malos consejos espirituales, como "debería estar más tranquila" o "debería ser más empática". De hecho, a medida que nos volvemos más presentes con nuestro trabajo interior, pareciera que la misma mente que tan rápidamente ofrece consejos, está también creando problemas.

Ya que este es el caso, una de las cosas más sanas que podemos hacer en nuestra vida diaria es admitir nuestras propias limitaciones y nuestra necesidad de apoyo detrás de nuestros "pensamientos basura". Así creamos o no en un poder superior, todos necesitamos un lugar donde reposar nuestras preocupaciones, que a la vez honre su importancia y ofrezca a nuestras mentes y cuerpos un verdadero descanso.

Hoy…

Crea un "Buzón de la Vida" y ponlo en tu espacio de práctica. El buzón de entrada de la Vida es un recipiente donde colocas las preocupaciones y problemas de tu mente, soltándolos y pidiéndole a la Vida que, en su tiempo y a su manera, los resuelva. Utilizamos la "Vida" aquí como una abreviación de todo aquello que es más grande y está más allá de lo que nuestra mente pueda concebir. Usa cualquier equivalente que funcione para ti.

Por ejemplo, crea un Buzón de Buda, o un Buzón de Dios, o un Buzón de "aquello que es más grande de lo que mi mente puede concebir".

Escribe algo específico que tu mente y corazón han querido resolver y ponlo en el Buzón de Entrada de la Vida.

Durante tu día, si esa preocupación surge nuevamente, acuérdate que está en el Buzón de la Vida y que será resuelta en su tiempo –ya no está en tus manos–. Si quieres, dirige cualquier energía que quiera "hacer algo" a una de las prácticas de Autoempatía de la semana pasada, o simplemente quédate presente con tu respiración. Esta no es una instrucción de que ignores cualquier acción particular que te sientas llamado a realizar. Al igual que con las prácticas de la Autoempatía, una vez haz hecho conexión con tus Necesidades, si te sientes llamado a actuar de una cierta manera, hazlo. Lo que estamos soltando es cualquier expectativa de que estas acciones producirán un resultado particular. Ese resultado está ahora en las manos de la vida.

Por el resto de Ongo, continúa usando el Buzón de la Vida cada vez que una preocupación particular empiece a consumir toda tu mente. ¡Date cuenta cuando estos temas se resuelven y toma unos momentos para agradecerle a la Vida por haber terminado el trabajo por ti!

En el instante – Si en este momento te preocupa un problema que empieza a sentirse pesado o abrumador, toma una respiración profunda y visualízate quitándote el problema de los hombros y poniéndolo en las manos de la Vida, junto con cualquier esperanza de cómo te gustaría resolverlo. Si sientes que te gustaría tomar alguna acción específica, entonces tómala. De lo contrario, exhala y suelta ese problema completamente, sabiendo que ahora está en las manos de la Vida.

Profundización – Como práctica contínua, cada vez que estés enfrentando una situación difícil, empieza por admitir, en silencio o en voz alta, que este reto está más allá de tu habilidad de manejarlo solo. En tus palabras, pídele a la vida que te apoye para resolver la situación en una forma que cause el menor daño y contribuya al mayor bien para todos. Toma un instante para respirar y descansar en la consciencia de que no estás solo frente a este reto. Al final del día, toma un tiempo para revisar tu día, reconocer y apreciar cualquier momento en los que recibiste ayuda de un poder más grande que tú mismo.

El Buzón de la Vida
Recordar

"Dejados a nuestra propia suerte —nosotros, como especie— tendemos a arrastrar grandes rocas. Son las rocas de nuestras preocupaciones. Cada vez que nos levantamos, nos agachamos para tomar nuestra piedrota, la arrastramos hasta la puerta, la bajamos por la escalera y la ponemos en el asiento trasero de nuestro auto. Después, conducimos hasta algún lugar, abrimos la puerta de atrás, sacamos nuestra roca y la llevamos a todos los lados, adonde sea que vayamos. Porque es nuestra roca. Es muy importante para nosotros y necesitamos tenerla a la vista. Además, alguien nos la podría robar. Esos borrachos [sobrios] sugieren que practiquemos soltar la piedra. Que la dejes a tus pies y le digas a Dios o a María, Pelé, Jehová, Jesús o Howard: 'Te entrego esta piedra. Ahora encárgate TÚ'".

– Anne Lamott

Milagros cotidianos

"Instrucciones para vivir la vida.
Presta atención.
Maravíllate.
Cuéntalo".
– Mary Oliver

En la vida cotidiana, la mayoría de nosotros tiende a poner la mayor parte de su atención en los eventos más mínimos. Nos preocupamos por los detalles más diminutos de nuestras relaciones humanas, por los trabajos, las posesiones materiales, el dinero y la política, mientras en el transfondo, sin ser vistos ni reconocidos, están todos los eventos y las fuerzas que hacen posible que vivamos de la forma en la que vivimos. Actuamos como si la inteligencia y el diseño humanos fueran los que crean el mundo en el que vivimos, y olvidamos lo mucho que se nos ofrece incondicionalmente, como la tierra bajo nuestros pies. En cada momento de nuestra vida, despiertos o dormidos, esa tierra sostiene el peso de nuestro cuerpo. La tierra y la gravedad nos facilitan descansar, ponernos de pie, sentarnos o acostarnos. Es un regalo ofrecido de manera gratuita, sin expectativa ni costo alguno. Desde que nacemos hasta que morimos, recibimos este apoyo. No tenemos que estar espiritualmente iluminados ni evolucionados. No tenemos que creer en un dios ni realizar buenas acciones. No debemos tener dinero, ni privilegio, ni fama. La Tierra nos acuna incondicionalmente. Ya veamos esto como el milagro de la vida o como parte del tejido interdependiente de causas y condiciones que hacen nuestra vida tal y como la conocemos, lo importante es que lo veamos. Poder ver el milagro de la vida es liberarnos de las historias enfocadas en nuestras vidas y es estar abiertos al apoyo directamente bajo nuestros pies.

Hoy...

Siéntate por unos minutos, presente con el cuerpo, la respiración y el apoyo de la Tierra. Nota cualquier cosa que te dé la idea de que hay algo más grande que tú actuando en tu vida. Puede ser cualquier cosa, desde presenciar una mariposa volar cerca tuyo, hasta darte cuenta que un problema que tenías se resolvió por sí solo.

Continúa con esta consciencia durante tu día.

Haz una lista de esos "milagros" que observas. Anota al menos diez de ellos.

Milagros cotidianos
Recordar

"Está el viento, el crujir de las hojas, la luminosidad de una habitación, la respiración, el color del suelo de madera, las manos descansando, el corazón latiendo. Hay saliva que se junta en la boca y luego se traga. ¿Por qué es tan difícil estar en contacto con lo que es real, con lo que realmente está aquí y ahora, aún si no es nada espectacular? ¿Es éste uno de nuestros problemas? ¿Por qué necesitamos algo espectacular, fuera de lo común para conectarnos con la realidad? Nos perdemos la ocasión de tocar con nuestros pies la más ordinaria de las tierras, un camino encharcado, un piso de madera o un tapete... Todo el universo está ahí –la maravilla del mismo, no su concepto–".

– Toni Packer

Invocando a nuestros ancestros

"¿Puedes sentir el amor que arde en tus ancestros, su devoción por sus familias,
por su tierra? Recibe ese amor como un regalo para ti... Tus ancestros también traen
regalos de su sufrimiento: valentía, resistencia, resiliencia, perseverancia tenaz.
Recibe éstos como sus regalos para ti".
– Joanna Macy

En tiempos modernos, la idea de buscar ayuda de nuestros ancestros –sobre cuyos pasos caminamos– puede parecer extraño, supersticioso o ajeno. Pero cuando observamos la vida de grandes líderes espirituales como el Dr. Martin Luther King Jr., Gandhi y el decimocuarto Dalai Lama, notamos que cada uno de ellos estudió, rezó y tomó fuerzas de aquellos que los precedieron. Nuestros propios ancestros –esos maestros, amigos y familiares que no están más con nosotros pero cuyas vidas y acciones nos han inspirado profundamente– pueden ser una fuente de fuerza y sabiduría en nuestra práctica espiritual. Cuando reconocemos que nuestros logros se deben en parte a todo lo que ellos hicieron, y cuando nos conectamos con la fuerza de su presencia combinada, una fuerza más grande que nuestras limitaciones personales, podemos mantenernos humildes y empoderados en nuestra práctica. Cada uno de nosotros forma parte de ese largo linaje de noviolencia, un linaje que se extiende infinitamente hacia el pasado y hacia el futuro. Cuando invocamos a nuestros ancestros, estamos ocupando nuestro lugar en ese linaje.

Hoy...

En tu espacio de práctica, agrega (si aún no lo has hecho) fotos de los que vinieron antes que tú en este trabajo: maestros, amigos y familiares, quienes te han enseñado e inspirado con su ejemplo.

Hazles una ofrenda, como si estuvieses dándole la bienvenida a unos huéspedes honorables. *Por ejemplo, coloca algunas flores, una taza de agua, o un pequeño plato con su comida favorita.*

Después, toma unos minutos para mirar la imagen de cada uno de estos ancestros. Si el día de hoy estás enfrentando a retos, menciona estos retos a tus ancestros y pídeles su ayuda y guía.

En cualquier caso, así estés enfrentando retos o no, considera qué sabiduría te están ofreciendo tus ancestros en este momento. Respira su apoyo y su enseñanza.

Cierra expresando gratitud por su presencia y orientación en tu vida.

Tip – Considera esta una relación contínua y no una práctica de un día. ¿Cómo podrías incorporar el dar y recibir de tus ancestros a tu vida cotidiana? Por ejemplo, podrías hacer ofrendas regulares de cosas que a ellos les gustan y tomándote un tiempo para sentarte con ellos y escucharlos cada día.

Al instante – Toma un instante para traer a tu mente uno de tus maestros, amigos o familiares que te ha influenciado e inspirado profundamente en tu vida. Salúdalos desde tu corazón. Si tienes alguna pregunta o reto con el cual te estás enfrentando en este momento, pídeles su ayuda y guía. Respira y recibe cualquier respuesta que venga. Si no tienes preguntas ni retos en el momento, simplemente respira y aprecia la presencia de esta persona en tu vida. Reconoce una cosa que haya contribuido a tu vida, a través de sus palabras o acciones.

Profundización – A donde quiera que vayas, considera qué ancestros pueden haber vivido en la tierra por la que caminas. Salúdalos desde tu corazón, reconoce su presencia y ofrece un reconocimiento por sus contribuciones en vida. Antes de tomar una gran decisión o entrar en una interacción importante que requiera de tu liderazgo o participación (i.e.: antes de una clase que estés dando, una reunión de la cual formas parte, o una conversación difícil con alguien), siempre toma un par de minutos para pedir el apoyo de tus ancestros. Invítalos a que te ayuden a guiar tus acciones. Después, si te ofrecen elogios o felicitaciones, toma un momento para reconocer (en silencio o verbalmente) las contribuciones de tus ancestros a la persona que eres el día de hoy (i.e.: "Quiero extender mi agradecimiento a mis maestros también, porque es gracias a sus enseñanzas que soy quien soy el día de hoy y me siento agradecida de ahora poder compartir algo de lo que ellos me enseñaron").

Semana 5

Creencias primarias

"'Despertar' incluye ver nuestra confusión más claramente".
– Chögyam Trungpa

Preparación – Todos los participantes:

🌢 Trae tu ejemplar del *Libro Ongo* y tu diario.

`[306]` ## Preparación – Guía grupal:

🌢 Uno o dos días antes de la Reunión grupal, recuerda a todas las personas el día, hora y lugar de la reunión.

🌢 Lee "Dirigir la Práctica grupal" (pág. 17) y sigue las pautas indicadas en "Responsabilidades del Guía".

🌢 Coloca las cartas de Necesidades en forma de un mandala atractivo o en espiral en el centro del círculo.

Meditación de apertura

Invita a todas las personas a sentarse en el círculo.

Toca la campana para indicar el comienzo de la meditación sentada.

Después de un momento de silencio, lee al grupo las siguientes instrucciones. Lee de forma que ayude al grupo a relajarse con las instrucciones, permitiendo un espacio generoso y respiraciones completas de silencio entre frases:

> Tómate un momento para encontrar una posición en tu asiento que te permita estar relajado y despierto a la vez.
>
> Haz una respiración profunda. En la exhalación, libera cualquier tensión que quiera ser liberada y asiéntate.
>
> Permite que tu mirada se suavice o tus ojos se cierren. Permítete sentir el apoyo de la Tierra debajo de ti.
>
> Haz una respiración profunda. Al exhalar, libera cualquier tensión que quiera liberarse en la mente, permitiendo que tus pensamientos se asienten en el apoyo de la Tierra.

Siente el suave ascenso y descenso del vientre mientras sigues respirando. Permite que tu atención descanse allí.

Permite un par de minutos de silencio, luego lee:

Si en algún momento notas que tu atención se pierde en pensamientos, simplemente toma una respiración profunda. Permite que la exhalación vuelva a guiar tu atención hacia el vientre y la respiración.

Permite otro par de minutos de silencio, luego lee:

Solo estamos aquí sentados.

Como sosteniendo a un recién nacido que acaba de salir del vientre. Una presencia que llama a más presencia.

Como si estuviésemos sentados con alguien que sabe que la muerte viene a su encuentro. Una presencia que llama a más presencia. Dándonos ese espacio ahora mismo.

Un espacio que conocimos al nacer y cuando presenciamos un nacimiento.

Un espacio que conoceremos al morir y cuando presenciamos la muerte. Sólo respiración. Sólo presencia.

Sólo respirando.

Siéntate en silencio por un par de minutos más y luego toca la campana tres veces para terminar la meditación.

Junta las palmas de las manos y ofrece una reverencia de gratitud al círculo.

Introducción a las creencias primarias

Lee al grupo, o invita a otros a que se turnen para leer uno o varios de los párrafos al grupo:

Entre el nacimiento y la muerte, conocemos la vida, y en esa vida tenemos experiencias que dan forma al resto de nuestra existencia, sobre todo cuando somos jóvenes. Puede que lo hayamos notado en nuestra práctica: ciertos pensamientos y sentimientos nos resultan familiares y repetitivos. Tal vez hayamos visto que la misma vieja historia sobre nosotros mismos o sobre los demás aparece en múltiples situaciones. Si observamos profundamente, tal vez veamos que la mayor parte de nuestro pensamiento gira en torno a un conjunto bastante limitado de creencias primarias sobre quiénes somos y cómo es el mundo. Hoy empezaremos a explorar algunas de esas y cómo se manifiestan en nuestra consciencia.

Nuestras creencias primarias empezaron simplemente como una expresión momentánea de Necesidades, las nuestras, las de nuestros padres, las de nuestros profesores o de la sociedad en la que crecimos. En su momento, estas expresiones pueden haber sido nuestro mejor intento de dar sentido al mundo que nos rodeaba o de encontrar seguridad, amor o aceptación. Por ejemplo, la creencia de que "no puedes confiar en la gente" puede haber sido una forma útil de mantenernos seguros. Estas expresiones también pueden haber sido el mejor intento de nuestros padres de contribuir a nuestra vida, o de encontrar seguridad, amor o pertenencia, basándose en lo que habían aprendido de sus propios padres, maestros o de la sociedad en la que crecieron. Una expresión como "eres un irresponsable" puede haber sido la única forma que nuestros padres conocían para expresar preocupación por nuestra supervivencia.

Con el tiempo, a medida que estas expresiones "funcionaron" ayudándonos a sobrevivir y a pertenecer a nuestro mundo, se convirtieron en parte fundamental de nuestra cosmovisión, dándole forma a como entendíamos y respondíamos a nuestras experiencias de vida. Por eso las llamamos creencias primarias. Las estamos explorando hoy porque hemos llegado a un momento de nuestras vidas en el que algunas de estas creencias primarias ya no encajan con nuestras relaciones. Por ejemplo, tal vez la creencia de que "no se puede confiar en la gente" nos ha mantenido seguros, y todavía ofrece momentos de seguridad en ciertos lugares de nuestra sociedad, pero podemos ver cómo está creando dolor en nuestra conexión con alguien en nuestra vida.

No hay nada malo con tener creencias primarias. De hecho, puede ser cierto que, a medida que crecemos como personas, la sociedad o el sistema familiar que ayudó a dar forma a estas creencias no esté cambiando con nosotros. Ser capaces de reconocer nuestras creencias primarias y cómo nos han protegido puede ayudarnos a discernir cuándo estamos expuestos a un daño en el presente y cuándo estamos respondiendo desde una creencia central por costumbre o por reacción postraumática. Este conocimiento nos ayuda a establecer límites que apoyan la vida y que contribuyen a todas las Necesidades, lo cual exploraremos más adelante en Ongo.

Hoy identificaremos algunas de nuestras propias creencias primarias y las Necesidades que hay detrás de ellas, para que podamos empezar a comprender cómo afectan nuestras respuestas en el mundo inmediato que nos rodea.

Invita a todas las personas a sacar su diario o un papel y algo para escribir.

Lee al grupo las instrucciones de la práctica:

> Las creencias primarias suelen aparecer como variaciones de cinco temas básicos. Vamos a dedicar ahora un tiempo para explorar cómo se manifiesta cada uno de esos temas en nuestras vidas. Permite que esto sea una especie de meditación, a veces escribiendo, a veces sólo permaneciendo sentado y estando con el proceso, sintiendo lo que te mueva. Después, abriremos el tema para compartir y debatir.

> El primer tema es el de la deficiencia o escasez. Es la voz que nos dice: "No soy suficiente", "Estoy solo", "Nadie me quiere". También puede sonar así: "Soy demasiado intenso" o "Soy una carga para los demás". Las palabras específicas pueden sonar diferente para cada uno de nosotros, pero el sentimiento interno conlleva la misma sensación de deficiencia o escasez.

> En nuestros diarios, escribiremos una lista de todo lo que nos decimos a nosotros mismos que alimenta esta sensación de deficiencia, esta idea de "no ser suficiente". Incluye cualquier juicio sobre los demás que también alimente esta creencia central de "no ser suficiente" o "ser demasiado". Ahora nos tomaremos unos minutos en silencio sólo para hacer eso, enumerando algunos de estos pensamientos. Sólo para explorar.

Permite que el grupo, incluyéndote a ti, escriba en silencio. Una vez que todas las personas tengan algunas ideas en sus listas, continúa leyendo:

> A continuación exploraremos el tema de la lucha. ¿Cómo te dices a ti mismo que la vida es una lucha? ¿Cómo te dice la mente que compara que otros tienen la vida más fácil que tú? ¿Qué juzgas en ti mismo o en los demás que alimenta esta idea de que la vida es una lucha y que fundamentalmente siempre lo será?

> Nota si surge alguna resistencia cuando observas estos pensamientos o juicios. Luego, sólo respira y avanza con suavidad. Permite que salgan a la superficie.

> Ahora nos tomaremos unos minutos en silencio para enumerar los pensamientos que tenemos en torno a la lucha.

Permite que el grupo, incluyéndote a ti, escriba en silencio. Una vez que todas las personas tengan algunos pensamientos en sus listas, continúa leyendo:

> A continuación exploraremos el tema del sufrimiento, la creencia primaria de que la vida es fundamentalmente sufrimiento, de que hagamos lo que hagamos, tenemos que sufrir. Sea

cual sea la forma en la que se exprese esta idea en ti: "la Tierra está sufriendo", "las relaciones son un sufrimiento", "el trabajo es un sufrimiento". ¿Qué juicios tienes sobre ti mismo o sobre los demás que alimentan esta idea de que la vida es fundamentalmente sufrimiento?

Tómate un par de minutos para escribir una lista sobre cómo aparece este tema en tus pensamientos.

Permite que el grupo, incluyéndote a ti, escriba en silencio. Una vez que todas las personas tengan algunos pensamientos en sus listas, continúa leyendo:

A continuación, exploraremos el tema del peligro, la creencia central de que la vida es fundamentalmente peligrosa. Por ejemplo, la creencia de que siempre tienes que cubrirte las espaldas, de que no puedes confiar en la gente o de que el mundo no es un lugar seguro. ¿Qué ideas tienes sobre ti mismo o sobre los demás que alimentan esta sensación de que la vida es siempre peligrosa?

Tómate unos minutos para hacer una lista de tus pensamientos en torno a este tema.

Permite que el grupo, incluyéndote a ti, escriba en silencio. Una vez que todas las personas tengan algunos pensamientos en sus listas, continúa leyendo:

A continuación exploraremos el tema de la dicotomía, la idea de que en la vida todo es, fundamentalmente, blanco o negro. ¿Qué cosas te dices a ti mismo que alimentan esta sensación de dicotomía, de que las personas son buenas o malas, de que una elección es correcta o incorrecta, de que las situaciones son ganar o perder, de que las cosas son así o asá? ¿Qué juicios sostienes de ti mismo o de los demás que alimentan la sensación de dicotomía?

Tómate un par de minutos para hacer una lista de los pensamientos que te dices a ti mismo y de los juicios que sostienes de los demás que alimentan este sentido de que la vida es una dicotomía.

Permite que el grupo, incluyéndote a ti, escriba en silencio. Una vez que todas las personas tengan algunos pensamientos en sus listas, continúa leyendo:

A continuación, toma una respiración. Observa tus listas y léelas para ti mismo por un instante.

Haz una pausa para que todas las personas observen sus listas, y luego continúa:

Nota y siente lo que ocurre en tu cuerpo, en tu ser, mientras lees estas listas. Recuerda respirar.

Nota lo que sientes cuando miras tus creencias primarias y los pensamientos y juicios que las alimentan.

Haz una pausa de un minuto para que todas las personas sigan leyendo sus listas y luego continúa:

> Puede que sientas un poco de incomodidad al estar con estos pensamientos, al inhalar toda la historia que hay allí. Y puede haber cierto alivio al exhalar: "Ah, por fin estamos observando esto".

> Vamos a trabajar en parejas para continuar nuestra exploración de modo que podamos apoyarnos mutuamente en la práctica de la atención plena y de la autoempatía con estos pensamientos. Para esta práctica, te sentarás frente a un compañero. Si quieres, puedes abrir "La autoempatía" en la página 282 del Ápendice como referencia visual para esta práctica.

Una vez que todas las personas se hayan colocado en parejas, frente a frente, lee las instrucciones lentamente, para mayor claridad:

> En esta práctica, tu pareja será la voz de tu mente, creando un espacio para que experimentes tus pensamientos como testigo. Elige tres pensamientos de tus listas con los que más te gustaría practicar y dáselos a tu compañero, escritos en un papel o resaltados en tu diario.

> Tu compañero te dirá estos pensamientos en voz alta, uno a la vez, poniéndole sentimiento, no como un robot que lee un guión.

> Mientras tu compañero te lee cada uno de tus pensamientos, pon la mano en la cabeza y respira, recibiendo la expresión.

> Después de leer cada pensamiento, tu compañero ofrecerá su presencia silenciosa y empática mientras tú continúas con la práctica de autoempatía. Respira y lleva tu mano al corazón, sintiendo cualquier emoción o sensación corporal. Di en voz alta cualquier emoción o sensación corporal que notes.

> Respira y lleva la mano al vientre. Siente qué Necesidades hay allí. ¿Qué calidad de vida expresa el pensamiento? Di las Necesidades en voz alta y tu compañero las anotará en un papel.

> Cuando te sientas preparada para empatizar con otro pensamiento, simplemente abre las manos sobre tu regazo y exprésale a tu compañero que deseas que te lea el siguiente pensamiento en tu lista. Luego, mientras tu compañero te lee ese pensamiento en voz alta, vuelve a llevar la mano a la cabeza y repite la práctica de autoempatía con ese pensamiento.

> Una vez que te hayas identificado con los tres pensamientos, toma una respiración profunda y apoya una mano en el vientre. Tu compañero te leerá sólo las Necesidades que identificaste, lentamente, una por una. Tómate este tiempo para conectar

profundamente con lo que significa para ti cada una de esas Necesidades y cómo las sientes en tu cuerpo.

A partir de esta conexión con las Necesidades, siente si hay alguna petición que quieras hacerte para honrar aquello con lo que estás en contacto ahora. Tu pareja anotará las peticiones que surjan. A continuación, cambiarán de rol.

Comprueba si alguien no tiene clara la práctica y necesita volver a escuchar las instrucciones. Una vez todo el mundo tenga claridad, invita a todas las personas a hacer una respiración juntas y a aportar su presencia a la práctica.

Controla el tiempo. Permitiendo diez minutos para la "Cosecha" y el "Cierre", avisa al grupo cuando sólo queden cinco minutos de esta práctica.

Toca la campana cuando sea el momento de pasar a la "Cosecha" e invita a todas las personas a dar las gracias a sus parejas y luego volver al círculo.

Cosecha

Invita a hablar a cualquier persona que se sienta movida a compartir con el grupo lo que los conmovió, desafió, o lo que aprendieron o descubrieron durante la práctica del día de hoy.

Cierra dando las gracias a todas las personas por haber compartido y por su práctica.

307 Estableciendo la práctica en pareja de Ongo

Invita a todas las personas a sentarse junto a sus parejas Ongo. Luego, lee al grupo:

Hoy seleccionaremos nuevas parejas Ongo para el segundo mes de Ongo. Al igual que antes, nuestra única recomendación es que los familiares y compañeros de vida esperen hasta el tercer mes para emparejarse, a fin de cuidar el vínculo profundo de esas relaciones y la vulnerabilidad que surge al principio del proceso de aprendizaje. Más allá de eso, el objetivo no es encontrar "parejas perfectas" sino permitir que se desarrolle un proceso intuitivo. Tomémonos un minuto en silencio para respirar e imaginar, desde donde estamos sentados con nuestra pareja Ongo actual, a otras dos personas de este círculo con las que nos sentimos llamados a continuar nuestra práctica individual.

Después de un minuto de silencio, lee:

> Ahora, respirando cualquier vulnerabilidad que puedas sentir, dirígete hacia una de esas dos personas. Con esto como inicio, vamos a decidir quiénes serán las parejas de este segundo mes. Dedicaremos cinco minutos a esta conversación.

Controla el tiempo. Avisa al grupo cuando quede sólo un minuto para acabar.

Después de que todas las personas tengan una pareja, lee:

> Después de esta reunión, tómate un momento para conectar con tu pareja y programar su primera reunión juntos. Y recuerda, si notas que tú o tu compañero no están asistiendo regularmente a su Práctica en pareja, por favor, acércate al grupo y pregunta si alguna otra persona estaría dispuesta a apoyarte este mes.

309 Cierre

Solicita un voluntario para guiar al grupo la semana siguiente. Dale a esa persona el juego o juegos de cartas de Necesidades.

Recuérdale al voluntario que lea las páginas sobre "Dirigir la práctica grupal" (pág. 17) y la Práctica grupal de la Semana 6 antes de la próxima reunión. Todo lo que necesita saber está en esas páginas.

Invita a todas las personas a hacer una respiración colectiva plena.

Invita a cada persona a elegir una palabra de Necesidad del centro que describa lo que se están llevando de esta quinta Reunión grupal Ongo.

Empezando por la persona de tu izquierda, invita a cada persona a compartir su Necesidad con el grupo y a sostener su tarjeta hacia afuera para que todos puedan verla. Recorre el círculo en el sentido de las agujas del reloj hasta que todas las personas, incluyéndote a ti, hayan compartido.

Empatía

"La escucha profunda es una escucha que puede ayudar a aliviar el sufrimiento del otro. Escuchas con un único propósito: ayudarle a vaciar su corazón".
– Thich Nhat Hanh

Meditación de apertura

Toma un par de minutos para conocer a tu nueva pareja, tal vez compartiendo con ella algo que aún no sabe sobre ti.

Luego, decidan quién controlará el tiempo para una meditación en silencio de cinco minutos.

Siéntense juntos en silencio, estando presentes con la respiración, el cuerpo y la Tierra.

Quien controla el tiempo señala al otro cuando hayan pasado cinco minutos. Cierren con una reverencia de gratitud por haberse sentado juntos.

Compartir y escuchar con empatía

Revisa si alguno de los dos quiere hacer un repaso de la Práctica de empatía en pareja. Si es así, pueden turnarse para leer en voz alta la parte de "Compartir y escuchar con empatía" de la Práctica en pareja de la Semana 2, en la página 52.

Luego, decidan quién compartirá primero y quién escuchará primero. Tengan a mano la Rueda de Necesidades del Ápendice.

1. **Quien comparte, hablará de algo que está pasando en su vida y que tiene presente en el corazón y en la mente.** Esto puede ser algo pequeño o grande, doloroso o alegre. La única petición es que sea algo que esté vivo y que sea significativo para quien comparte.

2. **Quien escucha, lo hará con curiosidad, presencia, intención de conectar y con el enfoque en las Necesidades; todo esto en silencio.** Si la mente quiere aconsejar, juzgar, consolar, ofrecer simpatía o conmiseración, solo respira y vuelve a la curiosidad, la presencia atenta, la intención de conectar y de concentrarte en las Necesidades.

3. **Cuando la persona que comparte llega a un momento de respiro, a una pausa, quien escucha mira la Rueda de Necesidades y ofrece una confirmación a través de una suposición simple y empática sobre los sentimientos y necesidades que están siendo expresadas.** *Por ejemplo: "¿Te estás sintiendo triste porque necesitas aceptación?"*

o "¿Estoy escuchando una necesidad de confianza?" o "¿Estás necesitando ser visto?" o "Me estoy conectando con necesidades de respeto y consideración; ¿cómo te suena esto a ti?" o sólo palabras de necesidades, como "¿Amor?" o "¿Compasión?". Ofrece sólo una frase –una Necesidad– a la vez. Deja que sea recibida y toma una respiración.

4. **Respiren juntos.**

5. **Quien comparte sigue compartiendo todo lo que todavía está vivo y presente en su corazón acerca de la situación. Cuando haya una pausa, quien escucha ofrece una confirmación con suposiciones simples y empáticas sobre los sentimientos y Necesidades que están siendo expresados.**

6. **Continúen hasta que quien comparte se sienta satisfecho, con frecuencia esto lo indica una relajación en la energía.** Es importante que en este proceso quien escucha siga los pasos de quien habla sin tratar de analizar su historia, ni de hacer suposiciones "correctas". Nuestras suposiciones son simplemente el reflejo de nuestra presencia con quien comparte y no un ejercicio ansioso de reflejar cada palabra que escuchamos.

7. **Luego, cambien de rol.**

Cosecha de cierre

Después de que ambas personas han tenido la oportunidad de compartir y escuchar, hagan una cosecha compartiendo cualquier aprendizaje sobre ustedes mismos y cualquier gratitud por haber sido escuchados de esta manera.

Apoyo de pareja

Hablen sobre cómo les gustaría apoyarse mutuamente este mes en la realización de las Prácticas individuales diarias. Esto puede ser diferente según la pareja, según lo que apoye más a cada persona. *Por ejemplo, una persona puede preferir enviar un mensaje de texto a su pareja después de haber terminado su Práctica individual del día. Otra persona puede preferir agendar una breve llamada semanal para compartir sus experiencias sobre las Prácticas individuales que realizó esa semana.*

Adicionalmente, hablen sobre si hay un interés mutuo o disposición para hacer llamadas de empatía fuera de la práctica regular de pareja. *Por ejemplo, se pueden agendar una segunda llamada, solo para empatía, o acordar estar mutuamente disponibles o "de guardia" para ofrecer empatía.*

SEMANA 5 PRÁCTICAS INDIVIDUALES

Deconstruyendo las creencias primarias

"Tendemos a operar a partir de suposiciones que hacemos sobre nosotros mismos sin nisiquiera saber lo que estamos haciendo. A veces es solo a partir de que empezamos a meditar que empezamos a darnos cuenta que gran parte del miedo y falta de confianza en nuestras vidas proviene de las experiencias durante la infancia. La mente racional sabe que es ridículo seguir pensando en las tragedias de la infancia. Pero si siguen surgiendo en nuestra consciencia durante la edad adulta, tal vez están tratando de decirte algo sobre las suposiciones que formaste cuando eras niño".
–Ven. Ajahn Sumedho

Las creencias primarias son las concepciones fundamentales que tenemos sobre nosotros mismos y nuestra vida. Reflejan nuestra historia –las experiencias de vida que ayudaron a moldear quien somos hoy –. Las creencias primarias tienden a pertenecer a cinco categorías básicas:

- La deficiencia: *e.j., No soy suficientemente ___ , Estoy solo y nadie me quiere (e.j., no hay suficiente amor), no hay suficiente ___ en la vida*

- La lucha: *e.j., la vida es fundamentalmente lucha, siempre tengo que trabajar duro*

- El sufrimiento: *e.j., la vida es fundamentalmente sufrimiento, nunca seré libre*

- El peligro: *e.j., la vida es fundamentalmente peligrosa, siempre tengo que cuidarme las espaldas*

- Dicotomías: *e.j., soy una persona buena/mala, correcto/incorrecto, ganar/perder*

Cada una de nuestras creencias primarias estará formulada de forma diferente, según las condiciones de vida que las moldearon. Una creencia central está más definida por la sensación primaria de asco que provoca en nosotros que por las palabras que usamos para describirla. Las creencias primarias filtran nuestra realidad, afectando como pensamos, sentimos y reaccionamos ante las situaciones de nuestra vida. Cuando nos aferramos a ellas como si fueran la verdad, tendemos a actuar de maneras que nos desconectan de nosotros mismos y de los demás. Por otro lado, cuando reconocemos nuestras creencias como lo que son –expresiones de intentos pasados por satisfacer Necesidades, que pueden o no satisfacer Necesidades hoy– podemos traer compasión en su expresión cuando se manifiestan.

Hoy...

Asiéntate, conectando de forma consciente y presente con la Tierra y la respiración.

Trae a la memoria una situación no resuelta, interna o con otra persona, que quieras explorar con más profundidad –tú o la otra persona dijeron o hicieron algo que estimuló una reacción en ti–. Esta situación no tiene que involucrar a otra persona –por ejemplo, podría ser un momento en el que tú hiciste algo que te causó daño solamente a ti–. En cualquier caso, elige una situación con la que te sientas seguro emocionalmente al explorar tú solo.

Trae a la consciencia pensamientos relacionados con esta situación. Si te ayuda a concentrarte, escríbelos.

¿Cuáles de estos pensamientos te resultan historias conocidas y antiguas sobre ti mismo, los otros o la naturaleza de la vida? Explora este pensamiento hasta que encuentres lo que se siente como una creencia central y profunda sobre ti mismo y sobre la vida. Si tienes dificultades para encontrar una creencia profunda, aquí te ofrecemos varias preguntas que te puedes hacer a ti mismo cuando reflexiones sobre un pensamiento en particular, para llegar más profundo: *Miedos: "Si esto pasara, ¿qué significaría sobre mí? ". Creencias: "¿Qué dice esto sobre mí?" Deberes: "¿Qué me hace pensar que la vida o yo mismo debería ser de esta manera?".*

Escribe tu(s) creencia(s) primaria(s).

Toma un minuto para observar y estar presente con lo que sientes en tu cuerpo cuando te dices a ti mismo esta creencia primaria. Deja que la atención plena de la respiración sea tu apoyo mientras navegas las olas cambiantes de tus emociones.

Deja surgir recuerdos/imágenes. Piensa: ¿En qué otro momento ha estado presente esta creencia en mi vida?

Sigue dejando surgir recuerdos e imágenes. ¿Cuál es la primera vez que recuerdas haber tenido esta creencia en tu vida?

Tómate unos minutos para escribir en tu diario sobre esa experiencia –lo que recuerdas que pasó, quién estaba ahí, qué sentías en ese momento–. Permanece con lo que vaya surgiendo, dejando ir cualquier expectativa de cómo debería verse o sentirse. Respira. Siente y quédate presente con las olas cambiantes de la emoción. Si las emociones son demasiado abrumadoras, cambia tu foco hacia tu atención plena de la respiración, o hacia la sensación de que tu cuerpo está sostenido por la Tierra.

Observa la Rueda de Necesidades. ¿Qué Necesidades anhelaban ser vistas y comprendidas en ese momento de tu vida? Escríbelas.

Respira y conéctate con esas Necesidades ahora, tomando unos minutos para simplemente empatizar contigo mismo a esa edad, ofreciendo comprensión y aceptación. Si deseas, ofrécetelas en forma de contacto físico o verbal. *Por ejemplo, coloca tu mano sobre tu corazón, o abrázate con tus propios brazos. O exprésate a ti mismo: "Veo que solo quieres ser amado, estar seguro. Estás bien conmigo".*

Cierra soltando tus recuerdos y reconectándote con la presencia de la Tierra y tu respiración, agradeciendo las Necesidades vitales que tus creencias primarias estaban tratando de satisfacer.

Más tarde, durante el día, si notas que surge una creencia primaria, haz una pausa y tómate un minuto para estar presente con las olas de sensaciones y la respiración. Abrázate a ti mismo en el instante y ofrécete apreciación por las Necesidades que estás tratando de satisfacer. Respira.

Tip – Si esta práctica te trae nuevos recuerdos o historias que te resultan emocionalmente abrumadoras, puede ser útil observarlas a través del lente del "trauma emocional" y buscar apoyo externo. Considera la posibilidad de conversar con alguien en quien confíes profundamente o de acudir a un terapeuta especializado en trauma. Una buena persona de apoyo te ayudará a deconstruir tu experiencia de forma abierta y compasiva, sin tratarte o tratar tu experiencia como algo anormal o enfermo.

En el instante – Respira. Tómate un momento para percibir si algún dolor de tu pasado se está estimulando ahora o se estimuló antes. ¿Alguna de tus reacciones a las situaciones te parece familiar, como si viniera de ti cuando eras niño o adolescente? Quizá tu tono de voz o la forma en que sientes tu cuerpo parecen más jóvenes. Observa ahora la "Rueda de las Necesidades" y considera qué Necesidad o Necesidades anhelaba ese "tú más joven" que fuesen vistas y comprendidas. Respira, y por este momento, simplemente abrázate a esa edad, ofreciéndote comprensión y aceptación.

Profundización – Crea la práctica diaria de observar tu reacción ante las situaciones en las que te sientes detonado, aunque sea sutilmente. Nota especialmente cuando las sensaciones de tu cuerpo y tus respuestas habituales te resulten familiares, como si hubieran estado contigo durante gran parte de tu vida. Tómate un tiempo cada semana para deconstruir estos momentos, siguiendo las instrucciones de la práctica de hoy. A medida que las creencias, los recuerdos y las Necesidades que hay detrás de estas reacciones se vuelven cada vez más claras para ti, permite que esa consciencia se traslade al resto de tu vida. *Por ejemplo, puedes elegir respirar, abrazarte y empatizar contigo mismo la próxima vez que empieces a notar que ese "tú más joven" empieza a llegar. O puedes compartir honestamente con la persona con la que estás y decirle que la forma en la que estás respondiendo tiene que ver con experiencias de tu pasado y no con ella.*

Deconstruyendo creencias primarias
Recordar

"¿No es perfectamente irónico que investigar el miedo sea lo que nos hace perderlo? Así como la exploración de la rabia nos enseña a amar y la investigación de la ignorancia nos trae sabiduría. Aprendemos a amar al explorar lo que se siente su ausencia. Aprendemos a ser amables examinando cómo la falta de amabilidad condiciona la mente y el cuerpo".
— Stephen y Ondrea Levine

Hábito y elección

"Entre estímulo y respuesta hay un espacio. En ese espacio está nuestro poder de elegir nuestra respuesta. En nuestra respuesta está nuestro crecimiento y nuestra libertad".
– Viktor Frankl

Las creencias primarias son nuestros patrones habituales de pensamiento y, con el tiempo, las elecciones que hicimos basadas en ellas, se volvieron nuestras formas inconscientes, habituales de reaccionar ante la vida. Cuando empezamos a darnos cuenta cuán dominantes son estos patrones habituales de pensar y reaccionar en nuestra vida, tal vez empecemos a pensar que no tenemos el poder de cambiarlos. Podemos pensar que, a raíz de nuestro pasado o circunstancias externas, no tenemos elección y solo podemos pensar y actuar de este modo. Una de las formas fundamentales en las que renunciamos a nuestro poder en la vida es creyendo que no tenemos elección y que solo podemos actuar de nuestra forma habitual. Nuestra práctica del día de hoy es reconocer eso. Cuando entendemos y tomamos responsabilidad por como contribuimos a nuestro propio sufrimiento, también descubrimos nuestro poder para hacer nuevas elecciones, elecciones que puedan contribuir más a las personas que somos hoy. Hoy, te invitamos a reivindicar tu poder.

Hoy...

Observa en tu diario algunos de los pensamientos y creencias en los que has trabajado en Ongo hasta ahora *(por ejemplo, en la práctica del diario de Autoempatía o en la práctica de deconstruir creencias primarias de esta semana)*. **Haz una respiración profunda y exhala cualquier tensión que sientas al volverlas a leer.**

Ahora, de tu lista de pensamientos, elige uno que refleje una sensación de no tener elección, de inevitabilidad, o falta de posibilidad de cambio.

Por ejemplo, puedes elegir el pensamiento de "no tengo tiempo para relajarme" o el pensamiento de "soy demasiado débil".

Lee el pensamiento que elegiste en voz alta. Toma una respiración y luego mira la Rueda de Necesidades. ¿Qué Necesidades están siendo expresadas a través de este pensamiento particular? Escribe estas Necesidades al lado del pensamiento.

Por ejemplo, al lado de "no tengo tiempo para relajarme", puedes escribir, "descanso" y "facilidad"

Toma un par de minutos para simplemente respirar y repetir esas necesidades en voz alta para ti mismo, lentamente, una a la vez, haciendo una pausa entre palabras para experimentar como las sientes en tu cuerpo. Date espacio para simplemente disfrutar las sensaciones. Toma una respiración y libera cualquier ansiedad que sientas en torno al próximo paso o hacer algo al respecto.

Vuelve a mirar el pensamiento que escogiste. Reflexiona sobre las acciones que puedas estar eligiendo que perpetúan ese pensamiento y qué Necesidades hay detrás de esas acciones.

Ahora, en tu diario, escribe "elijo hacer" y enumera las acciones que has estado eligiendo que perpetúan el pensamiento.

Luego escribe, "porque contribuye a mi Necesidad de", seguido de esas acciones.

Por ejemplo, después de conectar con tus Necesidades, puedes reescribir la frase "no tengo tiempo de relajarme" como "elijo pasar la mayor parte de mi día realizando tareas relacionadas con mi trabajo porque contribuye a mis Necesidades de orden, seguridad, significado y contribución".

O puedes reescribir "soy demasiado débil" como "a veces elijo cerrarme en vez de tratar de ser 'fuerte' porque contribuye a mis Necesidades de amor y compasión" y "elijo preocuparme por 'ser débil' porque contribuye a mis Necesidades de seguridad y aceptación".

Toma otro minuto para leer en voz alta las frases que reescribiste y nota cómo las sientes. Nuevamente, permite un espacio para disfrutar cómo las sientes.

Si tienes tiempo e interés, regresa a la lista y haz esta práctica con otro pensamiento.

Tip – Si te está costando identificar cómo estás eligiendo una acción en tu vida, y qué Necesidades está satisfaciendo, considera si puede ser una elección para satisfacer Necesidades de seguridad, protección o pertenencia. Por ejemplo, puedes elegir hacer ciertas cosas en el trabajo que normalmente no elegirías hacer, porque tienes una Necesidad de seguridad que te proporciona el sueldo de tu trabajo. O puede que elijas actuar de determinadas maneras en público que no elegirías en casa, porque tienes una Necesidad de seguridad y pertenencia que te proporciona el ajustarte a las expectativas de la sociedad.

En el instante – En un momento en el que notes que estás pensando o diciendo algo que implica que no tienes elección, haz una pausa y respira. Reflexiona sobre las acciones que has elegido que perpetúan esa sensación de falta de elección. Observa la Rueda de Necesidades. Considera por qué sigues eligiendo esas acciones. ¿Qué Necesidades intentan satisfacer estas acciones? Tómate un momento para reconocer ante ti mismo lo que has estado eligiendo y las Necesidades que hay detrás de esas elecciones.

Profundización – Como práctica diaria de atención plena, cada vez que te des cuenta de que estás pensando o diciendo algo que implica que no tienes elección, permite que sea una señal para respirar y tomar responsabilidad consciente de las elecciones que estás haciendo, como en la práctica "en el instante" arriba. Haz que uno de tus compromisos sea, siempre que te sea posible, tomar responsabilidad de la forma en las que estás contribuyendo actualmente a lo que experimentas, en lugar de considerarte una víctima de tus pensamientos o un prisionero de tu pasado.

Hábito y elección
Recordar

"Siempre tenemos elección. No hacemos nada que no hayamos elegido hacer. Elegimos actuar de cierta manera para satisfacer una necesidad. Una parte muy importante de la Comunicación Noviolenta es este reconocimiento de que elegimos en cada momento, ese momento en el que elegimos hacer lo que hacemos, y no hacemos nada que no surja de nuestra elección. Incluso, cada elección que hacemos está al servicio de una necesidad. Así es como la Comunicación Noviolenta funciona en nuestro interior".

– Marshall B. Rosenberg, Ph.D.

Peticiones

"Necesitamos liberar nuestras mentes si queremos encontrar nuevos caminos a través de este bosque oscuro de sufrimiento. Necesitamos experimentación y juego frente a la dificultad, por muy paradójico que esto parezca."
— Mirabai Bush

El impulso de actuar desde el hábito puede también interpretarse como una petición para satisfacer Necesidades. Es una invitación hacia nosotros mismos –"¿Estaría yo dispuesta a hacer esto, porque realmente contribuiría a estas Necesidades?"–. Para usar uno de los ejemplos de la práctica de "Hábito y Elección" de esta semana, al preguntarse a uno mismo "¿Estaría yo dispuesta a pasar la mayor parte del día de hoy realizando tareas de trabajo, porque realmente contribuiría a mi Necesidad de seguridad?", entonces tenemos elección sobre si decirle "sí" o "no" a la petición. Al tomar responsabilidad consciente de nuestras acciones, con ayuda de la práctica de "Hábito y Elección", podemos reconocer que nuestros hábitos son, de hecho, sólo peticiones ante las cuales tenemos el poder de decir "sí" o "no". Saber a qué Necesidades intentan servir nuestros hábitos, nos ayuda a decidir a qué peticiones habituales queremos seguir diciendo "sí".

También tenemos la opción de hacer nuevas peticiones, invitándonos a realizar acciones que puedan servir mejor a las Necesidades de las que somos conscientes. Por ejemplo, en la situación anterior, podríamos decidir pedirnos realizar una acción que cubra tanto la seguridad como el descanso, y no sólo la seguridad a expensas del descanso. Así, podríamos preguntarnos: "¿Estaría yo dispuesta a realizar tareas de trabajo hasta el mediodía y tomar una siesta esta tarde, porque contribuiría tanto a mi seguridad como a mi descanso?".

Las peticiones nos permiten llevar nuestra práctica "fuera del cojín". Hemos practicado la escucha de las Necesidades que expresan nuestros hábitos, creencias, pensamientos y sentimientos. Hoy practicaremos cómo responder a esas Necesidades realizando una acción en nuestra vida. Esto es lo que llamamos una "petición" en Comunicación Noviolenta: una invitación, no una exigencia, a realizar una acción específica al servicio de una Necesidad.

Hoy…

Observa la Rueda de Necesidades (pág. 279) y gírala lentamente. ¿Qué Necesidad o Necesidades te llaman la atención y te animan a conectar con ellas en este instante?

Tómate un minuto o dos con cada una de esas Necesidades, sintiendo en tu cuerpo cómo te afectan, lo que significan para ti. Respira con esos sentimientos y sensaciones.

¿Qué acción sencilla puedes llevar a cabo para atender una de esas necesidades en este momento? Piensa en algo pequeño (*por ejemplo, tomarte hoy tu café matutino al aire libre, bajo el sol, y no en el autobús de camino al trabajo, para contribuir a la Necesidad de "belleza"*). Piensa en acciones que puedas llevar a cabo en el instante para poder darte este regalo de forma inmediata.

Realiza esa acción para alimentar una de tus Necesidades ahora mismo.

Después, tómate un momento para reconocer y agradecerte a ti mismo que te lo hayas dado.

Más tarde, vuelve a hacer esta práctica. ¡Repítela tantas veces como quieras!

Profundización – A medida que crezcas en la práctica de hacerte peticiones a ti mismo, nota si hay ciertas peticiones que regularmente no cumples. Para esas peticiones, considera si son:

- ¿Realizables? A veces intentamos abarcar demasiado de una sola vez. Intenta hacer una petición más pequeña. *Por ejemplo, si la petición de "ir a clase de yoga después del trabajo" es algo que sueles estar demasiado cansado para hacer, simplifica la petición a "hacer ocho minutos de yoga ahora mismo". Esto podría ser algo que probablemente cumplirías.*

- ¿Tangibles y específicas? A veces nuestras peticiones son demasiado vagas. *Por ejemplo, "Tener más compasión conmigo misma" no es tangible ni específico, pero "Dedicar 5 minutos después del trabajo reflexionando sobre las formas en las que estoy agradecida conmigo misma y reconocer mis aportaciones a mi empresa y a mi familia" es tangible y específico.* Mencionar un plazo (por ejemplo, "cinco minutos") puede ayudar.

- ¿Un "hacer" en lugar de un "no hacer"? *Por ejemplo, "No juzgarme" me dice lo que no quiero, pero no ofrece ninguna orientación sobre qué puedo hacer en su lugar. Si convirtiera esa petición en un "hacer" en lugar de "no hacer", podría decir: "Si en algún momento hoy noto que me estoy juzgando, me tomaré un minuto para respirar y conectar con la Necesidad que hay detrás".*

Semana 6

Cerrando temas

*"Incluso después de todo este tiempo,
el sol nunca le dice a la tierra
'Me debes'
observa lo que ocurre con un amor así,
ilumina todo el cielo".*
– Hāfez

Preparación – Todos los participantes:

❧ Trae tu ejemplar del *Libro Ongo* y tu diario.

Preparación - Guía grupal:

❧ Uno o dos días antes de la Reunión grupal, recuerda a todas las personas el día, hora y lugar de la reunión.

❧ Lee "Dirigir la Práctica grupal" (página 17) y sigue las pautas indicadas en "Responsabilidades del Guía".

❧ Trae un "bastón de la palabra" (un palo, piedra u objeto que pueda ser sostenido fácilmente en una mano para realizar las "Rondas de palabra", como en la Semana 4).

❧ Coloca un juego de cartas de Necesidades en forma de un mandala atractivo o en espiral en el centro del círculo. Coloca el bastón de la palabra en el centro.

Meditación de apertura

Invita a todas las personas a sentarse en el círculo.

Toca la campana para indicar el comienzo de la meditación sentada.

Después de un momento de silencio, lee al grupo las instrucciones a continuación.

Lee de forma que ayude al grupo a relajarse con las instrucciones, permitiendo un espacio generoso y respiraciones completas de silencio entre frases:

Acomódate donde estés –en el suelo, en tu silla, en tu cojín–. Deja que el cuerpo sienta el apoyo de la Tierra debajo tuyo.

Deja que tu mirada se suavice o tus ojos se cierren.

Inspira profundamente, llenando completamente los pulmones. Exhala, dejando que el vientre se ablande.

Simplemente respira y deja que el vientre se ablande un poco más con cada exhalación.

Permite un par de minutos de silencio, luego lee:

Cuando llegamos a la mitad de un periodo de práctica, se despierta nuestro sentido interno de "cerrar temas". Reconocemos que hemos abierto nuestro corazón a los demás y a nosotros mismos. En esa apertura, también nos damos cuenta de que todavía hay una armadura alrededor de nuestro corazón, que protege las Necesidades más preciadas. Todavía estamos creando una separación ante la vida que queremos vivir realmente. Cerrar temas es nuestra consciencia de dónde estamos y de que el final está a la vista. Cerrar temas es decir lo que se quiere decir, escuchar a los que anhelan ser escuchados y ofrecer perdón para transformar toda esa protección y blindaje en aceptación, comprensión y pertenencia.

Siéntate en silencio por tres minutos más y luego toca la campana tres veces para terminar la meditación.

Junta las palmas de las manos y ofrece una reverencia de gratitud al círculo.

Rondas de palabra

Con el bastón de la palabra en la mano, lee estas instrucciones al grupo:

La mitad de Ongo es un momento en el que podemos encontrarnos con la Necesidad de reconectar con la comunidad y con nosotros mismos. Han pasado suficientes semanas como para que la emoción de empezar Ongo se haya desvanecido, y quedan suficientes semanas como para que la realidad del final de Ongo aún no se haya instalado. Al igual que el nacimiento y la muerte, los comienzos y los finales crean una mayor sensación de presencia y dan energía a la práctica. Al llegar a la mitad, a veces necesitamos apoyo para recordar por qué estamos aquí, nuestra intención para Ongo.

Hoy, nos tomaremos un tiempo con nuestro círculo a través de una Ronda de Palabra para compartir cómo se está desarrollando Ongo para nosotros. Durante la Ronda de Palabra, pasaremos este bastón de la palabra por el círculo para identificar quién tiene nuestra atención.

Muéstrale al grupo el bastón de la palabra que has traído, y continúa leyendo:

La persona que hable tendrá toda nuestra presencia silenciosa. Mientras esté hablando, no comentaremos ni responderemos a sus palabras, ni pensaremos en lo que diremos cuando nos toque hablar. Sostendremos el espacio de empatía para cada orador. Cuando nos toque hablar, no nos referiremos a lo que otros han compartido sino que hablaremos de nuestras propias experiencias e ideas.

Tendremos ahora una ronda de palabra. El tema es: "¿Cómo te está yendo en el recorrido Ongo? ¿Cómo estás viviendo tu intención Ongo?". Siéntete libre de compartir cualquier celebración, duelo, aprendizaje o desafío que esté vivo en tu corazón en este momento en torno a este tema. Empezaremos con quien primero quiera hablar sobre el tema, luego el bastón de la palabra pasará a la persona de su izquierda, y esa persona compartirá. Continuaremos así alrededor del círculo hasta volver a la persona que habló primero.

Seamos conscientes de la duración de nuestra intervención para que haya tiempo para que se escuche la voz de todos y para que haya otra actividad después. Al mismo tiempo, honra tu propia voz dándole el espacio que necesite para expresarse.

Revisa si alguien no tiene clara la práctica y necesita volver a escuchar las instrucciones. Una vez que todas las personas tengan claridad, invítalas a respirar juntas y a traer su presencia al círculo. Lee:

¿Cómo te está yendo en el recorrido Ongo? ¿Cómo estás viviendo tu intención Ongo? ¿Quién quiere hablar sobre este tema en este momento?

Pasa el bastón de la palabra a esa persona para que comience la ronda de palabra.

Una vez que el bastón de la palabra haya dado la vuelta al círculo hasta llegar a la primera que compartió, toma el bastón de la palabra e invita a todas las personas a tomar una respiración juntas.

Coloca el bastón de la palabra en el centro del círculo.

Introducción a cerrar temas

Lee al grupo:

Cerrar temas es como saldar cuentas, lo cual implica algún tipo de intercambio y negociación. A menudo nos relacionamos dentro de una dinámica de "esto por aquello". *Si tú me escuchas, yo te escucharé a ti. Si yo te doy, espero que tú me des.* El amor puede parecerse más a una mercancía que comerciamos que a una Necesidad que expresa la vida.

Cada uno de nosotros llegará a un determinado punto de su vida en el que se abrirá a la realidad de que la muerte es inevitable. De hecho, cuando nacimos, hicimos un contrato con la muerte. A veces, no es hasta que nos damos cuenta realmente de que nuestra vida va a terminar, o de que la vida de alguien a quien amamos va a terminar, que nos encontramos con nosotros mismos o con la otra persona con consideración y amor.

Caemos en cuenta de cómo queremos ser realmente en esa relación –cariñosos, atentos, comprensivos y compasivos–.

Cuando decimos que estamos "cerrando temas", estamos expresando una consciencia de que esta vida tiene un final y de que nos gustaría conducir nuestras relaciones con amor y comprensión. Cerrar temas es el arte de estar presentes en todas nuestras relaciones. Estamos teniendo muy en cuenta de que cualquier palabra que ofrezcamos y cualquier acción que realicemos puede ser nuestra última oportunidad de conectar con alguien a quien sostenemos. Es la práctica de aceptar que cualquier momento puede ser nuestro último aliento. Esta aceptación sostiene en sí misma una preciosa comprensión de que cada interacción que tenemos completa nuestro destino, nuestra meta, que es la vida misma.

310 Práctica de cerrar temas

Invita a todas las personas a formar parejas y a sentarse frente a frente.

Lee al grupo:

Imagina por un momento que hoy es tu último día de vida. Comparte con tu pareja los sentimientos que te surgen instantáneamente al imaginar esto.

Deja uno o dos minutos para que las parejas compartan y luego lee:

Ahora trae a la mente a una persona con la que tengas "temas pendientes", alguien con quien quisieses asegurarte de haber cerrado temas antes de dejar esta vida.

Permite que todas las personas reflexionen durante un minuto, y luego lee:

A continuación, tú y tu pareja se alternarán para representar a las personas con quienes más desean cerrar temas.

Tomen un momento para decidir quién va empezar.

Haz una pausa para que las parejas decidan y luego lee:

Primera persona a compartir, dile a tu compañero quién es la persona con la que te gustaría cerrar temas en tu último día de vida. Simplemente da a tu compañero el nombre de esta persona y quién es para ti. Tu pareja representará a esta persona.

Permite un minuto para que las parejas compartan, y luego lee:

Ahora habla con tu pareja como si fuera esa persona. Comparte con ella lo que anhelas que escuche. Cierra temas. Expresa lo que hay en tu corazón: miedo, alegría, desconfianza, ira, expectativas, alivio, arrepentimiento... lo que haya. Permítete un momento de libertad para completar con esta persona lo que has estado anhelando completar.

Pareja en el rol de representación, simplemente escucha todo con empatía y ofrece un reflejo empático. Recibe sin juzgar ni intentar "avanzar en el proceso". Responde simplemente con palabras necesarias que reflejen lo que percibes en su expresión.

Permite que el diálogo fluya hasta que se cierre y luego tómate un momento para respirar juntos y cosechar lo que han aprendido.

Finalmente, cambien de turno y empiecen el proceso de nuevo, de modo que la persona que representó un rol sea ahora quien cierra temas, y que quien cerró temas ayude ahora a quien representa un rol.

Comprueba si alguien no tiene clara la práctica y necesita volver a escuchar las instrucciones. Una vez todo el mundo esté claro, invita a todas las personas a hacer una respiración juntas y a aportar su presencia a su pareja para realizar la práctica.

Controla el tiempo. Permitiendo diez minutos para la "Cosecha" y el "Cierre", avisa al grupo cuando quede la mitad del tiempo para la práctica. Recuérdales de cambiar de rol por si aún no lo han hecho, para que ambas personas tengan la oportunidad de cerrar temas.

Toca la campana cuando sea el momento de pasar a la "Cosecha". Invita a todas las personas a dar las gracias a sus parejas y luego volver al círculo.

Cosecha

Invita a hablar a cualquier persona que se sienta movida a compartir con el grupo lo que los conmovió, desafió, o lo que aprendieron o descubrieron durante la práctica del día de hoy.

Cierra dando las gracias a todas las personas por haber compartido y por su práctica.

311 Cierre

Pídele a un voluntario que guíe al grupo la próxima semana. Dale a esa persona el juego o juegos de cartas de Necesidades.

Recuérdale al voluntario que lea las páginas sobre "Dirigir la práctica grupal" (página 17) y la Práctica grupal de la Semana 7 antes de la próxima reunión. Todo lo que necesita saber está en esas páginas.

Invita a todas las personas a hacer una respiración colectiva plena.

Invita a cada persona a elegir una palabra de Necesidad del centro que describa lo que se están llevando de esta sexta Reunión grupal Ongo.

Empezando por la persona de tu izquierda, invita a cada persona a compartir su Necesidad con el grupo y a sostener su carta hacia afuera para que todos puedan verla. Recorre el círculo en el sentido de las agujas del reloj hasta que todas las personas, incluyéndote a ti, hayan compartido.

Comprensión, aceptación y pertenencia

*"Más allá de las ideas del bien y del mal
existe un campo. Allí nos encontraremos.
Cuando el alma se acuesta en esa hierba,
el mundo está demasiado lleno como para hablar.
Las ideas, el lenguaje, incluso la frase 'cada uno'
no tiene sentido".*

– Jelaluddin Rumi

Meditación de apertura

Saluda a tu pareja.

Decidan quién leerá el recordar y quién controlará el tiempo para la meditación en silencio juntos.

Quien lee, leerá lo siguiente:

El perdón es una invitación a conocer la comprensión, la aceptación y la pertenencia. Nos permite establecer alianzas, en nuestro corazón, con nosotros mismos, con los demás e incluso con las creencias que creemos imposibles de transformar. Ofrece la oportunidad de reescribir las historias de nuestro pasado, presente y futuro, y abre nuevas vías de reconciliación con personas con las que pensábamos que nunca podríamos encontrar la paz. El perdón consiste en poner energía en reconectar y restaurar nuestras relaciones, especialmente con nosotros mismos.

Sólo con oír la palabra *perdón* pueden surgir inmediatamente nuestras defensas. La mente puede decir: "Pero lo que hicieron fue imperdonable" o "Pero yo no hice nada malo, ¿por qué me tengo que perdonar?". El perdón no tiene nada que ver ni con el mal ni con el bien. El perdón nos invita a entrar en el campo de Rumi, más allá de esas ideas, donde podemos tumbarnos y sentir la plenitud de este mundo, de esta hermosa vida que un día terminará.

Y cuando lleguemos a ese final, el perdón nos preguntará: "¿Va tu último aliento a reposar sobre la aceptación, la pertenencia y la comprensión? ¿O va a estar apegado, aferrado, agobiado por temas pendientes?".

Siéntense juntos en meditación durante diez minutos.

Quien lleve el tiempo, avisa al otro cuando hayan pasado los diez minutos.

Cierra con una reverencia de agradecimiento a tu pareja por haberse sentado contigo.

Comprensión, aceptación y pertenencia

Decidan quién será "A" y quién será "B".

La persona A lee lentamente lo siguiente:

> Hoy nos turnaremos para hacernos un par de preguntas abiertas sobre la comprensión, la aceptación y la pertenencia. Cuando nos toque responder, estamos invitados a compartir libremente cualquier respuesta que nos llegue. Permite que sea una exploración completa, dedicando tiempo a explorar lo que significa para ti la palabra por la que se te pregunta. ¿Cómo vive esta palabra en tu cuerpo? ¿Qué sensaciones físicas y sentimientos asocias a ella? ¿Cuál es tu relación con ella cuando estás solo, con otros o en grupo? ¿Cómo es cuando está cubierta y cuando no? ¿Hay algo más que surge como respuesta a la pregunta? Si notamos que nuestra atención queda atrapada en nuestros propios pensamientos sobre lo que estamos diciendo –por ejemplo, juicios sobre si es o no una "buena" respuesta, si estamos hablando mucho o poco, o incluso si nuestra respuesta tiene o no sentido para nuestra pareja–, simplemente nótalo, respira y vuelve a estar presente con aquello que quiera ser dicho a través de ti en respuesta a la pregunta. Estamos simplemente permitiendo que lo que surja en tu interior tenga voz.

> Cuando nos toque escuchar, se nos pide escuchar en silencio, con presencia plena. Si notamos que nuestra atención queda atrapada en nuestros propios pensamientos sobre lo que se dice –por ejemplo: análisis, juicios, comparaciones, preguntas o nuestras propias historias–, simplemente lo notaremos, respiraremos y volveremos a la presencia con nuestra pareja. No ofreceremos ninguna respuesta verbal ni confirmación de lo que estamos escuchando. Permitiremos que lo que surja como respuesta a nuestra pregunta tenga espacio simplemente para ser escuchado.

Dedica un momento a revisar con el otro si ambos han entendido las instrucciones anteriores sobre escuchar y responder. Si es necesario, uno de ustedes puede volver a leer las instrucciones en voz alta.

Una vez que ambos lo hayan entendido, pongan su presencia en la práctica:

1. A pregunta a B: "¿Qué es la *comprensión*?".

2. B responde mientras A escucha. Cuando B haya terminado de responder, B hace una respiración y pregunta a A: "¿Qué es la *comprensión*?".

3. A responde mientras B escucha. Cuando A haya terminado de responder, A hace una respiración y pregunta a B: "¿Qué es la *aceptación*?".

4. B responde mientras A escucha. Cuando B haya terminado de responder, B hace una respiración y pregunta a A: "¿Qué es la *aceptación*?".

5. A responde mientras B escucha. Cuando A haya terminado de responder, A hace una respiración y pregunta a B: "¿Qué es la *pertenencia*?".

6. B responde mientras A escucha. Cuando B haya terminado de responder, B hace una respiración y pregunta a A: "¿Qué es la *pertenencia*?".

7. A responde mientras B escucha. Cuando A haya terminado de responder, A hace una respiración y dice "hemos terminado".

8. Respiren juntos tres veces.

Cosecha de cierre

Hagan una cosecha compartiendo cualquier revelación, aprendizaje o descubrimiento durante este tiempo juntos.

SEMANA 6 PRÁCTICAS INDIVIDUALES

Ver el regalo

"Desde el momento del nacimiento, todo ser humano desea la felicidad y no desea el sufrimiento. Ni el condicionamiento social ni la educación ni la ideología afectan esto. Desde lo más profundo de nuestro ser, simplemente deseamos la satisfacción".
– Tenzin Gyatso, el decimocuarto dalái lama

Con nuestras prácticas de creencias primarias y autoempatía, podemos empezar a ver que todos nuestros pensamientos, sentimientos y acciones expresan Necesidades que sirven a la vida, incluso aquellos pensamientos y acciones que causan daño. Marshall Rosenberg, creador de la Comunicación Noviolenta, los llamó "expresiones trágicas y suicidas de Necesidades insatisfechas", o de forma más juguetona, "regalos envueltos en mierda". En la raíz del perdón hay una comprensión que reconoce esta verdad. Vemos el regalo –el anhelo de servir a la vida– dentro de cada expresión, incluso también cuando estamos plenamente conscientes del impacto de esas expresiones en nosotros mismos y en los demás.

Hoy...

Lleva contigo una copia de la Rueda de Necesidades (o tu ejemplar del *Libro Ongo* con la Rueda de Necesidades del Apéndice A). Sácala dos o tres veces el día de hoy y observa a las personas que te rodean. Adivina en silencio qué Necesidades está expresando cada persona que ves. No lo pienses demasiado, sólo fíjate en las Necesidades que te saltan de la página. Intenta incluso adivinar qué Necesidades expresan las personas que están en silencio: observa sus posturas y movimientos corporales.

Tómate un momento para conectar con la energía de esas Necesidades, no sólo adivinándolas intelectualmente, sino sintiéndolas en tu cuerpo. *Por ejemplo, si supones que alguien siente dolor en torno a la Necesidad de aceptación, tómate un momento para conectar con la energía de la aceptación en tu cuerpo.*

¿Cómo afecta la conexión con las Necesidades de estas personas a la forma en que las ves?

Prueba esto también contigo. Saca la "Rueda de las Necesidades" dos o tres veces el día de hoy y reflexiona sobre qué Necesidad o Necesidades son las más importantes para ti en este momento. De nuevo, conecta realmente con la energía de esas Necesidades en el cuerpo. Respira con ellas. Cierra los ojos y siente lo que significan para ti.

¿Cómo cambia esto la forma en que ves tus propios pensamientos, acciones o palabras?

Ver el regalo
Recordar

"Hay otra satisfacción peculiar en escuchar realmente a alguien: Es como escuchar la música de las esferas, porque más allá del mensaje inmediato de la persona, sea cual sea, está lo universal. En todas las comunicaciones personales que escucho de verdad parece haber leyes psicológicas ordenadas, aspectos del mismo orden que encontramos en el universo en su conjunto. Así que existe tanto la satisfacción de escuchar a esa persona como la de sentirse en contacto con lo que es universalmente verdadero".

– Carl Rogers

Hacer inventario

"A veces, el darse cuenta de algo importante no produce paz ni sanación.
De hecho, a veces las personas observan y se sienten peor. Pero están más llenas.
Han permitido que partes reprimidas y abandonadas de sí mismas
salgan a la superficie y sean finalmente atendidas".
– Stephen Levine

Al unirnos a Ongo, y al recorrer este camino de práctica, todos estamos expresando algún deseo de abrir más nuestro corazón, tanto a nosotros mismos como a los demás. Mediante la conexión con el cuerpo y la respiración; mediante la práctica de ver las Necesidades en el interior de las acciones, las palabras y los pensamientos, incluso los que nos detonan; mediante el reconocimiento de nuestras limitaciones y la apertura a algo más grande de lo que nuestra mente puede concebir, estamos ampliando nuestra capacidad de comprender y estar con nosotros mismos y con los demás.

Ahora, que hemos llegado a la mitad de Ongo, es un buen momento para hacer un inventario de lo que queda. ¿A qué queremos abrirnos todavía? En Ongo, a veces utilizamos la palabra *perdón* para describir el acto de abrir nuestro corazón a los pensamientos, palabras y acciones que nos cuesta amar. Para nosotros, el perdón no implica culpa, ni que alguien haya hecho algo "malo", y tampoco significa una aceptación pasiva de palabras o actos dañinos. El perdón, tal y como usamos la palabra aquí, significa ser capaz de reconocer, amar y empatizar con las Necesidades humanas que hay detrás de un pensamiento, una palabra o una acción, aunque no estemos necesariamente de acuerdo con el pensamiento, la palabra o la acción en sí. En última instancia, significa ver profundamente la humanidad en nosotros mismos y en los demás.

Es mucho pedir. Así que, hoy, sólo mencionaremos el trabajo que tenemos por delante.

Hoy…

Tómate varios minutos para sentarte y estar con el cuerpo y la respiración, volviendo suavemente a la presencia con estos cada vez que la mente se pierda en los pensamientos.

Después, haz dos columnas en tu diario, una titulada "Perdonarme a mí mismo" y otra titulada "Perdonar a los demás". Tómate un tiempo para reflexionar sobre tu vida actual y considera qué creencias/hábitos/comportamientos/palabras/acciones te gustaría perdonar en ti mismo. Escríbelos en la columna de "Perdonarme a mí mismo".

Asegúrate de incluir incluso aquellas cosas por las que aún no eres capaz de perdonarte. Esto es simplemente una lista de lo que esperamos y pretendemos ser capaces de liberar algún día.

Por ejemplo, parte de tu lista podría verse así:

Perdonarme a sí mismo

- *olvidarme de cosas, especialmente cosas importantes para mis seres queridos*

- *la vez que ignoré a un amigo que me apoyaba mucho, porque quería ganar la aceptación de otros compañeros*

- *los momentos con mi perro en los que hablo o actúo desde la ira*

- *mi creencia de que "no soy suficiente"*

- *mi hábito frecuente de trabajar en la computadora en lugar de ejercitar físicamente mi cuerpo*

Ahora, considera a quién te gustaría perdonar en tu vida, además de a ti mismo, y escribe esos nombres en la columna "Perdonar a los demás". Incluye las palabras y/o acciones por las cuales te gustaría perdonar a cada una de esas personas. De nuevo, asegúrate de incluir incluso a las personas a las que aún no puedes perdonar. Estamos estableciendo una intención y mencionando una esperanza que tenemos.

Toma un par de respiraciones profundas. Con cada exhalación, siente y envía la energía de la compasión, el amor y la aceptación a tu ser. Si te resulta difícil conectar con esa energía, tómate uno o dos minutos más para decirte simplemente: "Que sea libre de sufrimiento. Que todas las personas con las que me relaciono se liberen del sufrimiento. Que todos los seres se liberen del sufrimiento. Que todos los seres sean libres". Si estas frases no se ajustan a lo que estás trabajando, crea tus propias frases intencionales de bondad amorosa y utilízalas aquí.

Cierra tomándote un momento para apreciar este deseo de perdonar en ti mismo. Celebra tu voluntad de darle energía y espacio hoy. Acepta con ternura lo que todavía no está dispuesto y está herido.

Respira y camina con suavidad hoy.

Hacer inventario
Recordar

"Reconciliarnos con nuestros enemigos o nuestros seres queridos no consiste en fingir que las cosas son distintas de lo que son. La verdadera reconciliación expone lo horrible, el abuso, el dolor, la verdad. A veces puede incluso empeorar las cosas. Es una empresa arriesgada, pero al final merece la pena, porque al final sólo una confrontación honesta con la realidad puede aportar una verdadera sanación. La reconciliación superficial sólo puede aportar una sanación superficial".

– Obispo Desmond Tutu

Meditación del perdón

"Perdonar significa simplemente que, como hijos de la guerra, deseamos convertirnos en gente de paz. Dicen que si no perdonas, puedes convertirte en el opresor. Debemos recordar que no queremos convertirnos precisamente en aquello que nos hace daño".
– Lyla June Johnston

El perdón, como muchas otras prácticas, desarrolla su poder en nosotros a través de la repetición. Podemos resultar practicando el perdón muchas veces hacia la misma situación, y en cada oportunidad desbloqueando una dimensión diferente de comprensión, aceptación y pertenencia dentro de nuestro ser.

Thich Nhat Hanh dice: "Si, en nuestro corazón, seguimos aferrados a algo –la ira, la ansiedad o las posesiones– no podemos ser libres". La comprensión, la aceptación y la pertenencia que conlleva el perdón es el verdadero significado de la libertad. Nos volvemos libres para estar plenamente presentes con nosotros mismos y con los demás, sin sostener el pasado. Nos volvemos libres para elegir cómo queremos vivir, sin miedo al futuro.

Hoy…

Instálate.

Haciendo tres respiraciones completas, permite que el vientre se relaje.

Invita a tu mente la imagen de alguien que estimule una creencia primaria que tengas sobre ti mismo. Si estás haciendo esta meditación por primera vez, te recomendamos elegir un peso ligero o medio, alguien que no tenga un gran impacto en tu vida.

Nota lo que ocurre en el cuerpo.

Nota a la "otra" persona de la situación que ofreció el estímulo para que surgiera esta creencia primaria. Y nota cómo, sólo quizás, has apartado a esta persona de tu corazón.

Sólo siente su presencia en tu mente. Percibe lo que te dices a ti mismo sobre esta persona que ayudó a estimular la creencia primaria que tienes sobre ti mismo.

Ahora, suavemente, como un experimento de honestidad, invita a esta persona a tu corazón. Siente cómo se acerca a tu corazón. Nota lo que bloquea su acercamiento: miedo, ira, vergüenza, culpa, seguridad, confianza. Y nota las cualidades que cierran tu corazón ante esa persona que estimula tus creencias primarias.

Entonces, sólo por este momento, permítele pasar. Permite que entre en tu corazón. Nota en esa persona, en ese "otro", lo que puede estar vivo. ¿Un deseo de conectar? ¿De ser comprendido? ¿De pertenecer? Sea lo que sea lo que esté vivo, sólo por este momento, permítele entrar.

Y dile, en tu corazón: "Te acepto tal y como eres". "Te acepto". "Te perdono por aquella acción que estimula mis creencias primarias".

Es muy doloroso apartar a alguien de tu corazón. Sólo por este momento, permite que vuelva a entrar. Y susurra en silencio, en tu corazón: "Te perdono".

Puede ser muy doloroso sostener una coraza de protección para mantener a alguien fuera de tu corazón. Por ahora, dale espacio en tu corazón para que esta persona simplemente –sea con toda su humanidad–, que puede haber tropezado intencionadamente o no con tus creencias primarias sobre ti mismo.

Simplemente acéptala. Ámala.

Y a continuación, permite que se vaya. Despídela, quizá con una bendición, a tu manera.

Ahh, respira. Acomódate más plenamente en el lugar donde estás sentado.

Conecta de nuevo con las creencias primarias sobre ti mismo.

Menciónalas para ti mismo en tu mente.

Nota, ¿dónde cobra vida en el cuerpo? Accede a ese punto. ¿Qué surge? ¿Qué imágenes aparecen? Permaneciendo conectado a este punto de acceso en el cuerpo, permite simplemente que las imágenes pasen por la mente. Presencia suavemente estas imágenes hasta que te veas a ti mismo en tu mente, posiblemente a una edad en la que esta creencia primaria surgió en ti por primera vez, o posiblemente a una edad en la que esta creencia primaria echó raíces en ti.

Visualízate a ti mismo de esa edad en tu mente.

Y ahora, suavemente, dale la bienvenida a tu yo de esa edad en tu corazón.

Dirígete hacia ti mismo en tu corazón. Ten piedad. Llevas tanto tiempo cargando con esta creencia sobre ti mismo –para protegerte, para estar seguro–. Durante tanto tiempo has llevado esta creencia– para encontrar pertenencia, para encontrar aceptación, para encontrar amor–.

Dirígete hacia ti mismo en tu corazón y dite: "Te acepto tal y como eres". "Te perdono por tener esta creencia sobre ti mismo, por haber llevado esta creencia a cuestas durante tanto tiempo".

Es muy doloroso excluirte de tu propio corazón.

Susúrrate en silencio: "Te perdono". Ten piedad. Si la mente quiere intentar bloquear ese perdón, tócalo con la comprensión de esa protección. Ten piedad.

Llamándote a ti mismo por tu nombre de pila, di "te perdono" a ti. "Te acepto".

Puede ser tan doloroso sostener la protección, sacarte fuera de tu propio corazón.

Simplemente da espacio ahora, para que estés tú, con toda tu humanidad.

Simplemente acepta. Simplemente ama.

Permite que tu mente –que tu cuerpo, que tu corazón– se llene de bondad amorosa hacia ti mismo. Y para todas las personas, que igualmente solo quieren liberarse de su propio dolor, estar en paz.

Permite que este amor se irradie, expandiéndose hacia todas las personas a las que amas, para que ellas también se perdonen a sí mismas con bondad, con amor.

Permite que esta bondad amorosa incluya a todos los seres, a todos los corazones. Todas las Necesidades de todos los seres sintientes de todas partes, tocadas por tu amorosa bondad.

Que todas las personas sean libres de sufrimiento. Que todos los seres tengan paz.

Que todas las personas vivan plenamente en su propia y auténtica presencia, en la alegría, en el amor.

Que todos los seres tengan paz.

Que todos los seres tengan paz.

Tip – Elige conscientemente la intensidad con la que quieres trabajar durante esta meditación. Dicho esto, puede que elijas algo que consideres de baja intensidad y que la intensidad suba inesperadamente durante meditación debido al recuerdo de una persona o acontecimiento que te impactó mucho. Si esto ocurre, considera alguna o todas las siguientes opciones: haz la meditación nuevamente eligiendo algo de baja intensidad, llama a tu pareja Ongo para que te apoye y haz la práctica teniendo su presencia como apoyo, o ponte en contacto con un profesional especializado en trauma que pueda ayudarte a trabajar a profundidad con lo que ha surgido.

Audio – Hay una grabación de esta meditación en la página web Compañero Ongo de ongo.global. También puedes hacer tu propia meditación guiada grabando la práctica en voz alta. Si haces tu propia grabación, recuerda hablar despacio y dejar muchos silencios entre instrucciones para que puedas seguirla con facilidad cuando la escuches posteriormente.

Semana 7

El perdón

"El perdón verdadero no tapa superficialmente lo que realmente ha sucedido.
No es un esfuerzo torpe por suprimir ni ignorar nuestro dolor.
Y no puede apresurarse. Es un proceso profundo, que se repite una y otra vez
en nuestro corazón, que honra el dolor y la traición, y que a su debido tiempo madura
en la libertad de perdonar de verdad".
– Jack Kornfield

312 Preparación - Guía grupal:

- Uno o dos días antes de la Reunión grupal, recuerda a todas las personas el día, hora y lugar de la reunión.

- Lee "Dirigir la Práctica grupal" (página 17) y sigue las pautas indicadas en "Responsabilidades del Guía"

- Coloca un juego de cartas de Necesidades en forma de un mandala atractivo o en espiral en el centro del círculo.

Meditación de apertura

Invita a todas las personas a sentarse en el círculo.

Toca la campana para indicar el comienzo de la meditación sentada.

Después de un momento de silencio, lee al grupo las siguientes instrucciones. Lee de forma que ayude al grupo a relajarse con las instrucciones, permitiendo un espacio generoso y respiraciones completas de silencio entre frases:

La meditación de hoy la haremos de pie. Si en algún momento te resulta físicamente doloroso estar de pie, puedes continuar la meditación en posición sentada.

Ponte de pie con los pies separados al ancho de las caderas y balancéate ligeramente hacia delante y hacia atrás, encontrando el lugar en el que tu peso descanse uniformemente sobre todo el pie, en lugar de apoyarte en los talones o en los dedos.

Estira suavemente la coronilla hacia el cielo y lleva la barbilla ligeramente hacia el cuello, sintiendo cómo se relaja la columna vertebral a medida que se alinea.

Respira y echa los hombros hacia atrás, permitiendo que se relajen con los brazos colgando libremente a los lados.

Permite que la frente, los ojos y la mandíbula se relajen.

Toma unas cuantas respiraciones profundas. Con cada exhalación, libera suavemente cualquier tensión persistente en tu cuerpo hacia la Tierra, empezando por la parte superior de la cabeza, hasta la planta de los pies.

Permanece un minuto en silencio, y luego lee:

Lleva tu consciencia a las sensaciones de la inhalación y la exhalación, y al cuerpo, mientras este descansa apoyado en la Tierra.

Permanece un minuto en silencio, y luego lee:

Permite que tu consciencia se expanda para incluir la parte trasera de tu cuerpo. Siente el espacio detrás de tu cabeza, cuello y columna vertebral. Siente tu conexión con el pasado. Donde tus antepasados te han dado tantos regalos como cargas que llevar. Donde caminas con las fuerzas y los pesos de tu propia vida. Respira y simplemente siéntelo ahora.

Permanece un minuto en silencio, y luego lee:

Exhala suavemente cualquier tensión que haya, bajando por tus pies, hacia la Tierra. Permite que la Tierra la reciba y la convierta en abono.

Permanece en silencio durante unas cuantas respiraciones, y luego lee:

Permite que tu consciencia se expanda para incluir la parte delantera de tu cuerpo. Siente el espacio delante de tu cabeza, pecho y vientre. Siente tu conexión con el futuro. Donde tu vida repercute en las generaciones venideras. Donde tienes tantos dones que ofrecer como cargas no resueltas que transmitir. Respira y siéntelo ahora.

Permanece un minuto en silencio, y luego lee:

Exhala suavemente cualquier tensión que haya, bajando por tus pies, hacia la Tierra. Permite que la Tierra la tome y la convierta en abono, para producir un nuevo suelo fértil.

Permanece en silencio durante unas cuantas respiraciones, y luego lee:

Permite que tu consciencia se expanda para incluir el espacio a ambos lados de ti. Siente el espacio en tu visión periférica, más allá de tus hombros. Siente tu conexión con todas las personas que hoy caminan contigo en esta Tierra. Tu familia y tu comunidad. Los que están contigo en este círculo ahora. Los que te apoyan con su presencia y los que tú apoyas con la tuya. Respira y siéntelo ahora.

Permanece un minuto en silencio y luego lee:

> Esta es la postura del guerrero noviolento. Conectado con el cielo, la respiración y la Tierra.
>
> Estar de pie con dignidad, conectado a toda la vida –pasada, presente y futura– sin esconderse, huir ni oponerse a ella.
>
> Simplemente despierto ante lo que es, y permitiendo que sea su hogar.

Permanezcan juntos en silencio durante otro minuto, y luego haz sonar la campana tres veces para terminar la meditación.

Junta las palmas de las manos y ofrece una reverencia de gratitud al círculo.

Check-in

Lee al grupo:

> Hoy vamos a continuar nuestra exploración del perdón. Para mucha gente, el perdón puede ser un tema cargado de connotaciones culturales y religiosas. Como práctica, también puede hacer aflorar mucho emocionalmente. Continuemos nuestra exploración con un check-in sencillo para revisar cómo nos ha ido hasta ahora explorando el perdón en Ongo. ¿Qué ha surgido en tus prácticas? ¿Cómo ha sido girarte hacia el perdón o no girarte hacia él? ¿Qué nuevas comprensiones o conexiones con el perdón te han surgido?

Invita a hablar a cualquier persona que se sienta movida a compartir sus respuestas a estas preguntas con el grupo.

Controla el tiempo. Calculando que sobren al menos 45 minutos para las siguientes actividades, avisa al grupo cuando queden un par de minutos antes de pasar a la siguiente actividad.

El perdón

Lee al grupo (o invita a otros a que se turnen para leer uno o varios de los párrafos al grupo):

> El perdón integra nuestra experiencia en una forma que nos permite liberarnos del sufrimiento. Nos libera de la carga de cualquier resentimiento u odio que podamos estar arrastrando. Es un reconocimiento de que lo seguimos arrastrando por miedo: miedo a que se repita el pasado, miedo a que de alguna manera el daño continúe, miedo a que el sufrimiento continúe. El perdón es la liberación del miedo. Cuando tocamos esta aceptación, esta comprensión, esta pertenencia, a cualquier nivel, ya sea perdonando a una persona que fue grosera con nosotros o perdonando a los artífices de la guerra, nos liberamos del sufrimiento.

Avanzar hacia el perdón también honra la dignidad del corazón, nuestra propia dignidad. Nos devuelve al terreno del amor, nos recuerda nuestra compasión y nuestra resistencia para dañarnos a nosotros mismos o a los demás. Aunque nunca podamos perdonar la acción, podemos empezar a ver las Necesidades que hay detrás de las acciones para volver a ver al humano detrás. Aunque la acción en sí misma sea para siempre imperdonable, el ser humano es siempre perdonable.

El perdón no es un permiso para que la acción imperdonable continúe, tampoco es una excusa para la acción que ocurrió en el pasado. Si, por ejemplo, esto pone en tela de juicio una relación actual en la que estás experimentando o expresando acciones que están causando trauma, entonces, antes de que te sumerjas más en este trabajo, ponte tú y tus seres queridos a salvo. Tu siguiente paso puede consistir en ponerte en contacto con una persona, terapeuta o grupo de confianza que pueda ayudarte a detener la acción. Ponerse a salvo es vital antes de sumergirse profundamente en este trabajo interior.

Al trabajar con nuestro pasado, podemos reconocer lo diferente que habría sido la vida si la acción que causó el trauma nunca hubiera ocurrido. También podemos reconocer, desde un espacio físicamente seguro, que la acción en sí ya no continúa y que lo que más importa ahora es cómo vivimos con el trauma residual. Al practicar el perdón, sentimos un auténtico arrepentimiento por nuestras acciones o las de otros. El perdón abre la libertad dentro de nuestro propio corazón para encontrar la paz. Incluso cuando experimentamos grandes abusos, incluida la violencia física y sexual, es el hecho de conservar la ira, el miedo o el resentimiento lo que puede destruir nuestras vidas, no las acciones en sí mismas. Elegir cómo caminar en nuestras vidas con lo que ha sucedido está dentro de nuestro poder. La mayor transformación que podemos hacer es acceder a la comprensión de las Necesidades, separando al actor de la acción con la aceptación, y tocar el perdón. Al hacerlo, tenemos la capacidad de ver al ser humano dentro de nosotros mismos, así como en los demás.

Desarrollamos estas prácticas para poder cultivar y mantener ese poder que siempre está dentro de nosotros, el poder de transformar nuestro propio odio y miedo para vivir en paz, amor y perdón.

Pregunta si alguien quiere compartir algo que se haya movido en su interior al escuchar estas palabras sobre el perdón. Invita a hablar a quien se sienta movido a hacerlo.

Meditación sobre el perdón

Invita a las personas a colocarse en una posición en la que puedan estar cómodas para una meditación guiada más larga.

Una vez que todas las personas se hayan acomodado, lee al grupo las instrucciones que aparecen a continuación. Lee de forma que todas las personas puedan seguir el ritmo de la meditación, con generosos espacios de silencio entre las instrucciones:

Tomando un par de respiraciones, permite que el vientre se ablande. Simplemente regálate este espacio a ti mismo en este momento.

Invita a una de las creencias primarias con las que has estado trabajando en tus prácticas a entrar. Una de las cosas que te dices a menudo:

"No soy suficiente". "Soy demasiado sensible".

"Nunca hay tiempo suficiente". "Siempre va a ser una lucha".

"Siempre me equivoco". "Siempre tengo razón".

Cualquier pensamiento que se haya repetido en tus prácticas durante las últimas semanas: aquellos pensamientos que siempre vuelven. Quizá se expresen de forma diferente de vez en cuando, pero la esencia sigue siendo la misma. Sigue siendo esta creencia central. Recuérdalo ahora.

Y dilo para ti. Respira un poco mientras te acomodas en tu sitio.

Sólo dilo para ti en tu mente.

Entonces, nota en qué parte de tu cuerpo cobra vida la energía mientras te lo dices a ti mismo. ¿Te duele la espalda? ¿Las rodillas? ¿Dónde está? ¿Dónde vive en tu cuerpo? ¿Por dónde se mueve?

Accede a estos puntos del cuerpo, respirando conscientemente y conectando con ellos.

¿Qué imágenes te vienen a la mente?

Permaneciendo conectado a estos puntos del cuerpo, permite que todas las imágenes pasen por tu mente como una presentación de diapositivas.

Presencia suavemente estas imágenes hasta que te veas a ti mismo en tu mente, posiblemente a una edad en la que esta creencia primaria surgió por primera vez o posiblemente a una edad en la que esta creencia primaria echó raíces en ti, cuando empezaste a creer que era verdad.

Sólo tienes que notar y empezar a verte a ti mismo.

Visualízate con esa edad en tu mente.

Ahora dale suavemente la bienvenida a tu corazón a esa edad.

Llévate de la mano a tu corazón.

Y vuélvete hacia ti mismo en tu corazón. Ten misericordia. Has estado cargando con esta creencia sobre ti mismo durante tanto tiempo. Durante tanto tiempo –por protección, por seguridad– tanto tiempo llevando esta creencia –para encontrar pertenencia, para encontrar aceptación, para encontrar amor–.

Dirígete a ti mismo en tu corazón y di: "Te acepto tal y como eres".

Dirígete a ti mismo en tu corazón y di: "Te acepto por pensar en esta creencia sobre ti".

Dirígete a ti mismo en tu corazón y di: "Te perdono por llevar esta creencia durante tanto tiempo".

Puede ser muy doloroso excluirte de tu propio corazón.

Susurra en silencio y di: "Te perdono" a ti mismo.

Y ten misericordia. Si la mente quiere bloquear ese perdón, agradece a la mente su protección y tócala con comprensión. Ten misericordia.

Llamándote a ti mismo por tu nombre de pila, di: "Te perdono".

Llamándote por tu propio nombre de pila, di: "Te acepto".

Puede ser muy doloroso sostener la protección, que te mantiene fuera de tu propio corazón.

Simplemente abre espacio en tu propio corazón para estar con toda esa humanidad que pudo haberte hecho daño, intencionadamente o no, al creer que alguna de estas creencias era cierta. Simplemente da espacio.

Di: "Te perdono" a ti mismo.

Permite que tu cuerpo, que tu corazón se llene de esta bondad amorosa hacia ti mismo.

Permite que esta bondad amorosa irradie hacia todas las personas que amas, para que ellas también se perdonen a sí mismas con bondad y amor.

Permite que esta bondad amorosa irradie, expandiéndose hacia todas las personas que te dices que son difíciles de amar, para que ellas también se liberen de su propio dolor y estén en paz.

Permite que esta bondad amorosa incluya a todos los seres, a todos los corazones, a todas las Necesidades de todos los seres sensibles de todas partes, tocados en este momento por tu amorosa benevolencia.

Que todas las personas se liberen del sufrimiento.

Que todas las personas estén en paz.

Que todas las personas vivan plenamente su propio y auténtico propósito en el amor.

Que todos los seres estén en paz.

Siéntate en silencio por tres minutos más y luego toca la campana tres veces para terminar la meditación.

Cosecha

Invita a hablar a cualquier persona que se sienta movida a compartir con el grupo lo que los conmovió, desafió, o lo que descubrieron durante la práctica grupal del día de hoy.

Cierra dando las gracias a todas las personas por haber compartido y por su práctica.

312 Cierre

Pídele a un voluntario que guíe al grupo la próxima semana. Dale a esa persona el juego o juegos de cartas de Necesidades.

Recuérdale al voluntario que lea las páginas sobre "Dirigir la práctica grupal" (página 17) y la Práctica grupal de la Semana 8 antes de la próxima reunión. Todo lo que necesita saber está en esas páginas.

Invita a todas las personas a hacer una respiración colectiva plena.

Invita a cada persona a elegir una palabra de Necesidad del centro que describa lo que se están llevando de esta séptima Reunión grupal Ongo.

Empezando por la persona de tu izquierda, invita a cada persona a compartir su Necesidad con el grupo y a sostener su tarjeta hacia afuera para que todos puedan verla. Recorre el círculo en el sentido de las agujas del reloj hasta que todas las personas, incluyéndote a ti, hayan compartido.

Gratitud

"La gratitud libera la plenitud de la vida. Convierte lo que tenemos en suficiente y más. Convierte la negación en aceptación, el caos en orden, la confusión en claridad. Puede convertir una comida en un festín, una casa en un hogar, un extraño en un amigo. La gratitud da sentido a nuestro pasado, trae paz a nuestro presente y crea una visión para el mañana".
– Melody Beattie

Ofrecer gratitud

Saluda a tu compañero.

Decidan quién leerá el recordar (persona A), y quién leerá la primera meditación guiada (persona B).

La persona A, leerá lo siguiente:

Si el perdón es nuestra práctica para transformar el resentimiento, el odio y el miedo en una vida de amor y paz, la gratitud es nuestra práctica para mantener esa energía de amor y paz en nuestra vida. Cuando damos y recibimos con atención plena, empezamos a notar que la gratitud es un estado natural de ser que emerge ya sea que estemos celebrando o que estemos haciendo un duelo.

La celebración va más allá de juzgar algo o a alguien como "bueno" y la gratitud va más allá de simplemente halagar a otros. Nuestra práctica de atención plena y empatía nos ayuda a ir más allá de estos hábitos que nos separan y tocan un lugar de conexión más profunda con la vida misma.

Pausen por un momento simplemente para tomar una respiración juntos.

A continuación, la persona B leerá la siguiente meditación en voz alta, haciendo pausas para que ambos puedan seguir las instrucciones:

Pausen por un momento simplemente para tomar una respiración juntos.

Toma una respiración para asentarte un poco más en el aquí y ahora.

Toma un par de respiraciones para escanear tu cuerpo.

Nota cualquier tensión o constricción y toma un par de respiraciones hacia esas áreas. Simplemente permite entrar un poco más de espacio.

Ahora permítete conectar con la celebración.

La celebración es una Necesidad, una energía, una vitalidad dentro de tu ser. Nota como se mueve dentro de ti. Nota su textura, sensaciones, movimientos o quietud. Ahora permite que la imagen de una persona surja –una persona que ha traído gracia a tu vida, alguien hacia quien estarás por siempre agradecido–. Recuerda quién es para ti esa persona. Recuerda su presencia en tu vida.

Recuerda un momento específico de interacción que tuviste con esa persona. ¿Qué hicieron? ¿Qué dijeron?

¿Qué sentimientos y sensaciones sientes en tu cuerpo cuando recuerdas ese momento?

Toma una respiración. Coloca una mano sobre tu vientre. ¿Qué Necesidades surgen? ¿Qué Necesidades se nutren al conectar con ese recuerdo? ¿Qué Necesidades se nutren por haber tenido a esta persona en ese momento particular de tu vida?

Ahora toma un momento para escribir un agradecimiento. Escribe con claridad lo que la persona hizo, las acciones que enriquecieron tu vida. Escribe con claridad las Necesidades que se nutrieron.

Una vez que cada uno de ustedes haya escrito su agradecimiento, altérnense para leerse lo que escribieron. Lean lo que escribieron: lo que esta persona hizo, cómo se sienten y las Necesidades que fueron nutridas. Respira a través de cualquier tentación de decir más de lo que escribiste, quejarte o halagar.

Recibir gratitud

Ahora la persona A lee esta meditación en voz alta, lentamente, haciendo pausas para que ambos puedan seguir las instrucciones:

Toma una respiración para asentarte un poco más en el aquí y ahora.

Permítete nuevamente conectar con una celebración.

Celebración.

Permite que aparezca la imagen de una persona que has estado esperando que te aprecie, una persona de la cuál te gustaría escuchar cuán agradecida se siente por tu presencia en su vida.

Recuerda quién es para ti. Recuerda su presencia en tu vida.

Recuerda un momento específico de interacción que tuviste con esta persona. ¿Qué acción hiciste que te gustaría que reconozca? ¿Qué dijiste que querías que fuese escuchado?

¿Qué sentimientos y sensaciones imaginas que estaban vivas en su cuerpo cuando escuchó o vio lo que ofreciste?

¿Qué Necesidades imaginas que fueron nutridas para esa persona gracias a esa interacción contigo? ¿Qué Necesidades imaginas que fueron nutridas en esta persona por haber tenido tu presencia en ese momento particular de su vida?

Toma un momento para escribir un agradecimiento suyo hacia ti. Escribe con claridad lo que hiciste, la acción de tu parte que enriqueció su vida. Escribe con claridad los sentimientos que imaginas que se reviven para ellos como resultado de lo que hicieron. Escribe con claridad las Necesidades que se nutrieron.

Entrégale a tu pareja lo que escribiste (o envíaselo por correo electrónico si están hablando por teléfono).

Comparte un poquito sobre quién es esa persona para ti. De nuevo, evita la tentación de quejarte o halagar.

Por turnos, léanse el agradecimiento que les gustaría escuchar.

Cuando escuches el agradecimiento que querías escuchar, asimílalo. Respira y permítete recibirla.

Cosecha de cierre

Toma un par de minutos para compartir lo que aprendiste de esta práctica. ¿Cómo fue para ti ofrecer gratitud en voz alta? ¿Cómo fue para ti recibir gratitud?

Completen su tiempo juntos con tres minutos de silencio.

SEMANA 7 PRÁCTICAS INDIVIDUALES

Lista de agradecimientos

"Ésta podría ser nuestra revolución:
amar la plenitud
tanto como
la escasez".
– Alice Walker

La gratitud como práctica significa dar nuestra presencia a todo lo que enriquece nuestra vida. La gratitud incrementa nuestro sentido de alegría cotidiana, nuestro conocimiento acerca de lo que nos nutre y nuestra capacidad de mirar hacia la dificultad. En su nivel más profundo, la gratitud es un estado de ser que refleja nuestra unidad con todo lo que hay.

Hoy...

Reflexiona sobre cualquier cosa que esté pasando o que haya pasado recientemente en tu vida que estimula tu sentido de gratitud. ¿Qué sucedió específicamente que te conmovió? ¿Fue algo que dijiste o hiciste? ¿Fue algo que otra persona dijo o hizo? ¿Qué Necesidades fueron tocadas?

Haz una lista de agradecimientos con diez cosas que sucedieron por las que estás agradecido y enumera las Necesidades que han sido nutridas por cada cosa.

Por ejemplo:

- Mi cuerpo sintiéndose cómodo, sin dolor: SALUD, APOYO, ESTABILIDAD

- Disfruté de un té con Catherine esta mañana viendo el amanecer en el porche: BELLEZA, EXPRESIÓN ESPIRITUAL, AIRE

- Un amigo nos llamó para contarnos que su hermano murió: DUELO, CONFIANZA, EMPATÍA

- Barrer las ramas y las hojas de nuestro arroyo y ver la corriente creciendo más fuerte: CONTRIBUCIÓN, CONEXIÓN, RESPETO

Si eres parte de un grupo Ongo, comparte tu lista con ellos. Esto puede tomar muchas formas diferentes: enviar un correo electrónico al cual todos puedan responder, crear una lista de correos, crear un documento en el que todos puedan escribir, etc. Algunos grupos de Ongo tienen una lista de agradecimientos regular a lo largo de Ongo a la que los participantes contribuyen cuando lo desean.

Lista de agradecimientos
Recordar

"El gran secreto abierto de la gratitud es que no depende de las circunstancias externas. Es como un marco, una emisora que podemos sintonizar en cualquier momento, independientemente de lo que está pasando a nuestro alrededor. Nos ayuda a conectar con nuestro derecho básico de estar aquí, así como lo hace también la respiración".
— Joanna Macy

Compartir gratitud

"La gratitud es mucho más que un cortés 'gracias'. Es el hilo que nos conecta con un vínculo profundo, simultáneamente en lo físico y en lo espiritual, ya que nuestros cuerpos se alimentan y nuestros espíritus se nutren del sentido de pertenencia, que es el más vital de los alimentos. La gratitud crea una sensación de abundancia, el saber que tienes lo que necesitas. En ese clima de suficiencia, nuestra hambre de querer más disminuye y tomamos sólo lo que necesitamos, por respeto a la generosidad del dador".
– Robin Wall Kimmerer

Cuando ampliamos nuestra práctica de gratitud hacia otros contándoles en detalle cómo contribuyeron a nuestra vida y qué Necesidades nuestras tocaron, estamos invitando una calidad de conexión mucho más valiosa y significativa que un "gracias" de pasada. Estamos creando un mundo donde la conexión puede estar basada en la alegría, el mutuo dar y la apreciación.

La práctica de hoy puede ser una práctica de Atención Plena también: cada vez que observas que estás a punto de felicitar o elogiar a alguien, toma una respiración y realiza esta práctica.

Hoy...

Expresa un agradecimiento en persona a alguien que haya contribuido a tu vida.

Incluye en tu agradecimiento:

- **Específicamente lo que la persona dijo o hizo que contribuyó a tu vida**

- **Cómo te sientes en relación a esto**

- **Qué Necesidades fueron apoyadas por sus palabras o acciones**

Por ejemplo, "Me gustaría que sepas cuánto me ha tranquilizado el que nos hayas acompañado durante este proceso legal con tus llamadas diarias, revisando nuestros documentos y ofreciéndonos tus consejos. Contribuye a mi sentido de CONFIANZA, SEGURIDAD Y PAZ MENTAL". Observa como este ejemplo menciona cómo uno se siente ("me ha tranquilizado"), lo que la otra hizo específicamente ("tus llamadas diarias"; "revisando nuestros documentos", "ofreciendo consejos") y las Necesidades que habían sido atendidas ("Confianza", "Seguridad", "Paz mental").

Compartir gratitud
Recordar

"Si decimos gracias y realmente lo sentimos, le estamos diciendo sí a nuestra pertenencia juntos. Le estamos diciendo sí a recibir algo que no podemos darnos a nosotros mismos bajo ninguna circunstancia –un regalo–. Es siempre del otro que recibimos. Cuando cultivamos esa gratitud hacia la vida, no solo cultivamos la confianza en la vida y la apertura a ser sorprendidos, también estamos practicando una y otra vez a decir sí a nuestro infinito pertenecer a este hogar inmenso que es la Tierra. Esto nos enraíza y nos trae de vuelta al hogar; nos da esa gran sensación de estar en casa".

– Hermano David Steindl-Rast

Celebración y Duelo

*"Si aprendemos a ser conscientes de las emociones sin apego ni aversión,
entonces pueden pasar a través de nosotros así como el tiempo cambiante,
y podemos ser libres para sentirlas y avanzar como el viento".*
–Jack Kornfield

Las prácticas de Atención Plena y Comunicación Noviolenta nos ayudan a comprender que cada pensamiento y cada emoción que tenemos es una celebración o un duelo del momento presente. Esta comprensión nos libera de la tendencia a juzgar nuestros pensamientos como negativos, algo que nos "impide" estar presentes. En cambio, podemos ver que los pensamientos no son más que la forma como la mente celebra o hace duelo –son como las lágrimas de gratitud o de arrepentimiento de la mente–.

Podemos saber, por ejemplo, que cuando nos criticamos por una elección que hicimos, esta crítica es simplemente una expresión de duelo. Estamos haciendo duelo por las Necesidades que no fueron cubiertas en el momento de tomar esa decisión. Podemos escuchar la crítica como un tipo de lamento, más que como un ataque. De igual forma, cuando la mente está pensando ansiosamente acerca del futuro, tratando de evitar repetir una experiencia pasada, podemos reconocer que estos pensamientos son una forma de lamento sobre lo que ocurrió en el pasado. O, si la mente está entusiasmada haciendo planes futuros, tratando de recrear una experiencia pasada, podemos ver esto simplemente como una ola de satisfacción que viene hacia nosotros, celebrando las Necesidades que fueron satisfechas por esa experiencia pasada.

Cuando vemos esto claramente, se vuelve más fácil vivir en el momento presente y disfrutar lo que estamos experimentando. Podemos reconocer el sentimiento que está siendo expresado por nuestros pensamientos, sentir el sabor de la celebración o del duelo en nuestros cuerpos, y relajarnos al comprender la Necesidad que está siento celebrada o lamentada.

Hoy...

Siéntate durante quince a veinte minutos, estando presente con el cuerpo y la respiración.

Durante este tiempo, cada vez que tu atención se quede atrapada en pensamientos, nota si el sabor es de celebración o de duelo.

Por ejemplo, el pensamiento: "Estoy tan distraído –debería calmarme y concentrarme en mi respiración–" sigue surgiendo en mi meditación. Mientras lo escucho en mi mente, observo que tiene sabor a duelo.

Respira y siente cualquier sentimiento y sensación corporal que estén presentes con esa celebración o duelo.

Por ejemplo, sentimientos de ansiedad, intranquilidad u opresión en mi pecho acompañan ese duelo.

Escucha esta sinfonía de pensamientos y sentimientos y siente qué Necesidad o Necesidades están siendo celebradas o lamentadas. No lo pienses demasiado – simplemente deja que la Necesidad surja a la superficie–. Mira tu Rueda de Necesidades si lo deseas.

Por ejemplo, mientras sigo escuchando esos pensamientos y sintiendo esos sentimientos, siento que hago duelo por mis Necesidades de conexión, expresión espiritual y tranquilidad.

Respira y descansa en esa comprensión de lo que es importante para ti. Deja que esa tranquilidad natural te lleve de vuelta a simplemente estar presente con el cuerpo y la respiración.

Por ejemplo, estoy respirando y comprendiendo que esos pensamientos y sentimientos me están hablando realmente de lo importante que son para mí la conexión, la expresión espiritual y la tranquilidad. Una sensación dulce y tierna de gratitud surge en mi ser. Mientras descanso en ese sentimiento, empiezo a asentarme en una sensación profunda de quietud y presencia. Ahora, estar presente con el cuerpo y la respiración se hace fácil.

Cierra la meditación tomando un momento para agradecerte a ti mismo y a la vida por este tiempo.

Una vez más durante el día de hoy, en un momento en el que te notes atrapado en tus pensamientos, toma un minuto para simplemente respirar y escuchar la celebración o el duelo que se están expresando adentro. Siente cualquier sentimiento que haya ahí, y siente las Necesidades que están siendo celebradas o lamentadas. Descansa en esa comprensión.

Respira.

Audio – Hay una grabación de esta meditación en la página web Compañero Ongo de ongo.global. También puedes hacer tu propia meditación guiada grabando la práctica en voz alta. Si haces tu propia grabación, recuerda hablar despacio y dejar muchos silencios entre instrucciones para que puedas seguirla con facilidad cuando la escuches posteriormente.

Profundización – Practica ver todas las expresiones (pensamientos, sentimientos, acciones, palabras), en ti y en los demás, como celebraciones y duelos del momento presente. Respira y descansa en esa comprensión de lo que es valioso para ti y para los demás, mientras transcurre tu día. Permite que eso oriente tu forma de relacionarte contigo mismo y con los demás.

Semana 8

Celebración y duelo

"Si podemos hacer duelo con las penas de los demás, de la misma manera, con la misma apertura, podemos encontrar fuerza en sus fortalezas, reforzando nuestras propias reservas individuales de valor, compromiso y resistencia".
— Joanna Macy

312 Preparación - Guía grupal:

- Uno o dos días antes de la Reunión grupal, recuerda a todas las personas el día, hora y lugar de la reunión.

- Lee "Dirigir la Práctica grupal" (página 17) y sigue las pautas indicadas en "Responsabilidades del Guía".

- Coloca un juego de cartas de Necesidades en forma de un mandala atractivo o de espiral en el centro del círculo.

313 Meditación de apertura

Invita a todas las personas a sentarse en el círculo.

Toca la campana para indicar el comienzo de la meditación sentada.

Después de un momento de silencio, lee al grupo las siguientes instrucciones. Lee de forma que ayude al grupo a relajarse con las instrucciones, permitiendo un espacio generoso y respiraciones completas de silencio entre frases:

> En la meditación de hoy, exploraremos el caminar con la misma consciencia con la que hacemos nuestra meditación sentada. Si te resulta físicamente doloroso caminar, puedes meditar sentado. Si estás sentado, puedes seguir la mayor parte de las instrucciones apoyando las manos en los muslos y levantando ligeramente la mano izquierda o la derecha, según las instrucciones, en lugar de los pies.

> Comencemos sintiendo nuestros pies en el suelo y el apoyo de la Tierra bajo nuestros pies.

> Respira y haz rebotar ligeramente las rodillas. Exhala y libera cualquier tensión en las caderas hacia la Tierra, permitiendo que las caderas se alineen por encima de las rodillas, y las rodillas por encima de los tobillos.

> Adelanta ligeramente el coxis y siente la longitud de la columna vertebral hasta la coronilla.

Al inhalar, mete la barbilla ligeramente hacia el pecho, alineando la cabeza con la columna vertebral. Exhala y permite que cualquier tensión en el cuello o los hombros se libere hacia la Tierra.

Respira y permite que los brazos cuelguen a los lados. Permite que los ojos descansen y la mirada se suavice mirando un punto fijo.

Siente cómo el cuerpo se balancea suavemente con la respiración.

Siente la estabilidad de la Tierra bajo los pies. Siente ese apoyo.

Permanece en silencio por un minuto, y luego lee, al ritmo lento y constante de la respiración, las siguientes instrucciones:

Exhala y vierte suavemente tu peso sobre el pie derecho y sobre la Tierra bajo tu pie. Descansa sobre ese pie.

Al inhalar, gira lentamente la mirada hacia a la persona de tu izquierda, permitiendo que el pie izquierdo gire contigo. Exhala y vierte suavemente tu peso sobre el pie izquierdo y la Tierra bajo tu pie. Descansa sobre ese pie.

Al inhalar, levanta ligeramente el pie derecho y da un pequeño paso hacia la persona de la izquierda. Exhala y descarga tu peso sobre el pie derecho y la Tierra bajo tu pie.

Al inhalar, levanta ligeramente el pie izquierdo y da otro pasito hacia la persona de la izquierda. Exhala y descarga tu peso en el pie izquierdo y hacia la Tierra.

Continúa recorriendo el círculo de esta manera, moviéndote con pasos de bebé, al ritmo de la respiración. Inhala y da un paso. Exhala y traslada tu peso al pie delantero. En todo momento, permite que el cuerpo esté relajado, descansando en el ritmo de la respiración y el apoyo de la Tierra bajo tus pies.

Camina en silencio por un par de minutos, luego lee:

Mientras seguimos caminando, nota si hay algo que flota en la mente o en el corazón. Escúchalo, mientras respiras y sientes que tus pies tocan la Tierra.

¿Se siente como una celebración, algo que aprecias o disfrutas? ¿Se siente como un duelo, algo que buscas o anhelas? ¿Quizá un poco de ambas cosas?

Permítete sentir lo que sea. Como sea que se sienta en el cuerpo

Camina en silencio durante otro minuto, luego lee:

Si algo en la mente o en el corazón sigue surgiendo, escucha qué Necesidad o Necesidades se están expresando. No pienses demasiado en ello. Sólo permite que la Necesidad suba a tu consciencia y luego pase de largo, si está ahí.

Camina en silencio por otro par de minutos, luego lee:

> Esta es una oportunidad para ser testigos de nosotros mismos a través de la quietud. Sentir el sabor de nuestra experiencia momento a momento. A veces de celebración, a veces de duelo. A veces ambas cosas, a veces ninguna.

> A veces se expresa una Necesidad a través de los pensamientos y sentimientos; a veces es inexpresable. Tan pronto reconozcamos y disfrutemos de cada uno de estos aspectos de nuestra experiencia, podemos liberarlos y volver a la respiración y a la Tierra.

> Permítete esta oportunidad de estar simplemente presente en lo que sea, en la sinfonía de tu vida.

> Como dijo una vez Tenshin Reb Anderson: "Todo lo que surge es un regalo, así que lo recibimos completamente y decimos: Muchas gracias, no tengo ninguna queja"

Caminen juntos en silencio durante un par de minutos más, luego toca la campana tres veces para terminar la meditación.

Invita a todas las personas a que miren de nuevo hacia el centro del círculo.

Junta las palmas de las manos y ofrece una reverencia de gratitud al círculo.

Introducción a la celebración y al duelo

Lee al grupo:

> La meditación nos ayuda a notar cómo vivimos en un flujo constante de celebrar lo que es agradable en nuestras vidas y de duelo por lo que no funciona. La celebración y el duelo van de la mano. Cuando tocamos una, accedemos a la otra. Suben y bajan. Cuando meditamos, notamos que nos atraviesan como olas. En un momento particular, estamos celebrando el canto de un pájaro, el recuerdo de haber sido amado o de haber recibido un agradecimiento. Al momento siguiente, lamentamos el tic-tac de un reloj, el recuerdo de la pérdida de un ser querido o de alguien que se aleja a causa de nuestros juicios. Empezamos a notar que esto es sólo la vida expresándose. Nos damos cuenta de que esto es lo que intentamos hacer cada vez que hablamos: estamos dando expresión a la celebración y al duelo que fluyen a través de nosotros en cada momento.

Recoge las cartas de Celebración y Duelo del centro del círculo. Sostenlas en la mano y lee las siguientes instrucciones al grupo:

La práctica de reunirse en comunidad para compartir el duelo y la celebración es una de nuestras tradiciones humanas más antiguas. Nos reunimos para acoger, escuchar y apreciar lo que cada uno de nosotros siente, entendiendo que esto tiene un profundo valor en sí mismo. El dolor y la alegría no son problemas que haya que arreglar ni cargas que haya que soportar: son expresiones naturales de estar vivo y de ser humanos. Los Círculos de Celebración y Duelo son recordatorios de lo que somos, afirmaciones de nuestra humanidad. Fortalecen las comunidades y el compromiso con la sabiduría y la compasión.

El Círculo de Celebración y Duelo de hoy será similar a nuestra práctica de la Ronda de Palabra. Nuestros bastones de la palabra para hablar serán la "Celebración" y el "Duelo".

Muestra las cartas de Celebración y Duelo al grupo, luego lee:

Comenzaremos con la tarjeta de Duelo. Cada uno de nosotros está invitado a hablar de cualquier duelo que haya en su corazón. Puede ser algo que sentiste durante la meditación de apertura, algo que esté presente en tu vida ahora mismo. También puede ser algo que aparezca cuando te llegue la carta del Duelo, tal vez conectado con el duelo de la humanidad en el planeta en este instante. Cuando sostenemos la carta del Duelo, nuestro papel no es juzgar lo que quiere ser expresado a través de nosotros, es simplemente darle voz. Tómate tu tiempo y sólo permite que se exprese, como lo necesite, a través de las palabras, las lágrimas y el aliento. Permite que tu presencia con lo que está vivo en tu corazón guíe tu expresión de duelo, en vez de volver a contar viejas historias o recuerdos conocidos.

Al escucharnos unos a otros, considera que la expresión de cada persona es también nuestra voz colectiva hablando. Despierta tu sentido de la curiosidad y de la presencia y respira a través de cualquier impulso de intentar cambiar la expresión natural de duelo de otras personas. Esta es una oportunidad para depositar nuestra confianza en el espacio empático que se ha creado y notar nuestra propia resistencia o miedo ante las expresiones de dolor y desesperación.

Cuando la persona termine de compartir, así como en el Círculo de Empatía, colocaremos en silencio algunas cartas de Necesidades frente a la persona. Aunque queramos ofrecer muchas reflexiones, limitemos el número de cartas que colocamos a unas ocho, para no abrumar a la persona con nuestras palabras.

> La persona que compartió tomará tres respiraciones completas para leer las cartas, luego las volverá a colocar en el centro y pasaremos a la siguiente persona.

Para esta primera ronda, pon de lado la carta de Celebración, y sostén en la mano la carta de Duelo.

Revisa si alguien no tiene clara la práctica y necesita volver a escuchar las instrucciones. Cuando todo el mundo lo tenga claro, invita a todas las personas a respirar juntas y a traer su presencia al círculo.

Pasa la carta de Duelo a quien se sienta movido a empezar.

Una vez la carta de Duelo haya dado la vuelta al círculo, hasta llegar a la persona que compartió primero, toma la carta de Duelo, e invita a todas las personas a respirar juntas.

Coloca la carta de Duelo en el centro del círculo y toma la carta de Celebración. Lee:

> Cada uno de nosotros está invitado ahora a hablar sobre cualquier celebración en nuestro corazón. Tal vez algo que se movió en ti hoy, o que esté presente en tu vida en este momento. Tal vez algo surja cuando la carta de Celebración llegue a ti. De nuevo, no hay necesidad de juzgar lo que aparece para ser expresado; simplemente da voz a lo que esté ahí. Simplemente quédate presente con lo que hay en tu corazón mientras hablas.

Pasa la carta de Celebración a quien tenga ganas de empezar.

Una vez que la tarjeta de Celebración haya dado la vuelta al círculo, hasta llegar a la persona que compartió de primera, toma la carta de Celebración e invita a todas las personas a hacer tres respiraciones juntas.

Vuelve a colocar la carta de Celebración en el centro del círculo.

Cosecha

Invita a hablar a cualquier persona que se sienta movida a compartir con el grupo algo que la conmovió o que descubrió durante la práctica grupal del día de hoy.

Cierra dando las gracias a todas las personas por haber compartido y por su práctica.

Solicita un voluntario que guíe al grupo la próxima semana. Dale a esa persona el juego o juegos de cartas de Necesidades.

Recuérdale al voluntario que lea las páginas sobre "Dirigir la práctica grupal" (página 17) y la Práctica grupal de la Semana 9 antes de la próxima reunión. Todo lo que necesita saber está en esas páginas.

Invita a todas las personas a hacer una respiración colectiva plena.

Invita a las personas a ofrecer una muestra de gratitud sencilla, no verbal, a las demás a través de una reverencia, un abrazo o lo que funcione mejor para cada persona.

Límites compasivos

"Hacemos hincapié en la franqueza. Debes ser fiel a tus sentimientos y a tu mente, expresándote sin reservas. Esto ayuda al oyente a comprender más fácilmente".
– Shunryu Suzuki

Meditación de apertura

Saluda a tu pareja.

Decidan quién controlará el tiempo para la meditación de cinco minutos.

Siéntense juntos en silencio, estando presentes con la respiración, el cuerpo y la Tierra.

Quien lleva el tiempo señala al otro cuando hayan pasado cinco minutos.

Cierren con una reverencia de gratitud por haberse sentado juntos.

Introducción a los límites compasivos

Alternándose, léanse lentamente, en voz alta, el uno al otro lo siguiente:

Poner límites compasivos es una práctica de ser fieles a nuestras Necesidades. A través de la celebración y el duelo, podemos sentir dónde nuestras acciones están alineadas con nuestras Necesidades y dónde no. Por ejemplo, a veces nos lamentamos por haber dicho "sí" cuando realmente queríamos decir "no". Aunque tengamos la costumbre de decir "sí" para contribuir a la armonía, a veces establecer un límite, decir "no" o detener una acción puede ser la elección más compasiva y auténtica.

"No" es una frase completa. Cuando estamos conectados con las Necesidades, descubrimos que decir "no" también es decir "sí" a otras Necesidades que quieren nuestro cuidado y atención. El "no" puede ser una protección de la propia vida, protegiendo Necesidades universales. Aunque el miedo, la culpa, la vergüenza, la obligación y el deber nos condicionen a decir sí cuando en realidad queremos decir no, decir no cuando queremos decir no puede ser una de las prácticas más profundas de amor propio que realicemos. En lugar de seguir sacrificando nuestras Necesidades por las de los demás, nos liberamos para confiar en que, cuando decimos sí a la petición de otro, lo hacemos en plena conexión con nuestras Necesidades.

Decir no también contribuye a los demás. Les da claridad y más información sobre cómo nos gustaría conectar o interactuar de forma diferente. También puede ser una medicina preventiva, ya que evita la creación de más asuntos pendientes. A menudo, nuestros asuntos pendientes están relacionados con un límite que no establecimos ni ofrecimos claramente en función de nuestras Necesidades. No obstante, podemos hacer duelo por lo que no funcionó y celebrar las relaciones honestas que ahora estamos construyendo con nosotros mismos y con los demás.

Siéntate por un par de minutos en silencio, reflexionando sobre una situación en la que hayas dicho sí a alguien cuando lo que querías decir era no. Avisa a tu pareja cuando hayas pensado en una situación.

Una vez ambos hayan pensado en una situación, pasen a la práctica de abajo. Tengan a mano la Rueda de Necesidades para esta práctica.

Límites compasivos

Decidan quién será "A" y quién será "B". La persona "A" seguirá las instrucciones marcadas con la letra "A" y la persona "B" seguirá las instrucciones marcadas con la letra "B".

A: Comparte acerca de una situación en la que hayas dicho sí a alguien cuando lo que querías decir era no. Suelta cualquier filtro y expresa plenamente tus juicios, pensamientos, culpa, vergüenza, etc., sobre la situación, sobre ti mismo o sobre la otra persona o personas implicadas.

B: Escucha. Hazte presente de cualquier manera que te funcione –e.j.: respirando hacia el vientre relajado–. Permite que tu intención se centre en la conexión. Concéntrate en las Necesidades: echa un vistazo a tu Rueda de Necesidades. Simplemente nota cuándo la mente quiere saltar a aconsejar, juzgar, arreglar, consolar, simpatizar, compadecerse o incluso intentar anticiparse a las Necesidades. Simplemente respira y escucha.

B: Cuando A culmine su frase, haz una pausa y luego ofrece un par de suposiciones de Necesidades. Simplemente comparte palabras de Necesidades una a la vez, haciendo una respiración completa entre cada una: entre tres y cinco necesidades. No intentes razonar si son Necesidades para A o para la otra persona en la situación. Simplemente ofrece las palabras de Necesidades que estás percibiendo.

A: Escucha las Necesidades reflejadas. Al sentir estas Necesidades, conéctate contigo mismo y con la otra persona en tu situación. Percibe cómo estas Necesidades pueden sostenerse como iguales. Percibe, posiblemente, cómo algunas de estas Necesidades pueden haber estado vivas en la situación para ti, pero que tus Necesidades de contribuir, de ser útil o de seguridad, anularon la voz de otras Necesidades y dijeron sí cuando tú querías decir no.

A: Comparte las Necesidades que te resonaron, y cualquier otra Necesidad que se haya aclarado a través de este proceso. Comparte lo que esté resonando en ti que puede haber estado vivo para ti y para la otra persona.

B: Refleja nuevamente solo las Necesidades que resonaron para A, una a la vez, con una respiración entre cada una.

A: Pon tus manos sobre tu vientre y quédate con las Necesidades que tu pareja te está reflejando. Quédate con ellas por un momentito más. Tal vez conectes con el duelo de no haber podido expresarlas con claridad en aquella situación.

A: Comparte con tu pareja cómo dirías "no" en el futuro cuando te encuentres en una situación similar o cómo podrías haber dicho "no" en aquella situación. Exprésate usando un vocabulario de Necesidades.

Ahora cambien de rol.

Cosecha de cierre

Tomen unos instantes para respirar en silencio juntos. Nota cualquier duelo en torno a elecciones del pasado y celebraciones de futuras posibilidades. Cosechen compartiendo lo que notan, incluyendo cualquier descubrimiento, aprendizajes o apreciaciones de su tiempo juntos.

Adicionalmente, tómense un tiempo para compartir cualquier agradecimiento que tengan por el tiempo que compartieron como Pareja Ongo. La próxima semana comenzarán con una nueva pareja para su tercer mes de Práctica en Pareja Ongo.

SEMANA 8 PRÁCTICAS INDIVIDUALES

La atención plena del Shenpa

"Podríamos llamar el Shenpa a 'esa sensación pegajosa'. Se trata de una experiencia cotidiana. En el nivel más sutil, sentimos un endurecimiento, una tensión, una sensación de constricción. Luego una sensación de retraimiento, de no querer estar donde estamos. Esa es la característica del enganche. Esa sensación de tensión tiene el poder de engancharnos en la autodenigración, la culpa, la ira, los celos y otras emociones que conducen a palabras y acciones que acaban envenenándonos".
– Pema Chödrön

Es muy difícil responder a los demás con compasión y sabiduría si estamos en un estado de reactividad. En ese estado, es más probable que luchemos contra lo que está ocurriendo, que huyamos de ello o que nos cerremos a ello –lucha, huida o parálisis– . En esos momentos, intentar "ser compasivo" es algo así como intentar rescatar a alguien que se está ahogando mientras nosotros a duras penas nos mantenemos a flote. Hasta ahora, en Ongo hemos hecho hincapié en trabajar con este estado de reactividad, o *shenpa* (traducción de Pema Chödrön de la palabra budista tibetana para "apego"), por nuestra cuenta, en la seguridad de nuestro espacio de práctica.

Sin embargo, también es posible practicar con el *shenpa* en el fragor de una interacción en vivo. Si reconocemos los primeros signos de reactividad en nuestro interior, a medida que surgen, podemos respirar, autoempatizar y elegir cómo queremos responder, todo ello mientras permanecemos en la interacción. Es como subirnos a una balsa desde la que podemos ayudar más fácilmente a los demás a salir del agua. La práctica de hoy nos ayuda a familiarizarnos mejor con las primeras señales de reactividad de nuestro cuerpo y con lo que intenta decirnos en esos momentos.

Hoy...

Siéntate por doce minutos con la respiración, el cuerpo y cualquier celebración o duelo que surja.

Luego, mientras vives tu día, ten tu diario o un pequeño bloc de notas contigo.

Durante este día, al menos tres veces, cada vez que tengas la sensación de estar en un estado reactivo, incluso en el más mínimo nivel:

1. **Inspira ... y exhala ...**

2. **Nota – ¿Cuál es tu primera respuesta a esta sensación de reactividad?** Por ejemplo, ¿es tratar de deshacerte de la sensación? ¿de ignorarla? ¿de culpar a la persona que la estimuló en ti? **Cualquiera que sea tu respuesta, toma un instante para describirla en tu diario.**

3. **Inspira … y exhala … Siente la tierra bajo tus pies.**

4. **Nota – ¿Qué pensamientos, acciones o palabras te estimularon?** Trata de hacerles seguimiento hasta el momento exacto en el que comenzó. **Escríbelo en tu diario.**

5. **Inspira … y exhala …**

6. **Trae consciencia a lo que está sucediendo en el cuerpo.** ¿En qué parte de tu cuerpo notas la sensación de lucha, huida o parálisis? Coloca tu mano allí. ¿Cómo se siente? ¿Cuál es su textura?

7. **Toma un par de respiraciones para estar con esas sensaciones, sin necesitar cambiarlas ni "llegar" a ningún lugar –simplemente sintiéndolas y descansando en el flujo de la respiración–.**

8. **¿Hay alguna Necesidad o Necesidades llamando tu atención?** Escucha el cuerpo. **Escribe cualquier Necesidad presente.**

9. **Ahora, toma dos o tres respiraciones profundas y exhala cualquier tensión a través de tu cuerpo hacia la Tierra.**

10. **Toma otro momento simplemente para sonreír y abrazar con compasión las Necesidades que están presentes.** Permite que la Tierra te dé su apoyo en esto. **Respira.**

En el instante – En un momento en el que sientas que estás reaccionando, toma una respiración profunda. Con la exhalación, relaja conscientemente tu cuerpo. Nota los signos de reactividad en tu cuerpo. ¿Dónde los sientes? ¿Qué sientes ahí? Coloca tu mano allí y respira. Nota si tu impulso es luchar, huir o paralizarte (adormecerte). Respira. Si hay una Necesidad gritando que quiere ser escuchada, reconócela y respira.

Profundización – A medida que profundices en esta práctica, nota especialmente tus versiones "mejoradas" de lucha, huida y congelación. Por ejemplo, intentar "educarte espiritualmente" a ti mismo o a otra persona para sacarla de su experiencia presente (lucha); centrarte en afirmaciones positivas en lugar de estar presente con algo que es doloroso o estimulante (huida); practicar la atención plena a través del intelecto, adormecida ante tus sentimientos desordenados (parálisis).

La atención plena del Shenpa
Recordar

Amigo silencioso que has llegado tan lejos,
siente cómo tu respiración hace más espacio a tu alrededor.
Permite que esta oscuridad sea un campanario
y tú la campana. Y mientras la tocas,

Lo que te golpea se convierte en tu fuerza.
Muévete hacia adelante y hacia atrás con el cambio.
¿Cómo se siente, esta intensidad de dolor?
Si la bebida es amarga, vuélvete hacia el vino.

En esta noche incontenible
sé el misterio en la encrucijada de tus sentidos,
el sentido descubierto allí.

Y si el mundo deja de escucharte
dile a la tierra silenciosa: fluyo.
Y dile al agua que corre: soy.

– Rainer Maria Rilke

Girarnos hacia el Shenpa

"Tienes que elegir. Puedes atravesar el dolor necesario y sanar.
O puedes huir del dolor y de la sanación creando mucha miseria añadida
para todas las personas, incluidos tus descendientes y tú mismo".
— Resmaa Menakem

Hoy…

Continúa prestando atención a los momentos en los que tengas la sensación de estar en un estado reactivo, incluso en el más mínimo nivel.

En uno de esos momentos, toma la decisión consciente de dirigirte de todo corazón hacia tu experiencia del momento presente, en lugar de luchar contra ella, evitarla o adormecerte. Este giro hacia el presente puede adoptar muchas formas diferentes.

Por ejemplo:

Te das cuenta de que estás intentando no pensar en una situación que te preocupa por dentro. Tómate un par de minutos para autoempatizar y conectar realmente con los pensamientos, sentimientos y necesidades que estás experimentando.

Te das cuenta de que sigues queriendo arreglar o cambiar a alguien porque la forma en la que se expresan te produce malestar. Decides dejar de lado tu impulso de darles consejos y, en cambio, te vuelves hacia la persona y empatizas con su expresión, dedicando unos minutos a conectar con lo que está sintiendo y con sus Necesidades.

Te das cuenta de que estás tratando de adormecer sentimientos de miedo y ansiedad. Tomando una respiración profunda, pides a un amigo que esté contigo y te sostenga la mano mientras te permites respirar y sentir plenamente el miedo y la ansiedad.

Te das cuenta de que has pasado la mayor parte de tu caminar hacia la tienda pensando en tus tareas pendientes del día. Decides conscientemente dirigir tu atención hacia tu respiración, la sensación de tus pies en la tierra y los sonidos, olores y sabores del momento presente. Pasas los siguientes minutos caminando con esa intención y concentración.

Si quieres, vuelve a hacerlo hoy más tarde. Elige dirigirte de todo corazón hacia tu experiencia del momento presente.

Girarnos hacia el Shenpa
Recordar

"Los sentimientos y las emociones parecen muy sólidos cuando estamos atrapados en ellos. Y todas las personas estamos acostumbradas a expresarlos o reprimirlos, a huir de ellos o a querer hacer algo con la angustia mental y física que provocan. ¿Puedo estar incondicionalmente contigo en presencia de la pena, el miedo o lo que sea? ¿Puedo ser plenamente comprensivo con el profundo deseo de deshacerme de todo aquello, sin saber qué hacer al respecto, sin depender de una técnica, sólo permitiendo que todo ocurra? Todo está aquí para ser descubierto, visto, sentido y escuchado abiertamente, con suavidad, como la lluvia que salpica, las nubes que pasan y el canto de los pájaros.

Las palabras que pronuncia una persona pueden no ser entendidas por la otra en este instante, pero algo mucho más profundo que las palabras está funcionando cuando la mente no está atrapada en el miedo o en el deseo de nada, ni siquiera en el deseo de ayudar".

– Toni Packer

Pedir ayuda

"No estoy diciendo que tengamos que liberarnos totalmente de todo nuestro aprendizaje interno y violento antes de mirar al mundo más allá de nuestro yo, o antes de observar cómo podemos contribuir al cambio social a un nivel más amplio. Digo que necesitamos hacerlo simultáneamente".
– Dr. Marshall B. Rosenberg

Las dos primeras prácticas de esta semana refuerzan nuestra capacidad para reconocer cuándo nos sentimos detonados en el fragor de una interacción en vivo. A menudo, esta toma de consciencia es suficiente para recordar nuestra práctica, dándonos la base que necesitamos para dirigirnos hacia la interacción y responder de forma más agradable. Sin embargo, hay otras veces en las que la toma de consciencia por sí misma no es suficiente para que encontremos nuestro equilibrio mientras se produce la interacción y respondamos de la manera que nos gustaría. Éstas son las situaciones en las que la gente suele decir que "no tiene tiempo para la autoempatía o la atención plena" –no se dan las condiciones para apoyar su práctica.

Incluso en estos momentos, podemos crear las condiciones que necesitamos, solicitándolas. Actuar para encontrar nuestro equilibrio –para crear un espacio para la práctica que nos permita responder a los demás con compasión y sabiduría– es un regalo para todas las personas. Es un regalo porque estamos impidiendo que se produzca un daño inmediato, ya sea para nosotros mismos o para los demás. También es un regalo porque, cuando volvamos a escuchar a los demás, será desde una energía que tiene más probabilidades de crear el tipo de conexión que todos queremos.

Hoy...

Escribe dos peticiones que podrías utilizar en un diálogo en vivo para pedir ayuda:

- **Una petición de empatía.** *Por ejemplo: "Quiero ser clara y me parece que lo que estoy diciendo no tiene mucho sentido. ¿Estaría bien para ti si solo vomito mis pensamientos en voz alta durante un minuto y si no te tomas nada como personal, y si tratas de ayudarme a encontrar mejores palabras para lo que intento transmitir?".*

- **Una petición de espacio para hacer autoempatía.** *Por ejemplo: "Realmente no confío en que pueda decir algo en este momento que contribuya al tipo de conexión que creo que tú y yo queremos. Me gustaría salir y despejar la cabeza. Lo que estás diciendo es importante para mí: ¿estarías dispuesto a retomar esto en diez minutos?".*

Escribe estas peticiones en algo que puedas llevar contigo y sacar fácilmente como recordatorio en cualquier momento del día (e.j.: en tu billetera o teléfono).

Aquí tienes algunos consejos útiles para hacer este tipo de peticiones:

- **Menciona lo que quieres hacer.** En los ejemplos anteriores, la persona quiere espacio para expresarse ("vomitar mis pensamientos en voz alta") y de ser escuchada con empatía ("no tomar nada como personal... tratar de ayudarme a encontrar mejores palabras para lo que intento transmitir") y espacio para autoempatizar ("salir y despejar la cabeza").

- **Menciona la necesidad detrás de tu acción.** En los ejemplos anteriores, las Necesidades son de claridad ("quiero ser clara") y de conexión ("el tipo de conexión que tú y yo queremos").

- **Ten en cuenta las Necesidades de la otra persona en tu petición.** En los ejemplos anteriores, las peticiones expresan consideración al sugerir que la otra persona no se tome las palabras como algo personal y expresan consideración al proponer que vuelvan a la conversación en diez minutos.

Si tienes la oportunidad, pon a prueba tu petición hoy mismo.

Tip – No esperes a no tener capacidad de responder compasivamente para hacer una de estas peticiones. En ese momento, es probable que tu petición se convierta en una exigencia o una amenaza, simplemente porque no tendrás espacio para escuchar nada que no sea un "sí". De ser posible, sé preventivo y haz tu petición de empatía o de espacio para hacer autoempatía mientras aún tienes la capacidad de responder a la otra persona con algo de compasión o comprensión.

En el instante – En un momento en el que notes que estás detonado y que no puedes responder de forma productiva en una interacción, toma una respiración profunda y relaja conscientemente tu cuerpo mientras exhalas. Luego di: "¿Podemos tomarnos uno o dos minutos de silencio? Noto que ya no estoy contigo y quiero estarlo. Un breve descanso me ayudaría a despejar la cabeza". Utiliza ese minuto de silencio para practicar algo que te ayude a reconectar contigo mismo, con el otro y con la vida –es decir, la atención plena o la autoempatía–. Después de ese minuto de silencio, agradece a la otra persona que haya honrado tu petición y reanuda la interacción.

Profundización – Practica el uso del espacio creado por tus peticiones como tiempo no sólo para encontrar tu equilibrio, sino también para intuir lo que puede estar pasando para la otra persona, y empatizar con ella. Cuando vuelvas a la conversación, permite que las primeras palabras que pronuncies estén orientadas hacia la comprensión de todas las Necesidades. Por ejemplo, puede que te sientas movido a expresar un arrepentimiento por el impacto de algo que has dicho antes, o puede que quieras ofrecer un reflejo empático para ambos (es decir, "supongo que ambos estamos deseando que nos escuchen y nos entiendan en este momento").

Semana 9

El Shenpa

"En tibetano, hay una palabra que señala la causa raíz de la agresión.
La causa raíz de la angustia. Señala una experiencia familiar que es la raíz de todos los
conflictos, de toda la crueldad, la opresión y la codicia. Y la palabra es 'Shenpa'".
– Pema Chödrön

Preparación – Todos los participantes:

❧ Trae tu ejemplar del *Libro Ongo* y tu diario a esta reunión grupal.

Preparación - Guía grupal:

❧ Uno o dos días antes de la reunión grupal, recuerda a todas las personas el día, hora y lugar de la reunión.

❧ Lee "Dirigir la Práctica grupal" (página 17) y sigue las pautas indicadas en "Responsabilidades del Guía".

❧ Coloca un juego de cartas de Necesidades en forma de un mandala atractivo o en una espiral en el centro del círculo. Coloca las cartas de Celebración y Duelo en el centro.

Meditación de apertura

Invita a todas las personas a sentarse en el círculo.

Toca la campana para indicar el comienzo de la meditación sentada.

Después de un momento de silencio, lee al grupo las siguientes instrucciones. Lee de forma que ayude al grupo a relajarse con las instrucciones, permitiendo un espacio generoso y respiraciones completas de silencio entre frases:

Abre los pulmones haciendo un par de respiraciones profundas y exageradas.

Echa los hombros hacia atrás y exhala, liberando cualquier tensión que haya en ellos hacia la Tierra.

Gira la cabeza, estirando el cuello. Exhala y libera cualquier tensión.

Respirando, permite que el cuerpo se acomode suavemente en el asiento. Cómodo pero despierto.

Permite que los ojos se suavicen, que los párpados se cierren parcial o totalmente.

Quédate presente.

Inhalando, exhalando. Sin esfuerzo.

Permanece en silencio por un minuto o dos, luego lee:

Cada vez que la mente empiece a divagar y a huir de la quietud, vuelve a la respiración.

Siéntate durante cinco minutos, luego lee:

Cuando la mente intente salir de la quietud, vuelve a la respiración.

Sin esfuerzo. Sólo inspira y espira.

Siéntate durante cinco minutos más, y luego lee:

Cuando la mente intente apegarse a un pensamiento o un estado de ser en particular, nos apoyamos en la respiración.

A medida que nos familiarizamos con notar el apego apenas aparece, nuestra sabiduría se vuelve más fuerte que el shenpa.

Podemos detener la cadena de reacciones. Dejar de dejarnos llevar por nuestro pensamiento.

Podemos aprender a relajarnos en el lugar donde ese impulso es fuerte, respirar y obtener una perspectiva mayor de lo que está ocurriendo. La perspectiva de la Tierra. La perspectiva de la respiración.

Cuando hacemos una pausa, encontramos nuestra conexión. Nos volvemos libres para elegir nuestra respuesta.

Volviendo nuestra presencia hacia la quietud, surge un espacio muy abierto.

Sin esfuerzo. Sólo inhalando, exhalando, antes de responder.

Siéntense en silencio por cinco minutos más, luego toca la campana tres veces para terminar la meditación.

Junta las palmas de las manos y ofrece una reverencia de gratitud al círculo.

Introducción al Shenpa

Lee al grupo (o invita a otros a que se turnen para leer uno o varios párrafos al grupo):

Explorar el shenpa nos lleva a observar las formas en las que respondemos en el mundo. El shenpa nos lleva a nuestras reacciones de lucha, huida o parálisis. Podemos pensar en el shenpa como algo que ocurre en el cuerpo. Algo ocurre o alguien dice algo y eso estimula una respuesta en nuestro cuerpo. La forma en la que se siente para cada uno de nosotros puede ser diferente, pero generalmente es una especie de tensión o contracción, un impulso de lucha, huida o cierre. El shenpa es ese momento en el que toda nuestra atención va en una dirección, hacia una reacción.

Así que tomamos una respiración para alargar la pausa entre un estímulo y nuestra respuesta.

Entonces, nos preguntamos: "¿Cuál es mi intención aquí? ¿Mi intención es salirme con la mía? ¿Mi intención es hacer que el otro se arrepienta? ¿Mi intención es tomar represalias?".

Si nuestra intención es cualquier cosa que no sea querer establecer una conexión, es probable que todavía estemos en shenpa. Por ejemplo, cuando estamos apegados a cómo creemos que deberían ser las cosas, o a cómo creemos que debería ser la otra persona, o a cualquier otro tipo de resultado que hayamos determinado que es lo correcto.

Incluso cuando pensamos que estamos practicando la atención plena o la autoempatía, si lo hacemos con apego a un resultado concreto –como, por ejemplo, para deshacernos de nuestra ira o para persuadir pacíficamente a otra persona para que esté de acuerdo con nosotros–, entonces lo que estamos haciendo es practicar la "shenpatía". Podemos pensar que estamos actuando con sabiduría y compasión, pero sigue oliendo a shenpa. Se podría decir que la mayor parte de la práctica consiste simplemente en entrenar nuestro sentido del olfato. Si podemos olerlo, podemos evitar intervenir en la situación.

314 Entrando y saliendo del Shenpa

Invita a todas las personas a sacar su diario. A continuación, lee las siguientes instrucciones:

Tómate un minuto para reflexionar sobre una situación en la que no hayas respondido de la forma que te hubiera gustado, una interacción en la que entraste en shenpa.

Haz una pausa de un minuto para que todas las personas reflexionen (incluyéndote a ti) y luego lee:

Ahora, en tu diario, escribe las palabras que dijo la otra persona o las acciones que hizo y que te resultaron tan estimulantes o dolorosas de experimentar. ¿Qué dijo o hizo?

Haz una pausa de un minuto para que todas las personas escriban, y luego reparte fichas o trozos de papel.

Ahora, toma la esencia de lo que esta persona dijo o hizo y escríbelo en un papel aparte que puedas dar a otra persona para que lo lea.

Después de que todos hayan tenido la oportunidad de escribir su mensaje detonante, pide a todas las personas que entreguen sus mensajes a la persona de su izquierda. Luego lee:

> Cuando entramos en shenpa, dependiendo de qué lo haya estimulado, tendemos a adoptar una posición de *poder-bajo* o *poder-sobre**. Nos culpamos a nosotros mismos o culpamos a los demás. Reconocer esto es una forma de empezar a notar cuándo estamos en shenpa.
>
> > **El "poder-bajo" y el "poder-sobre" son dos tipos de respuestas protectoras internas que se han instalado en nuestros cerebros traumáticas. El poder-bajo es una elección de pensar y actuar de forma desempoderada en relación a otros seres o eventos. El poder-sobre es una elección de pensar y actuar de forma dominante en relación a otros seres o eventos.*
>
> Empezando por mí, vamos a recorrer el círculo y expresar nuestras respuestas de poder-bajo o poder-sobre lo que se nos ha dicho.
>
> La persona de mi izquierda me leerá mi mensaje detonante. Yo responderé desde el lugar de shenpa, culpándome a mí mismo o culpándolos a ellos. Por ejemplo, si el mensaje que escribí era: "¡Estoy tan cansada de tus excusas!", la persona de mi izquierda me dirá eso con energía. Yo responderé autoinculpándome, diciendo algo como: "Lo sé, te fallo siempre", o bien culpándolos a ellos, diciendo algo como: "¿Qué excusas? Si hubieras sido clara desde el principio, esto nunca habría ocurrido".
>
> Continuaremos así alrededor del círculo, escuchando el mensaje detonante de la persona de nuestra izquierda y respondiendo a cada mensaje desde un lugar de poder-bajo o poder-sobre, hasta que volvamos a mí.

Revisa si alguna persona no tiene clara la práctica y necesita volver a escuchar las instrucciones. Revisa si alguna persona no tiene clara la práctica y necesita volver a escuchar las instrucciones.

Comienza la práctica invitando a la persona de tu izquierda a leerte en voz alta tu mensaje detonante.

Después de que tú hayas respondido, invita a esa persona a girar hacia la persona de su izquierda y a continuar la práctica como se ha descrito.

Una vez que todas las personas hayan tenido su turno, invítalas a devolverle los papeles a su propietario original, es decir, la persona de su derecha.

Una vez que todas las personas hayan recibido su papel con su propio mensaje estimulante, invita a todas las personas a dárselo a la persona de su derecha y a que abran la Rueda de Necesidades de la página 279 del Ápendice A.

Vamos a recorrer de nuevo el círculo, turnándonos para responder a estos mensajes por segunda vez. Esta vez, vamos a utilizar las prácticas que hemos estado cultivando en Ongo. La persona de tu derecha te leerá en voz alta tu mensaje estimulante. Cuando escuches las palabras, simplemente respira y permítete sentir el shenpa en tu cuerpo, ese momento de tensión o contracción.

Una vez que lo sientas, haz otra respiración y ofrécete empatía, conectando con las Necesidades que surgen en ti al escuchar el mensaje.

Una vez que hayas conectado con tus Necesidades, toma otra respiración y revisa que tu intención sea realmente la de conectar.

Por último, ofrece una simple suposición empática de lo que crees que podrían haber sido los sentimientos y las Necesidades en el corazón de la persona que te dijo esas palabras. Observaremos nuestra Rueda de Necesidades no como una forma de pensar en exceso, sino como un apoyo para encontrar palabras en una situación difícil.

Así, por ejemplo, la persona de mi derecha dirá mi mensaje "¡Estoy tan cansada de tus excusas!". Cuando yo escuche esas palabras, respiraré en silencio y sentiré que me aprietan por dentro. Luego tomaré otra respiración y haré autoempatía. Poniendo mi mano en el corazón, notaré que me siento triste, y poniendo mi mano en el vientre, notaré la necesidad de comprensión. Ahora respiraré para revisar que estoy dispuesto a conectar con la otra persona. Por último, haré mi suposición empática sobre lo que le ocurre a la otra persona: "Cuando dices eso, ¿te sientes frustrado y necesitas algo de reciprocidad y apoyo?".

Así pues, respiramos con lo que sentimos, respiramos y autoempatizamos, respiramos y revisamos nuestra intención, y luego empatizamos con la otra persona. Todos estos pasos son muy importantes, porque no queremos responder desde el miedo, la ira o el bloqueo. Respiramos para poder llegar al lugar de la voluntad genuina de conectar y, a partir de ahí, hacer nuestra mejor suposición sobre lo que le ocurre a la otra persona. Permitimos que desaparezca cualquier urgencia por responder. Respiramos como si no fuéramos a responder en absoluto. Sólo respiramos. Entonces, nos permitimos recorrer el espacio en el que podemos sentir curiosidad por lo que le ocurre a la otra persona. Dando el regalo para que ambas personas salgan de la shenpa.

Revisa si alguna persona no tiene clara la práctica y necesita volver a escuchar las instrucciones. Cuando todas lo tengan claro, invítalas a respirar juntas y a traer su presencia al círculo.

Comienza la práctica invitando a la persona de tu derecha a que te lea tu mensaje.

Después de que haya respondido, invítale a que se gire hacia la persona de su derecha y continúe la práctica como se ha descrito.

Una vez que todas las personas hayan tenido su turno, invita al grupo a hacer una respiración colectiva y a sentarse juntos en silencio durante tres minutos. Luego, toca la campana para señalar el final de esta práctica.

Cosecha

Invita a hablar a cualquier persona que se sienta movida a compartir con el grupo algo que la conmovió, que aprendió o que descubrió durante la práctica grupal del día de hoy.

Cierra dando las gracias a todas las personas por haber compartido y por su práctica.

315 Estableciendo la práctica en pareja de Ongo

Invita a todas las personas a sentarse junto a sus parejas Ongo. Luego, lee al grupo:

Hoy seleccionaremos nuevas parejas Ongo para el tercer mes de Ongo. Sugerimos que los familiares o compañeros de vida dentro del grupo se emparejen este mes para profundizar en esas conexiones. Si no tienes ningún familiar o compañero de vida en este círculo, tómate un minuto en silencio para respirar y sentir con quién estás llamado a continuar tu práctica individual, alguien con quien no hayas sido pareja aún.

Después de un minuto de silencio, lee:

Ahora, dirígete hacia esa persona. Con esto como inicio, vamos a acordar quiénes serán las parejas de este tercer mes. Dedicaremos cinco minutos a esta decisión.

Controla el tiempo. Permite que el grupo sepa cuándo queda sólo un minuto para la decisión.

Después de que todas las personas tengan una pareja, lee:

Después de esta reunión, tómate un momento para conectar con tu pareja y programar su primera reunión juntos. Además, recuerda, si tú o tu compañero no están asistiendo regularmente a su Práctica en pareja, por favor, acércate al grupo y pregunta si otra persona estaría dispuesta a ser tu apoyo durante el mes.

Solicita un voluntario que guíe al grupo la próxima semana. Dale a esa persona el juego o juegos de cartas de Necesidades.

Recuérdale al voluntario que lea las páginas sobre "Dirigir la práctica grupal" (pág. 17) y la Práctica grupal de la Semana 10 antes de la próxima reunión. Todo lo que necesita saber está en esas páginas.

Invita a todas las personas a hacer una respiración colectiva plena. Invita a las personas a ofrecer una muestra de gratitud sencilla, no verbal, a las demás a través de una reverencia, un abrazo o lo que funcione mejor para cada persona.

Empatía

"Para mí, la empatía es aquello que desbloquea la acción,
no aquello que me hace sentir mejor".
– Dominic Barter

Si tu pareja es un familiar, amigo cercano o compañero de vida, tómense un momento al inicio de la práctica para reconocer la voluntad y valentía de ambos para ser aliados vulnerables en este camino de aprendizaje. Recuerda que no están aquí para enseñarse el uno al otro, ni para darse retroalimentación más allá de las instrucciones de la práctica. En cambio permítanse el uno al otro ir a su ritmo con este aprendizaje. Si algo se detona de forma que ya no puedan estar presente el uno con el otro así como lo hicieron con sus parejas anteriores, hagan una pausa en la práctica. Pueden regresar a la práctica en otro momento o invitar a una de sus parejas anteriores a acompañarlos en la práctica para prestarles apoyo. Vayan poco a poco.

Meditación de apertura

Toma un par de minutos para encontrarte con tu nueva pareja, tal vez compartiendo con ella algo que aún no sabe sobre ti.

Luego, decidan quién controlará el tiempo para una meditación en silencio de cinco minutos.

Siéntense juntos en silencio, estando presentes con la respiración, el cuerpo y la Tierra.

Quien mide el tiempo señala al otro cuando hayan pasado cinco minutos. Cierren con una reverencia de agradecimiento por haberse sentado juntos.

Compartir y escuchar con empatía

Revisa si alguno de los dos quiere hacer un repaso de la Práctica de empatía en pareja. Si es así, pueden turnarse para leer en voz alta la parte de "Compartir y escuchar con empatía" de la Práctica en pareja de la Semana 2, en la página 52.

Luego, decidan quién compartirá primero y quién escuchará primero. Tengan a la mano la Rueda de Necesidadesen la página 279 del Ápendice A.

1. **Quien comparte, hablará de algo que está pasando en su vida y que tiene presente en el corazón y en la mente.** Esto puede ser algo pequeño o grande, doloroso o alegre. La única petición es que sea algo que esté vivo y que sea significativo para quien comparte.

2. **Quien escucha, lo hará con curiosidad, presencia, intención de conectar y con el enfoque en las Necesidades; todo esto en silencio.** Si la mente quiere aconsejar, juzgar, consolar, ofrecer simpatía o conmiseración, solo respira y vuelve a la curiosidad, la presencia atenta, la intención de conectar y de concentrarte en las Necesidades.

3. **Cuando la persona que comparte llega a un momento de respiro, a una pausa, quien escucha mira la Rueda de Necesidades y ofrece una confirmación a través de una suposición simple y empática sobre los sentimientos y Necesidades que están siendo expresadas.** *Por ejemplo: "¿Te estás sintiendo triste porque necesitas aceptación?" o "¿Estoy escuchando una necesidad de confianza?" o "¿Estás necesitando ser visto?" o "Me estoy conectando con necesidades de respeto y consideración; ¿cómo te suena esto a ti?" o simplemente las Necesidades, como "¿Amor?" o "¿Compasión?".* Ofrece sólo una frase –una Necesidad– a la vez. Deja que sea recibida y toma una respiración.

4. **Respiren juntos.**

5. **Quien habla sigue compartiendo todo lo que está todavía vivo y presente en su corazón acerca de la situación. Cuando haya una pausa, quien escucha ofrece una confirmación con suposiciones simples y empáticas sobre los sentimientos y Necesidades que están siendo expresados.**

6. **Continúen hasta que quien comparte se sienta satisfecho, con frecuencia esto lo indica una relajación en la energía.** Es importante que en este proceso quien escucha siga los pasos de quien habla sin tratar de analizar su historia, ni de hacer suposiciones "correctas". Nuestras suposiciones son simplemente el reflejo de nuestra presencia con quien comparte y no un ejercicio ansioso de reflejar cada palabra que escuchas.

7. **Luego, cambien de rol.**

Cosecha de cierre

Después de que ambas personas hayan tenido la oportunidad de compartir y escuchar, hagan una cosecha compartiendo cualquier aprendizaje sobre ustedes mismos y cualquier agradecimiento por haber sido escuchados de esta manera.

Apoyo de pareja

Decid cómo les gustaría apoyarse mutuamente este mes en la realización de sus Prácticas individuales diarias. Esto puede ser diferente para cada pareja, según lo que apoye más a cada uno. *Por ejemplo, una persona puede querer enviar un mensaje de texto diario al haber terminado su Práctica individual. Otra puede querer agendar una llamada corta semanal para compartir sus experiencias al realizar las Prácticas individuales de esa semana.*

Adicionalmente, hablen sobre si hay un interés mutuo o disposición para tener llamadas de empatía por fuera de su práctica regular de pareja. *Por ejemplo, pueden agendar una segunda llamada, solo para empatía, o acordar estar mutuamente disponibles o "de guardia" para hacer empatía.*

SEMANA 9 PRÁCTICAS INDIVIDUALES

Caminar con atención plena

"Cuando caminas y tocas el suelo con atención, cada paso puede darte solidez, alegría y libertad. Liberación de tu arrepentimiento por el pasado y liberación de tu miedo por el futuro".
– Thich Nhat Hanh

La atención plena del cuerpo y la respiración es una práctica que va mucho más allá de sentarse. En última instancia, queremos extender la atención plena a todas las actividades de nuestra vida, ya sea cuando nos movemos, hablamos, escribimos en el teclado o lavamos platos. Puede convertirse en una de las formas más fáciles y fiables de conectar con muchas de las cualidades que buscamos encarnar en nuestra vida. Cualidades como la facilidad, la presencia, el espacio, la estabilidad y la conexión.

Hoy...

Elige un lugar en el que te sientas cómodo para caminar de forma muy lenta y consciente. Puede ser cualquier lugar: la sala o el patio de tu casa (está bien si caminas en círculos o de un lado a otro), en un parque o por tu vecindario.

Tómate de diez a quince minutos para caminar con atención. Puedes hacerlo en cualquier momento: de camino al trabajo, moviéndote por la oficina o por la casa, mientras haces compras. Al igual que con la meditación sentada, puede ser útil programar una alarma suave o pedirle a alguien que te avise cuando haya terminado el tiempo, para que no tengas que pensar en el tiempo mientras caminas.

La práctica básica: llevar la atención al movimiento del cuerpo, la elevación del pie y el contacto del pie con la tierra. Respira con cada paso.

A medida que surjan sentimientos y pensamientos, dales espacio y luego vuelve a centrar tu atención en el cuerpo, la respiración y el contacto entre tu pie y la Tierra. No es necesario que evites ni bloquees ningún pensamiento o sentimiento por tratar de mantener un estado "zen" artificialmente tranquilo. De hecho, si lo hacemos, sólo conseguiremos agitarnos más. Por el contrario, dale espacio a los pensamientos y sentimientos. Luego, con cada exhalación, vuelve a llevar tu presencia a la respiración y a la Tierra.

La meditación caminando no es un medio para alcanzar un fin; su propósito es simplemente la meditación caminando. Por lo tanto, no necesitamos apresurarnos ni frustrarnos; simplemente estamos apreciando lo que es estar vivo, lo cuál puede incluir los pensamientos estresantes que a veces tenemos.

Mientras sigues caminando, deja que tu consciencia se expanda para incluir las maravillas del mundo que te rodea: el juego de luces y colores, la sinfonía de sonidos, la danza del movimiento y el festín de olores.

¡Respira!

Al final, tómate un momento para agradecerte a ti mismo por haberte tomado este tiempo para bajar la velocidad y disfrutar de la vida y agradecer a la vida misma por sus tesoros, tan gratuitamente entregados.

Si quieres, vuelve a hacer otro caminar consciente hoy mismo.

Audio – Hay una grabación de audio guiada de esta meditación en la página web Compañero Ongo en ongo.global. También puedes hacer tu propia meditación guiada en audio grabándote a ti mismo leyendo la práctica en voz alta. Si la haces tú mismo, recuerda hablar despacio y dejar muchos silencios entre las instrucciones para que puedas seguirla fácilmente cuando la escuches después.

En el instante – En este momento, sea lo que sea que estés haciendo, lleva tu consciencia al lugar de tu cuerpo que está tocando y siendo apoyado por la Tierra. Para cualquier movimiento que hagas, siente ese movimiento a través de tu piel y de tus huesos. En todo momento, sé consciente de la respiración. A medida que continúes, permite que tu consciencia se expanda e incluya el resto del mundo que te rodea, estando presente en el sonido, la luz, el tacto y el olor.

Profundización – Habita tu cuerpo siempre que sea posible. Deja que el pensamiento desbocado y los sentimientos abrumadores te recuerden que debes sintonizar con la sensación del cuerpo y sus movimientos en la Tierra. Siente la respiración y su relación con el movimiento. Para llevar esta práctica aún más lejos, practica yoga o Taiji (Taichí) y deja que esas prácticas orienten tu atención plena del cuerpo y de la respiración cuando te muevas o estés quieto.

Caminar con atención plena
Recordar

*"Cuando caminábamos con mi maestro bajo la lluvia, este nos decía:
'No caminen tan rápido, la lluvia está en todas partes".*
— Shunryu Suzuki

Practicar por todos los seres

"Yo diría que mi impulso vital era inicialmente ser libre, pero luego me di cuenta de que mi libertad no era independiente de la de los demás. Entonces estoy llegando a ese círculo en el que trabajo en mí mismo como un regalo para las otras personas, para no crear más sufrimiento. Ayudo a la gente mientras trabajo en mí mismo y trabajo en mí mismo para ayudar a la gente".
— Ram Dass

Uno de los conocimientos que nos aporta nuestra práctica es que tenemos más en común con el resto del mundo de lo que creemos. Nuestras luchas no son únicas, aunque nuestras creencias primarias nos lo digan. Nuestra felicidad está entrelazada con la de los demás. Si perdemos esto de vista y nuestra práctica se centra en el crecimiento personal y en la obsesión por la sanación personal, corremos el riesgo de reafirmar aquello de lo cual deseamos librarnos: nuestra sensación de estar separados de la totalidad de la vida. Para que se cumplan las promesas de las prácticas como el zen, la bondad amorosa y la Comunicación Noviolenta, nuestra práctica debe ser, en última instancia, para el beneficio de todos los seres, no sólo para nuestro beneficio. Nuestras Necesidades no están separadas de las Necesidades de los demás. Marshall Rosenberg declaró una vez en frente de un grupo de estudiantes que su Necesidad de comida "nunca había estado plenamente satisfecha". Cuando un estudiante confundido le preguntó por qué, este le respondió: "Porque, durante toda mi vida, siempre ha habido gente que se muere de hambre".

Hoy…

Piensa, ¿a quién quieres que llegue tu corazón cada día con tu práctica? ¿A amigos? ¿A familiares? ¿A compañeros de trabajo? ¿A tus vecinos? ¿A aquellos con quien te cuesta abrir tu corazón? ¿A Personas que aparecen en las noticias? ¿A los políticos? ¿A individuos o grupos de otros países? ¿A las víctimas de la violencia o de una catástrofe? ¿A aquellos que provocan la violencia? ¿A los de cuatro patas? ¿A los que tienen alas? ¿A las piedras? ¿A los árboles? ¿Qué rostros te recuerdan que hay otros que sufren en este mundo? ¿Qué rostros te recuerdan la importancia de esta práctica que estás realizando?

Reúne imágenes y/o crea representaciones de estos seres y colócalas en tu espacio de práctica para que te recuerden cada día para quién más practicas.

Siente cómo su presencia te conmueve: obsérvalo en tu cuerpo. Deja espacio para que esos sentimientos se expresen en ti. Respira con ellos.

Haz una ofrenda a estos seres de algo nutritivo. *Por ejemplo, coloca delante de ellos unas flores, un vaso de agua o un pequeño plato con sus alimentos favoritos.*

Termina ofreciendo una oración, una bendición o una intención del corazón a estos seres. Permite que esa sensación de conexión en el cuerpo se irradie hacia sus imágenes, y más allá.

Practicar por todos los seres
Recordar

Cada segundo, lo que sentimos
por nuestra gente y nuestro planeta
casi nos pone de rodillas,
Una compasión que casi nos destruye
con su abundancia.
No hay amor por o en este mundo
que no se sienta a la vez luminoso e insoportable,
imposible de cargar.
– Amanda Gorman

El reflejo empático

"Cuando una persona se da cuenta de que ha sido profundamente escuchada, sus ojos se humedecen. Creo que, en cierto sentido, llora de alegría. Es como si dijera: 'Gracias a Dios, alguien me ha escuchado. Alguien sabe lo que es ser yo'".
– Carl Rogers

A lo largo de Ongo, hemos estado cultivando constantemente nuestra capacidad de escuchar las Necesidades vitales que se expresan a través de los demás, independientemente de sus palabras o acciones. Las Necesidades que suponemos que alguien está expresando son sólo suposiciones, a menos que esa persona confirme nuestra comprensión. Para que eso ocurra, debemos compartir nuestras suposiciones con ellos.

Compartir nuestras suposiciones es más que una forma de confirmar si estamos entendiendo a alguien o no. Estamos aportando un espejo compasivo a su experiencia. Cuando reflejamos verbalmente nuestras conjeturas a los demás, les ofrecemos la oportunidad de reconocerse en nuestras palabras, de tener la sensación de ser vistos y conocidos. También les invita a aclarar lo que más les gustaría haber escuchado y comprendido.

El propósito del reflejo empático no es hacer suposiciones "correctas" sino tener la voluntad de estar con la verdad del otro. Se trata de expresar esa voluntad a través de nuestras suposiciones aportando la confianza de que estamos realmente con ellos en su exploración, sin juzgarlos ni desconectarnos. Requiere que seamos rigurosamente honestos con nosotros mismos sobre nuestros motivos para ofrecer un reflejo empático: no lo hacemos para intentar cambiar a la otra persona, ni para salirnos con la nuestra, ni para educarla sobre sus Necesidades. Nos unimos al otro en la profunda vulnerabilidad de su corazón, ofreciéndole fuerza con nuestra presencia, y confianza de que todas sus expresiones son bienvenidas.

Hoy...

Siéntate durante unos minutos simplemente estando con el cuerpo y la respiración.

A continuación, presta atención a los pensamientos y sentimientos que están presentes. Mira la Rueda de Necesidades y fíjate qué Necesidades están siendo celebradas o lamentadas. Respira y permítete sentir esa celebración o ese duelo.

Luego, a lo largo del día, sigue notando la celebración y el duelo en las expresiones de los demás.

En uno o más de estos momentos de percepción, comparte tus suposiciones empáticas con esa persona. No pienses demasiado en ello, solo concéntrate en los sentimientos y Necesidades y deja que las palabras salgan de lo que notas, como si estuvieras verbalizando lo que sientes a "nivel del vientre" (como en nuestra práctica de autoempatía, cuando nos tocamos el vientre).

Un participante de Ongo compartió este ejemplo de su vida:

"Esta mañana, saliendo para el trabajo, mi compañero me contó que un par de personas le dieron las gracias por algo que él había escrito. Nuestro diálogo:

> *Yo: ¿Ese reconocimiento te ayuda a sentir que has contribuido?*

> *Él: ¡Sí! ¡Y que estamos juntos en esto!*

> *Yo: ¿Reciprocidad? ¿Comunidad?*

> *Él: ¡Sí! ¡Sí!*

> *Yo: ¿Y te encanta sentirte parte de este esfuerzo y que estás contribuyendo?*

> *Él: ¡Reciprocidad! ¡Eso me gusta! ¡Guau! Sí. ¡Contribución! Sí".*

Si tu suposición conecta, es probable que veas un ablandamiento visible en la persona con la que estás empatizando; por ejemplo, un suspiro, una exhalación, una sonrisa, un brillo en los ojos, un asentimiento o una relajación de los hombros. A menudo se abrirán y compartirán más sobre lo que está pasando. Si la suposición no conecta, entonces la otra persona dirá o hará algo que te ofrezca más pistas sobre sus sentimientos y Necesidades.

Disfruta de la conexión, independientemente de cómo se desarrolle y deja que la conversación fluya de forma natural a partir de allí, tal vez haciendo más suposiciones empáticas o tal vez eligiendo otras formas de conectar. Recuerda que no se trata de "dar en el clavo con tus palabras", ni de limitarte a escuchar o reflejar empáticamente sin hablar desde el corazón. Se trata simplemente de establecer una conexión.

Cada vez que notes que te sientes nervioso o tenso, respira, reconoce las sensaciones y los pensamientos, y vuelve a centrar tu atención en la conexión.

Cuando llegue el momento de que uno o los dos sigan adelante, agradece a la otra persona la conexión de la forma que mejor te parezca.

Tip – Al ofrecer suposiciones empáticas, es más importante enfocarse en las Necesidades que en los sentimientos. A menudo, cuando enfocamos nuestras suposiciones empáticas en los sentimientos, puede parecer que estamos "psicoanalizando" al otro. Además, recuerda que la empatía no significa estar de acuerdo. No es necesario que estés de acuerdo con la perspectiva de la otra persona para conectar con su expresión de humanidad.

En el instante – Si no ves a nadie en persona el día de hoy, intenta empatizar por medio de un correo electrónico o de una publicación en redes sociales. *Por ejemplo, Jesse escribió esto una vez en respuesta al comentario de alguien en Facebook: "Escucho en tus palabras un anhelo de profunda consideración por aquellos que están siendo dejados atrás por el sistema político actual. Lo oigo como compasión y duelo por lo que estás presenciando. ¿Te dicen algo estas palabras?".*

Profundización – Practica hacer del reflejo empático tu primera respuesta hacia los demás, sobre todo en momentos en los que percibes mucha carga en su expresión. Si alguien expresa su dolor por algo que has dicho o hecho, siempre que te sea posible, elige responder con empatía primero, en lugar de defender tus acciones o las intenciones que hay detrás de ellas.

Semana 10

Decir la verdad

"El acto más revolucionario que uno puede hacer es... decir la verdad".
– Howard Zinn

Preparación – Todas las personas:

❧ Trae tu ejemplar del *Libro Ongo* y tu diario a esta Reunión grupal.

317 Preparación - Guía grupal:

❧ Un día o dos antes de la reunión grupal, recuerda a todas las personas el día, hora y lugar de la reunión.

❧ Lee "Dirigir la Práctica grupal" (página 17) y sigue las pautas indicadas en "Responsabilidades del Guía".

❧ Coloca un juego de cartas de Necesidades forma de un mandala atractivo o en una espiral en el centro del círculo.

Meditación de apertura

Invita a todas las personas a sentarse en el círculo.

Toca la campana para indicar el comienzo de la meditación sentada.

Después de un momento de silencio, lee al grupo las siguientes instrucciones. Lee de forma que el grupo se relaje con las instrucciones, permitiendo espacio y silencio entre los pasajes:

Acomódate. Haz un par de respiraciones profundas. Tomando aire profundamente al inspirar. Relajando profundamente al espirar.

Deja que el vientre se relaje un poco más con cada respiración.

Permite que los hombros se suelten un poco más. Permite que la coronilla y la columna vertebral se extiendan un poco más hacia arriba.

Permite que tu cuerpo se asiente. Permite que tu ser aterrice.

Descansa en el suave flujo de la respiración. Descansa en el apoyo de la Tierra.

Siéntate durante cinco minutos, luego lee:

Dale espacio a lo que haya aquí para ser, sin intentar cambiarlo ni alejarte de ello, aunque al principio te resulte incómodo. Dale espacio para que sea y se exprese en tu cuerpo.

Permite que la respiración sea tu compañera. Permite que la Tierra te sostenga. Mantente despierto ante todo ello.

Siéntate durante cinco minutos, luego lee:

Sentarnos de esta forma es una ceremonia. Una ceremonia para honrar nuestra suficiencia.

No estamos sentados aquí para llegar a otro sitio. Esta sesión no es un medio para alcanzar un fin. Estamos aquí para honrar nuestra totalidad, nuestra plenitud.

Sentarse es un acto radical. Al sentarnos, al dejar reposar nuestros corazones, mentes y almas en la respiración, en esta conexión con la Tierra y con toda la vida, estamos honrando que toda esta vida es suficiente.

Incluso nuestros pensamientos de no ser suficiente, o de querer más, o de buscar un tipo de experiencia diferente. No intentamos alejarnos de esas cosas. Las honramos. Las incluimos cuando nos sentamos.

Esto es suficiente. Sólo esto.

Siéntate en silencio durante cinco minutos y luego toca la campana tres veces para terminar la meditación.

Junta las palmas de las manos y ofrece una reverencia de gratitud al círculo.

Introducción a Decir la verdad

Lee al grupo (o invita a otros a que se turnen para leer uno o varios párrafos al grupo):

Decir la verdad es la continuación, la integración, de todo lo que hemos estado practicando. Cuando decimos nuestra verdad, abarcamos todo lo que somos. Vivir esta práctica en nuestras vidas, sacar a relucir esta sabiduría y compasión en compañía de los demás, nos pide que seamos completamente nosotros mismos, que saquemos a relucir nuestra verdad en palabras y acciones.

El maestro zen Suzuki Roshi describió esta práctica como quemar la vela por los dos extremos. En el contexto de decir la verdad, eso significa que practicamos con los dos extremos de nuestra zona de confort como oradores. Si nuestra tendencia es la de retener nuestra voz, entonces practicamos expresarnos más a menudo. Empezamos a hacerlo en lugares en los que nos sentimos un poco seguros, donde sentimos un poco de confianza y no en lugares donde nos sentimos completamente inseguros, donde no tenemos ninguna confianza. Si tendemos a hablar mucho y en todo tipo de circunstancias, entonces practicamos volver a nuestra respiración más a menudo, aportando más empatía silenciosa y escuchando las situaciones en lugar de nuestra voz. Así que trabajamos la práctica en ambos extremos del espectro. No hay nada bueno ni malo en todo esto. Es una invitación a explorar lo que hay para ti en el límite de tu práctica y dónde hay lugares en tu vida donde que puedes empezar a fundir ese límite.

A veces, lo que más tememos al decir nuestra verdad no son tanto las palabras en sí mismas, sino lo que ocurrirá una vez que hayamos hablado. Aquí es donde entran en juego todas las prácticas con las que hemos estado trabajando: nuestras prácticas de empatía hacia nosotros mismos y hacia los demás, nuestras prácticas de meditación y atención plena. Vemos que tenemos las herramientas que necesitamos para poder llevar la compasión a los momentos en los que las cosas dolorosas salen a la luz, ya sea dentro de nosotros mismos o con otra persona. Decir nuestra verdad puede abrir cosas que pueden ser un poco dolorosas, pero cuando aparecen podemos aportar nuestra empatía, podemos aportar nuestra presencia. De ese modo, algo empieza a cambiar, algo empieza a transformarse.

Decir la verdad no es lo mismo que decir lo que pensamos *de* otra persona ni lo que pensamos *de* algo. No se trata de vomitar nuestros pensamientos al mundo. Requiere tanto una escucha profunda de nosotros mismos como la voluntad de abrir nuestra voz y compartirla con los demás. Estamos escuchando la energía vital, la energía divina, la gracia que quiere moverse a través de nuestras voces hacia el mundo.

Esta práctica no es todo o nada. Más bien, todo es práctica. Podemos elegir con qué aristas queremos trabajar.

317 Practicando decir la verdad

Invita a todas las personas a sacar su diario y a tener accesibles las páginas de la "Rueda de Necesidades" (pág. 279) y "Sentimientos" (pág. 280) del Ápendice A. A continuación, lee lo siguiente:

Tómate un momento para pensar en una relación que tengas con otra persona: puede ser un compañero de trabajo, un amigo o familiar. Piensa en una relación en la que hay algo que no te atreves a decir, en la que te da miedo abrir la boca y, sin embargo, hay algo dentro de ti que todavía quiere ser dicho.

Tal vez, hasta ahora, no has estado dispuesta a decirlo porque te parece demasiado vulnerable, o no estás segura de poder decirlo y que te entiendan o te escuchen de la manera que te gustaría.

Piensa en una situación de este tipo en tu vida y escribe lo que quieres decir. Ahora mismo nos tomaremos cuatro minutos para reflexionar y escribir nuestra expresión.

Toca suavemente la campana después de cuatro minutos y luego lee:

A continuación, observa la Rueda de las Necesidades. ¿Qué Necesidad o Necesidades se expresan dentro de lo que quieres decir a esa otra persona? ¿Cuáles son las Necesidades que intentas comunicar a través de tus palabras? No lo pienses demasiado, sólo observa la Rueda de Necesidades, comprueba qué palabras surgen y luego escribe esas palabras junto a tu declaración.

Toca suavemente la campana después de dos minutos y luego lee:

Ahora mira si hay alguna forma de reescribir tu declaración original, lo que te gustaría decirle a esta persona, que quizás comunique más claramente las Necesidades que están allí. No tienes por qué hacerlo, pero observa lo que se te ocurrió al principio y fíjate en las Necesidades que intentas comunicar. Comprueba si hay alguna forma de destilar lo que has escrito en una declaración concisa de una o dos frases que exprese mejor tu verdad, incluidas las Necesidades que intentas comunicar. A continuación, tómate un momento y reescribe esta declaración. Comprueba si puedes reducirla a sólo una frase que te gustaría decir.

Toca suavemente la campana después de dos minutos y luego lee:

Ahora, mientras observas esta nueva afirmación que quieres expresar, imagina tu peor miedo, lo que la otra persona podría responderte. ¿Cuál es la respuesta más terrorífica que crees que oirías de vuelta, aunque sepas que en realidad no la dirían? ¿Qué es lo que podrías oír de esa otra persona que estimula tu miedo a hablar? Escríbelo. Escribe lo que temes que puedan decir como respuesta o reacción a tus palabras.

Toca suavemente la campana después de dos minutos y luego lee:

El último paso antes de abrirnos a la práctica completa es escribir una suposición empática para esta persona. Observa lo que escribiste para su respuesta terrorífica y echa un vistazo a la Rueda de Necesidades. ¿A qué Necesidad o Necesidades puede estarse refiriendo la otra persona?

Una vez que conectes con la Necesidad o Necesidades a las que puede estarse refiriendo, escribe una suposición sencilla y empática. Por ejemplo "¿Necesitas comprensión?".

Si quieres, tú también puedes poner un sentimiento. Por ejemplo: "¿Te sientes enfadado porque quieres conectar?".

No lo compliques. Sólo haz una suposición sencilla sobre las Necesidades y, si quieres, sobre los sentimientos que pueda tener esa persona. Utiliza las Necesidades de la Rueda de Necesidades y los sentimientos de la lista de sentimientos.

Reparte trozos de papel.

En este papel, escribe la respuesta terrorífica a la que temes. Escríbela de forma clara, para que la puedan leer los demás.

Después de que todas las personas hayan escrito sus respuestas terroríficas, lee lo siguiente:

Recorreremos el círculo por turnos. Como si estuviéramos iniciando un diálogo o una conversación con esa otra persona, realizaremos un breve juego de roles. Cuando sea tu turno, dale a la persona de tu derecha la respuesta terrorífica que has escrito. Comenzarás el diálogo diciendo la afirmación que te da nervios expresarle a esta otra persona. Simplemente expresa tu verdad. La persona de tu derecha va a responder leyéndote la respuesta terrorífica que hay en el papel que le acabas de dar.

Cuando oigas la respuesta terrorífica, respira y ofréceles tu suposición empática. Hasta aquí llegaremos con el diálogo para esta práctica.

He aquí un ejemplo de cómo funciona esto. Utilizaré un ejemplo real de otro grupo Ongo, donde una persona estaba practicando cómo hablar con su madre anciana. La llamaré "Persona A". En la primera parte de esta práctica, la Persona A reescribió lo que quería decir para destacar las Necesidades de seguridad, protección y bienestar. Así pues, la Persona A comienza el diálogo diciendo esta afirmación reescrita para la Persona B, que está sentada a su derecha: "Cuando oigo que no recuerdas a dónde va el dinero que sale de tu cuenta, siento preocupación por tu seguridad, protección y bienestar". A continuación, la Persona B le dice a la Persona A la respuesta terrorífica que aparece en el papel de la Persona A: "Soy totalmente capaz de cuidar de mí misma. No tienes qué preocuparte". La Persona A responde entonces con una suposición empática: "¿Te sientes incómoda y necesitas conexión, comprensión y elección?".

Después, continuamos alrededor del círculo, con la persona B practicando su diálogo con la persona de su derecha.

Así que sólo vamos a hacer esos tres pasos. Dirás tu frase a la persona de tu derecha, ésta responderá con tu respuesta terrorífica y, a continuación, ofrecerás una suposición empática de lo que podría estar viviendo en ella.

Revisa si alguien no tiene clara la práctica y necesita volver a escuchar las instrucciones. Una vez que todo el mundo lo tenga claro, invita a todas las personas a respirar juntas y a traer su presencia al círculo.

Comienza la práctica dando tu respuesta terrorífica a la persona de tu derecha. Recorre el círculo hasta que todas las personas hayan tenido su turno.

Invita al grupo a hacer una respiración colectiva y a sentarse juntos en tres minutos de silencio.

Cierra la práctica haciendo sonar la campana.

Cosecha

Lee:

Hay muchas cosas que surgen para cada uno de nosotros cuando nos conectamos con estos mensajes y lo que representan: todos nuestros miedos y vulnerabilidad. Tomemos un momento para celebrarnos a cada uno de nosotros, celebrar a todas las personas de este círculo y celebrar nuestra voluntad de practicar con estas relaciones.

Permitamos que esta práctica se lleve a cabo. ¿Qué has aprendido tú? ¿Qué aprecias de ti mismo o de esta práctica? ¿Qué duelo estás haciendo?

Invita a quien se sienta movido a compartir con el grupo.

318 Cierre

Solicita un voluntario que guíe al grupo la próxima semana. Dale a esa persona lo(s) juego(s) de cartas de Necesidades.

Recuérdale a ese voluntario que lea las páginas sobre "Cómo dirigir la Práctica grupal" (pág. 17) y la Práctica grupal de la Semana 11 antes de la próxima reunión. Todo lo que necesita saber estará en esas páginas.

Invita a todas las personas a hacer una respiración colectiva completa. Invita a todas las personas a intercambiar sencillas muestras de gratitud no verbal como por ejemplo una reverencia, un abrazo o lo que mejor funcione para cada persona.

Hablar desde el corazón

"La comunicación verdadera surge de una poderosa voluntad de no protegerse ni de tener la razón. Surge del anhelo de la verdad, por muy dolorosa que a veces sea. Surge de la percepción directa... Para la pequeña mente, la comunicación te da lo que quieres. Para el gran corazón, la comunicación es la capacidad de comulgar con el ser mismo".
– Stephen y Ondrea Levine

Meditación de apertura

Saluda a tu pareja.

Decidan quién va a hacer una meditación de cinco minutos y quién va a leer el texto después de la meditación.

Siéntense juntos en silencio, descansando la atención en la respiración, permitiendo que el cuerpo y la mente se asienten.

La persona que lleva el tiempo señala a la otra cuando han pasado cinco minutos.

Cierra con una reverencia de agradecimiento a tu pareja por sentarse contigo.

Introducción a hablar con el corazón

La otra persona lee lo siguiente en voz alta:

Sólo la respiración o las sensaciones de nuestro cuerpo pueden ayudar a traer nuestra atención al momento presente y lo mismo puede hacer nuestra forma de hablar. Cuando hablamos de nuestra experiencia en el momento presente, nuestras palabras se convierten en un instrumento de atención plena, llevando la consciencia a lo que está aquí. En lugar de revivir los resentimientos del pasado o fantasear sobre el futuro, el habla consciente nos invita a despertar al ahora. Aunque puede adoptar muchas formas diferentes, siempre empieza y termina con la escucha: a nosotros mismos y a los demás. Dado que las Necesidades de todas las personas son interdependientes y todas expresan algún aspecto de la verdad, lo escuchamos todo y hablamos cuando nos toca hablar.

Esto es diferente de nuestro discurso habitual, en el que tendemos a prejuzgar lo que debemos o no debemos decir basándonos en nuestras creencias centrales sobre nosotros mismos y los demás. Con el habla consciente, decimos lo que quiere ser dicho a través de nosotros en el momento. Escuchamos lo que está vivo en nuestro corazón y en el de los demás. Conectamos con la respiración, con las sensaciones del cuerpo, con las Necesidades presentes y con cualquier petición que surja. A partir de ahí, decimos lo que, como parte integrante del conjunto de la vida, sentimos que es nuestra responsabilidad decir. Incluso después de empezar a hablar, esta escucha continúa hasta que sentimos que no hay nada más que quiera decirse. Entonces, la práctica comienza de nuevo.

Ésta es la receta secreta para hablar desde el corazón: otorgar tres partes a la escucha (un corazón y dos oídos) y solo una parte para hablar (una boca).

Hablar con el corazón

Turnándose, léanse mutua y lentamente las siguientes instrucciones en voz alta:

Hoy tendremos una conversación basada en hablar desde el corazón. Nos turnaremos para compartir y dirigir la conversación mientras el otro escucha y responde, construyendo la conexión empática.

Uno de nosotros comenzará compartiendo algo que esté vivo y presente en nuestro corazón y en nuestra mente. Puede ser algo que haya ocurrido recientemente, una situación que queramos revisar. Podría ser algo en el futuro que nuestra mente está anticipando. Esencialmente, esto es como cuando llamamos a un amigo para conectar y compartir historias de nuestra vida. Compartiremos con naturalidad y haremos una pausa cuando queramos.

La otra persona comenzará escuchando y conectando con las Necesidades que percibe en lo que comparte la primera persona. Al mismo tiempo, también conectará con las Necesidades internas que puedan ser estimuladas por lo que está escuchando. Cuando somos nosotros los que escuchamos, simplemente estamos permitiendo que nuestra presencia incluya tanto a la persona que comparte como a nosotros mismos. Quizá surja en nosotros una historia similar, o una conexión con algo más.

Cuando la persona que comparte hace una pausa para reflexionar, el oyente puede elegir cómo quiere responder, ya sea con una suposición empática de lo que está escuchando en el intercambio de la primera persona, o compartiendo lo que cobra vida en su propio corazón como resultado de la escucha. Al escuchar, si sentimos que puede contribuir a la conexión, ofrecemos un reflejo empático de lo que estamos escuchando. Si elegimos compartir lo que cobra vida en nuestro propio corazón, estamos eligiendo desde un lugar de conexión con las Necesidades y no desde la costumbre. En otras palabras, no estamos compartiendo como un intento de analizar, arreglar o cambiar lo que acabamos de oír. Estamos sintiendo lo que ocurre en nuestro cuerpo y conectando con las Necesidades que quieren expresarse. Podemos notar si nos surge alguna petición.

Durante el ejercicio, no nos preocuparemos de si es el momento "adecuado" para escuchar o para compartir. No nos preocuparemos de decir lo "correcto". Nuestra práctica consiste en respirar y estar presentes con lo que surja.

Cuando quien antes escuchaba ahora decide compartir, los papeles se invierten y la persona que ha compartido ahora escucha. Continuaremos en esta danza de ida y vuelta, permitiendo que la conversación empática se desarrolle durante al menos 15 minutos. Compartiremos lo que queremos que se escuche y escucharemos lo que se diga, en algunos momentos ofreciendo un reflejo empático y en otros expresando nuestra propia verdad. Se trata de mantener una conversación natural, pero con la intención consciente de conectar.

Revisa con el otro si ambos entendieron las instrucciones sobre escuchar y responder. Si es necesario, uno de los dos puede volver a leer las instrucciones en voz alta.

Una vez que ambos hayan entendido, decidan quién quiere empezar a compartir y continúen a partir de allí como se describe en las instrucciones.

Cosecha de cierre

Cosecha compartiendo cualquier idea, aprendizaje o descubrimiento y cualquier agradecimiento de su tiempo juntos.

Dediquen un momento para compartir con el otro un agradecimiento por la conversación y por las contribuciones de cada uno.

Tómate unos minutos para cerrar juntos con una meditación sentada en silencio ofreciéndote una gratitud silenciosa a ti mismo por todo lo que aprecias de tus contribuciones a la conversación y por hablar desde el corazón.

SEMANA 10 PRÁCTICAS INDIVIDUALES

Tener el valor de hablar

"A menudo hablo con gente que dice: 'No... debemos tener esperanza e
inspirarnos los unos a los otros. No podemos decir demasiadas cosas negativas
a la gente'... Pero yo pienso que no... que debemos decir las cosas como son.
Porque si no hay cosas positivas que contar, entonces qué vamos a hacer ¿difundir
falsas esperanzas? No podemos hacer eso, tenemos que decir la verdad".
– Greta Thunberg

Tu voz es importante. Desde el momento en que naciste, tu canción única, primero en sonido y luego en palabras, comunicaba verdades sobre el mundo. Eran verdades importantes, sobre Necesidades valiosas para ti y los que te rodeaban, Necesidades como el amor, la seguridad y la pertenencia.

A veces nuestras voces, y las Necesidades que expresan, son marginadas por nuestras familias, organizaciones o sociedades porque las verdades que decimos pueden ser incómodas de escuchar para los demás. Nuestras verdades pueden hacer aflorar un dolor o una pena largamente enterrada que la gente tiene miedo de observar o sentir. Pueden creer que éstas destruirán sus vidas. Nosotros mismos podemos tener miedo de hablar, por temor a que las consecuencias destruyan *nuestras vidas*.

Sin embargo, en la noviolencia, encontramos el valor de hablar, formando alianzas. Cuando hablamos, lo hacemos no sólo para beneficiarnos a nosotros mismos, sino también para contribuir a los demás. Hablamos no sólo de nuestras propias Necesidades, sino también del propósito superior compartido que nos unifica, en lugar de dividirnos. En lugar de encogernos para evitar la destrucción individual, crecemos para inspirar la creación colectiva. La práctica de hoy ofrece una plantilla para encontrar el valor de hablar, recordando junto a quién caminas, qué defienden y cómo van a lograrlo... juntos.

(La plantilla para realizar esta práctica está al final de la práctica).

Hoy...

Utiliza la plantilla que está en la página 227, o dibuja la tuya propia en tu diario, para realizar la práctica a continuación.

Toma una respiración profunda. Acomódate y trae tu presencia al cuerpo, la respiración y la Tierra.

Reflexiona, ¿hay una situación actual en tu vida en la que desearías que tú u otra persona hablara? Escribe la situación en la plantilla, en el rectángulo de la parte inferior izquierda, señalando en particular *lo que ocurrió* que quieres abordar. Puede ser en cualquier contexto: el hogar, el trabajo, la escuela, la comunidad en general, etc.

Ahora, tómate un momento simplemente para respirar y considera, ¿a quién podría beneficiarle que hablaras? *Por ejemplo, ¿enseñaría a tus hijos la importancia de defender sus propias Necesidades? ¿Apoyaría a alguien con menos posición social que tú? ¿Daría voz a los que no la tienen (por ejemplo, a los árboles, a los animales, a las personas que no están en la sala donde se producen las conversaciones)? ¿Beneficiaría a tu organización o comunidad?*

Trae a esa persona o grupo a tu mente. Respira y siente tu conexión con ellos. Siente lo que significan para ti. Luego, en la plantilla, dibuja una imagen de esa persona/grupo o escribe su(s) nombre(s) en el corazón.

A continuación, observa la "Rueda de Necesidades". En esta situación, ¿qué Necesidades quieres que se satisfagan? Anótalas en la plantilla, en la parte izquierda del círculo izquierdo (dejando en blanco el espacio donde se cruzan los dos círculos). En otras palabras ¿qué valores importantes quieres que se expresen en esta situación?

Trae a tu mente aquella persona o grupo que quieres que escuche estas Necesidades. Observa la "Rueda de Necesidades" y piensa qué Necesidades podrían estar intentando satisfacer. Escríbelas en la parte derecha del círculo derecho (dejando en blanco el espacio donde se cruzan los dos círculos). En otras palabras, ¿qué es importante para ellos? ¿Qué intentan expresar a través de sus palabras y acciones (aunque no te guste *cómo* las estén expresando)?

Toma una respiración profunda. Observando todas las Necesidades que has anotado, ¿cuál sientes que es el propósito superior que los une a todos? Escríbelo en el espacio donde se cruzan los dos círculos. Podría tratarse de una Necesidad que ya has anotado y que es importante tanto para ti como para el otro o los otros. O podría ser una Necesidad que aún no se ha mencionado. También podría ser algo más elaborado que una palabra de Necesidad: podría ser el deseo compartido de un resultado concreto.

Tómate un momento ahora para reflexionar sobre la situación (en el rectángulo) a la luz de este propósito superior. Respira y siente dónde tu cuerpo entra en contacto con la Tierra y se apoya en ella.

¿Qué petición factible puedes hacer que imagines que movería a todas las personas hacia ese propósito superior? Anótalo en la flecha.

Observa tu plantilla completa: con quién estás, qué representas y cómo te propones llegar a ello, juntos. Siente lo que está presente en tu cuerpo mientras lo asimilas.

Más adelante, si decides hablar y compartir esta verdad en una situación en vivo, esta es una forma en la que puedes utilizar esta plantilla para guiarte:

1. Respira y observa la situación que tienes delante de ti (rectángulo).

2. Respira y conecta en tu corazón con aquellos a los que quieres contribuir (corazón).

3. Menciona en voz alta cómo ves que la situación actual (rectángulo) no sirve al propósito superior que une a todas las personas presentes (intersección de círculos).

4. Haz la petición que sientas que moverá a todas las personas hacia el propósito superior compartido (flecha).

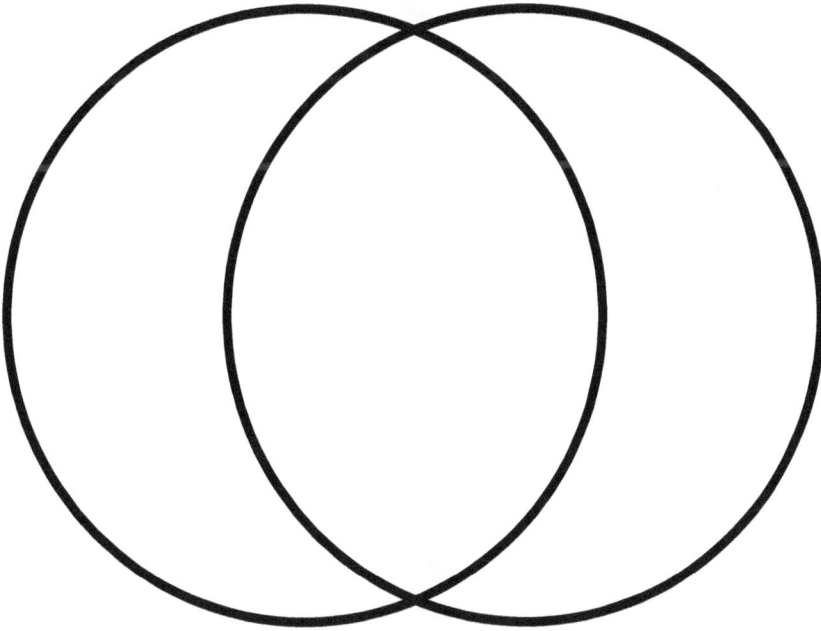

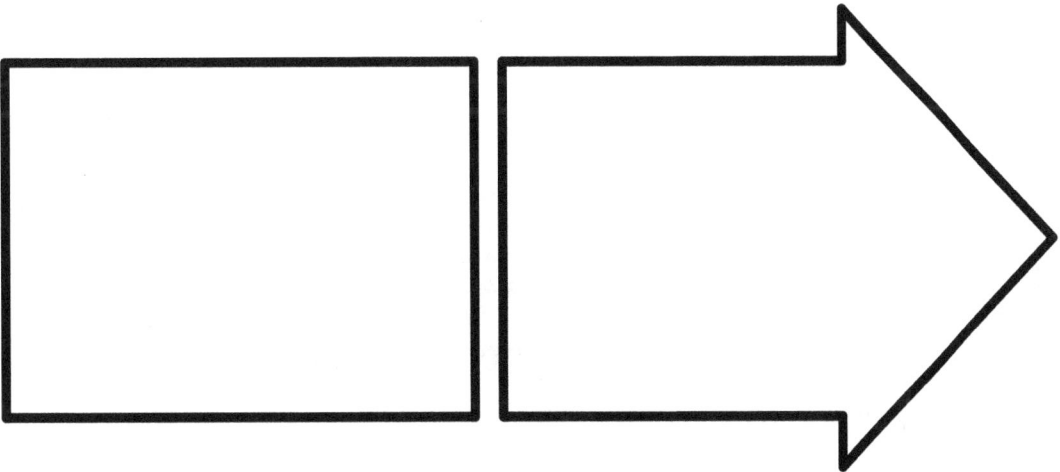

A quién contribuyo yo al hablar:
A todos los que han trabajado
tan duro para asegurar el éxito
de este proyecto y a todos
los que se verán
afectados si el
proyecto se
desmorona.

Mis
necesidades:

Consideración,
Espacio,
Significado,
Reciprocidad,
Confianza,
Conexión

Propósito superior
que todos compartimos:

Todos queremos que
este proyecto tenga
éxito y todos
necesitamos
Confianza

Necesidades
del director:

Contribución,
Ser visto,
Pertenecer,
Importar,
Seguridad,
Confianza

Situación:
En las reuniones, uno de los
directores habla durante tanto
tiempo y con tanta frecuencia que
no llegamos a cubrir algunos
puntos urgentes de la agenda,
ni queda tiempo para que otras
personas con preocupaciones
urgentes lleguen a hablar.

Petición:
Que todos, incluido el director,
solo hablen cuando tengan un
asunto que requiera la atención
inmediata de todas las personas
presentes. Para los otros temas,
que se hagan reuniones pequeñas
citando exclusivamente a las
personas que requieran ser parte
de esas discusiones.

La valentía de hablar
Recordar

"El enfoque noviolento no cambia inmediatamente el corazón del opresor. Primero hace algo en los corazones y las almas de quienes están comprometidos con la noviolencia. Les da un nuevo respeto por sí mismos, convoca recursos de fuerza y valentía que no sabían que tenían".
— Dr. Martin Luther King Jr.

Peticiones de conexión

*"La verdad emerge cuando mi verdad es ofrecida,
pero no se coloca por encima de la verdad de los demás".*
– Tenshin Reb Anderson

Pocos de nosotros hemos sido educados en cómo compartir nuestra verdad ni en cómo escuchar profundamente a los demás. Puede que nos hayan enseñado que no es seguro ni socialmente aceptable decir nuestra verdad y que es entrometido sentir curiosidad por la de los demás. La Comunicación Noviolenta ofrece una perspectiva diferente: que la verdad, ya sea expresada a través de nosotros mismos o de los demás, es un regalo para todas las personas porque nos permite reconocer nuestra humanidad común. Nos inspira a darnos unos a otros, no por miedo al castigo ni por esperanza de recompensa, sino por alegría y compasión.

Las peticiones de conexión son peticiones que invitan a los demás a compartir su verdad y a escuchar profundamente la nuestra. Pueden ayudar a crear una conexión en los diálogos en los que nuestro propio intercambio y nuestra escucha empática no son suficientes para establecer un sentimiento de comprensión mutua. En esos momentos, podemos pedir:

❧ Un reflejo, cuando queremos asegurarnos de que nos están entendiendo. *Por ejemplo: "¿Estarías dispuesto a decirme lo que me estás oyendo decir? Me gustaría saber si mis palabras tienen sentido".*

❧ Una respuesta, cuando queremos conectar con la verdad de la otra persona. *Por ejemplo: "¿Estarías dispuesto a decirme cómo te sientes al escuchar lo que he dicho? Tu verdad es importante para mí".*

Como con cualquier petición, ayuda mencionar las Necesidades a las que sirve la petición para que el oyente pueda conectar con la intención que hay detrás *(es decir, en los ejemplos anteriores, "me encantaría saber si mis palabras tienen sentido" y "tu verdad es importante para mí").*

Hoy...

Escribe dos peticiones de conexión que te sentirías cómodo expresando en un diálogo en vivo y directo. Escribe una en la quieres recibir un reflejo y otra en la que quieres

recibir una respuesta. Escríbelas en algo que puedas llevar contigo y sacar fácilmente como recordatorio en cualquier momento del día (por ejemplo, en tu billetera o teléfono). Recuerda incluir en tu expresión las Necesidades que hay detrás de cada petición. Consulta el texto con viñetas de arriba para ver ejemplos.

Más adelante, si te encuentras en una interacción en la que quieres confiar que te están entendiendo y sientes que podría beneficiar la conexión, comparte tu petición de recibir un reflejo.

Si estás en una interacción en la que te gustaría conectar con la verdad de la otra persona, comparte tu petición de recibir una respuesta.

Recuerda:

- **Una petición es una invitación, no una exigencia: hacer una petición significa que estás dispuesto a escuchar un "No".**

- **Continúa estando presente en las Necesidades que percibes en ti y en los demás, y ofrece un reflejo empático cuando sientas que puede ser beneficioso.**

- **¡Respira!**

Peticiones que conectan
Recordar

*"Mi experiencia diaria, al igual que la de quienes trabajan conmigo,
es que todo problema puede solucionarse si estamos decididos
a que la ley de la vida sea la ley de la verdad y de la noviolencia.
Porque la verdad y la noviolencia son, para mí,
dos caras de una misma moneda".*

– Mohandas Gandhi

El habla recta

"Alzo mi voz, no para gritar,
sino para que los que no tienen voz sean escuchados".
— Malala Yousafzai

En el budismo, "el habla recta" se define como algo que tiene cinco características: es oportuna, es verdadera, se expresa para generar conexión, es beneficiosa y se expresa por compasión. El habla recta surge de nuestra comprensión y práctica espiritual y apoya su desarrollo posterior. Por ejemplo, nuestra práctica de reflejo empático, que surge de nuestro aprendizaje de Ongo y lo apoya, también puede ser una práctica de habla recta.

Hablar de forma recta va más allá de lo que decimos en un momento dado. Implica todas las prácticas de Ongo, desde la primera semana hasta ahora. La práctica de hoy lo ilustra, ofreciendo una forma de practicar el habla recta que utiliza todo lo que has practicado hasta ahora.

Hoy...

Establece una intención de hablar cuando sea de utilidad. A tu manera, pídele a la vida que te ayude a hacerlo. Se parece a nuestra práctica del "Buzón de la vida". Estamos tomando la decisión de salir del ámbito de nuestra mente que juzga y colocando nuestro habla en manos de la vida.

Por ejemplo, establece una intención como: "Vida, ayúdame hoy a salir de mi propio camino y a servirte. Que las palabras que diga y las acciones que realice sean beneficiosas para todas las personas. Te pido humildemente tus instrucciones al respecto".

A lo largo del día, manténte presente ante las Necesidades que percibas, tanto si surgen en ti como si surgen en la expresión de los demás. Se parece a la práctica de "Ver el Regalo" de la Semana 6. Respira y siente cualquier sensación que surja en el cuerpo al conectar con estas Necesidades.

Si sientes que sería beneficioso expresarle una de estas Necesidades a los demás, tómate un momento para considerar qué petición podrías hacer a tus interlocutores para servir a esta Necesidad.

For ejemplo, estando en un tren, al notar que surge una Necesidad de bienestar al ver que una anciana a tu lado se esfuerza por mantenerse de pie, podrías hacer la petición de que una de las personas más jóvenes que están sentadas ofrezca su asiento a la anciana.

Revisa si tu petición es:

- **Tangible y específica.** *Por ejemplo, "¿Estarías dispuesto a ser amable con esta mujer?" no es tangible ni específica, pero "¿Estarías dispuesto a ofrecer tu asiento a esta mujer?" sí lo es.*

- **Un "hacer" en lugar de un "no hacer".** Si tu petición es no hacer algo, entonces no es algo que alguien pueda hacer. *Por ejemplo, "¿Estarías dispuesto a no ocupar todos los asientos?" no aclara lo que puede hacer esa persona, pero "¿Estarías dispuesto a ofrecer tu asiento a esta mujer?" sí lo aclara.*

- **Una invitación, no una exigencia.** ¿Tienes la voluntad dentro de ti de ser curioso y estar abierto a otras posibilidades si la respuesta que recibes a tu petición es un "no"?

Una vez sepas qué petición te gustaría hacer, considera si sería beneficioso hacerla en ese momento. Si es así, haz tu petición y comparte la Necesidad que hay detrás de ella.

Por ejemplo, podrías decir a la persona más joven: "¿Estarías dispuesto a ofrecer tu asiento a esta señora? Me encantaría contribuir a su bienestar".

Continúa estando presente con las Necesidades que percibes, aunque los demás no estén dispuestos a satisfacer tus peticiones. Permítete sentir curiosidad por las Necesidades de quienes dicen "no", y ofrece un reflejo empático si sientes que puede ser beneficiosa.

Por ejemplo, al oír un "no" a tu petición de la persona más joven, y al notar su postura retraída, percibes en ellos Necesidades de amor, empatía, importancia y respeto. Comparte tu suposición empatica con ellos: "Me parece que estás teniendo un día difícil. Supongo que a ti también te gustaría un poco de amor y respeto".

Recuerda que nada de esto consiste en "hacerlo bien" ni en "salirte con la tuya".
Hablamos al servicio de las Necesidades a las que estamos conectados porque queremos contribuir a toda la vida. Hacemos peticiones porque eso da oportunidades a los demás para que también contribuyan. Ofrecemos un reflejo empático porque queremos establecer una conexión. Si nuestras palabras o acciones específicas no parecen contribuir o crear conexión, entonces podemos dirigir nuestra curiosidad hacia lo que sí lo hará, estando presentes, escuchando y ofreciendo benevolencia silenciosa. Si estamos demasiado estimulados para hacerlo, entonces podemos practicar la autoempatía y la atención del *shenpa*.

Semana II

Diálogos del corazón

*"La cultura dominante ha intentado mantenernos a todas las personas con miedo,
hacer que elijamos la seguridad en lugar del riesgo,
la uniformidad en lugar de la diversidad.
Atravesar ese miedo, descubrir lo que nos conecta,
deleitarnos con nuestras diferencias; éste es el proceso que nos acerca,
que nos da un mundo de valores compartidos, de comunidad con significado".*
— bell hooks

Preparación – Todos los participantes:

❧ Trae tu ejemplar del *Libro Ongo* y tu diario a esta Reunión grupal.

Preparación - Guía grupal:

❧ Uno o dos días antes de la Reunión grupal, recuerda a todas las personas el día, hora y lugar de la reunión.

❧ Lee "Dirigir la Práctica grupal" (pág. 17) y sigue las pautas indicadas en "Responsabilidades de la Guía".

❧ Coloca un juego de cartas de Necesidades en un atractivo mandala o en una espiral en el centro del círculo.

Meditación de apertura

Invita a todas las personas a sentarse en el círculo.

Toca la campana para señalar el comienzo de la meditación sentada.

Después de un momento de silencio, lee al grupo las siguientes instrucciones. Lee de forma que el grupo se relaje con las instrucciones, permitiendo espacio y silencio entre frases:

Haz una respiración para situarte y conectar con tu cuerpo.

Mueve tu cuerpo ligeramente hacia la derecha y hacia la izquierda, hacia adelante y hacia atrás, permitiéndote encontrar tu centro.

Encuentra el lugar en el que tu columna vertebral se alínea y sostiene de forma natural, sin tener que esforzarte para sostenerte, ni sentir que te caes.

En este momento, nota si hay algún músculo que esté trabajando y que no necesite estar haciéndolo.

Nota que el suelo te sostiene.

Toma una respiración profunda. Al exhalar, permite que tu mente y tu cuerpo se instalen en este lugar, en este momento, aquí y ahora.

Siente la presencia de los demás en este círculo que están sentados contigo en este momento.

Permite que tu mente se sitúe en la posibilidad de que este momento sea suficiente.

Permite que tu respiración y la Tierra te enseñen lo que se siente.

Permite cinco minutos completos de silencio y luego lee:

Permítete traer a la mente algunas interacciones –interacciones con otras personas de tu día o semana–. Si te ayuda, puedes empezar por el principio de tu día y repasar lo que hiciste y con quién interactuaste.

Cuando revises, no te obsesiones con los detalles. Se trata más bien de revisar tu día desde el corazón y el espacio de la atención plena.

Al repasar, permítete notar qué momentos estás celebrando.

Permítete notar qué momentos sientes como un duelo, nota cualquier momento en el que te sientas atascado o sin resolver. No es el momento de arreglar ni de resolver esos momentos, sino de abrir tu corazón a ellos.

Siente cómo te tocan. Si te distraes o te dejas llevar por tus historias sobre los acontecimientos, permítete volver a tu cuerpo y a tu respiración.

Reposa con ello.

Permite diez minutos completos de silencio y luego lee:

En la reunión de hoy, no vamos a tocar una campana para cerrar la meditación. Vamos a llevar esta meditación a cada diálogo e interacción que tengamos hoy en nuestro círculo, llevando nuestra práctica a nuestras palabras.

Introducción a Diálogos del Corazón

Lee al grupo (o invita a otros participantes a que se turnen para leer estos párrafos al grupo):

Mientras escuchas estas palabras, incluso si eres tú quien las lee, continúa sintiendo la presencia del cuerpo y la respiración en cada momento. Desde este lugar de conexión, considera las interacciones que han surgido durante la meditación, durante la revisión de tu semana. Considera si hay alguna interacción con la que te gustaría practicar, tal vez probando algunas elecciones diferentes a las que hiciste en la conversación original. Quizá trabajar con algunas dinámicas o respuestas difíciles, cosas que te resultaron dolorosas de escuchar y que fueron un reto responder de la manera que te hubiera gustado. O tal vez haya una interacción que esperas tener y para la que te gustaría prepararte. ¿Hay alguna interacción que aún no hayas tenido pero en la que estés pensando? ¿O te asusta incluso considerarla? Aquí, en este espacio seguro, puedes jugar con esa interacción.

No entramos en estas conversaciones esperando un resultado ni queriendo cambiar a la otra persona. Empezamos con nuestra intención de conectar. Los seres humanos de cualquier edad, cuando perciben que la persona que les habla tiene la intención de conectar, se relajan de forma natural. Y la intención de conectar puede surgir de forma muy natural cuando estamos en una conversación desenfadada y con pocas consecuencias.

Luego están las situaciones en las que la mente dice: "¡Pero yo sé lo que es correcto! Yo tengo la respuesta. Tienen que escucharme". Cuando se trata de diálogos desafiantes, especialmente cuando sentimos que hay algo en juego, como la salud o el bienestar de alguien, podemos olvidar fácilmente la conexión en nuestro deseo de proteger o contribuir. En esos momentos, tenemos la oportunidad de practicar el volver a esa intención de conectar.

Por ejemplo, Catherine recuerda una situación con una chica de quince años durante un campamento de "Play in the Wild!" (¡Juguemos en la naturaleza!). Durante un diálogo grupal al inicio de una excursión, una chica pidió llevar sus cigarrillos. Junto a la comunidad de estudiantes y líderes, la chica llegó al acuerdo de limitarse a fumar un máximo de tres cigarrillos al día, de hacerlo a un mínimo de 100 metros de distancia de las otras personas y de asegurarse de no tirar ninguna colilla en la naturaleza.

Llegado el momento de una búsqueda de visión en la que los jóvenes se sentarían en solitario por ocho horas en el bosque, Catherine le dijo a la chica: "No te imagino pasando las ocho horas de la búsqueda de visión fumando. Me pregunto si estarías dispuesta a probar pasar estas ocho horas sin tus cigarrillos". La chica respondió: "Sí" y se los entregó a Catherine.

Tan pronto terminó la búsqueda de la visión, la chica volvió corriendo hacia Catherine y le dijo: "Oye, ¿me devuelves mis cigarrillos?". En ese instante, Catherine notó un momento de elección interna, así que mientras se los devolvía, le expresó: "Noto que siento dudas al devolvértelos. No puedo cambiarte ni a ti ni a tus elecciones, pero me encantaría saber, cuando fumas y el humo llega a tus pulmones, ¿qué Necesidades intentas cubrir?".

La chica tomó los cigarrillos y se marchó. Casi inmediatamente, volvió corriendo y dijo: "Sabes, conecté realmente con la Necesidad de pertenecer y eso me hace pensar que prefiero estar con la gente y no fumando".

Ese fue su último cigarrillo. Su elección.

Éste es un ejemplo de volver a la intención de conectar como parte de nuestra práctica de sabiduría y compasión, incluso cuando es un reto hacerlo. Si Catherine sólo le hubiera dicho a la chica que no fumara y todas las razones por las que era dañino, no le habría permitido a la chica conectar con su dignidad ni tener el espacio para descubrir lo que era verdadero para ella. Si traemos la conexión como nuestra simple intención, en lugar de querer salirnos con la nuestra y cambiar a la otra persona, algo se desvanece y la sabiduría y la compasión retoman el control.

Practicando Diálogos del corazón

Invita a todas las personas a observar el "Organigrama de la comunicación" en la página 283 del Ápendice A y a sacar su diario. A continuación, lee lo siguiente:

El Organigrama de la Comunicación es un mapa sencillo de nuestras opciones cuando estamos en un diálogo o conversación. Reúne muchas de las habilidades que hemos practicado hasta ahora en Ongo. Cuando estamos en una interacción, siempre tenemos la autoempatía como primera opción. Aquí es donde nos tomamos un momento para respirar y notar lo que sentimos, cuáles son nuestras Necesidades, y considerar lo que podríamos pedir.

Desde ese lugar de autoconexión, podemos respirar y mirar el organigrama para revisar nuestra intención. ¿Estamos en esta conversación porque tenemos curiosidad y queremos conectar con esta otra persona? ¿O seguimos, de alguna forma, queriendo salirnos con la nuestra, limitados y apretados? Si nos encontramos así, volvemos a subir a la autoempatía.

Si al respirar y revisar nuestra intención nos damos cuenta de que estamos dispuestos a conectar con esa otra persona y sentimos auténtica curiosidad por su experiencia, entonces podemos elegir. Podemos elegir empatizar con lo que está presente para ellos o podemos elegir expresar: es nuestra práctica de decir la verdad. A veces también llamamos decir la verdad a la "expresión empática" porque es una expresión honesta que ayuda a construir la conexión empática.

Hoy, en nuestra práctica de diálogos sabios y compasivos, utilizaremos el Organigrama de la Comunicación como mapa de nuestras elecciones mientras dialogamos. Nos turnaremos para proponer interacciones con las que nos gustaría probar algunas de estas elecciones.

Cuando tengas clara la situación con la que quieres practicar, pídele a otro miembro del grupo que haga el rol de la persona en tu situación. Le contarás a esa persona un poco sobre la situación, sólo lo básico, sin entrar en muchos detalles. Empezarás a expresar lo que quieres decir, llevando tu práctica a tus palabras, introduciendo una pausa o una respiración cuando notes que te quedas atrapado en una reacción. Te responderán con autenticidad, sin intentar pensar demasiado en cómo respondería "realmente" la persona a la que están interpretando. Se trata de crear una oportunidad para que practiques las habilidades de la atención plena y la Comunicación Noviolenta, no de intentar una simulación perfecta de la otra persona.

Tu cuerpo y tu respiración serán tu base para toda la interacción. Permite que sea un lugar al que puedas recurrir y desde el que puedas responder. Cada vez que te sientas perdido o confundido, observa el Organigrama de la Comunicación y considera qué opción quieres tomar. En general, si te sientes perdido, probablemente sea mejor acudir primero a la autoempatía.

A efectos de esta práctica, mencionaremos en voz alta cuándo elegimos la autoempatía. Permítete hacer una pausa en la conversación y tómate el tiempo necesario para reconocer en voz alta lo que estás pensando, sintiendo, necesitando y queriendo pedir antes de elegir cómo quieres responder a continuación. Recuerda que no se trata sólo de las palabras: tómate el tiempo necesario para sentir y estar con lo que estás mencionando. Respira con ello, y luego baja a revisar tu intención en el organigrama.

Este es el comienzo del cambio hacia la conexión, en lugar de sólo intentar salirnos con la nuestra. Intentar salirnos con la nuestra es una estrategia de protección, para proteger algo importante para nosotros. Cuando reconocemos que la protección está ahí y en qué consiste, a menudo podemos empezar a hacer el cambio que necesitamos para poder conectar.

Como esta práctica trata de conectar en lugar de intentar salirnos con la nuestra, no vamos a practicar hasta llegar a un acuerdo o solución. Simplemente practica con tu interacción hasta que sientas una sensación de conexión empática relajada que no dependa de que la otra persona cambie su forma de responderte. Será una sensación intuitiva en el cuerpo. Es a partir de esta cualidad de conexión empática que confiamos en que surgirá la resolución o las nuevas estrategias. Por tanto, practicamos para aterrizar la conexión empática.

Revisa si alguien no tiene clara la práctica y necesita volver a escuchar alguna instrucción. Cuando todas las personas lo tengan claro, lee:

Respiremos juntos un par de veces mientras entramos en esta vulnerabilidad y confiamos en profundizar en nuestra práctica.

Toca la campana suavemente e invita a quien desee practicar con un diálogo.

Después de cada práctica de diálogo, hagan una respiración colectiva seguida de un minuto de silencio para integrar la experiencia. Completa el silencio haciendo sonar suavemente una campana y preguntando por la siguiente persona que quiera practicar.

Cosecha

Lee:

> Esta práctica nos recuerda nuestra humanidad colectiva. Si estamos reactivos, perdidos o estimulados, es muy probable que algo dentro de la otra persona también esté reaccionando a la interacción. Así que soltamos nuestros planes y danzamos en la conexión empática. Empezamos a ver solamente lo que tenemos en frente. Hacemos una pausa, respiramos y retiramos las capas de confusión y desconexión para poder volver a la conexión que está tratando de producirse, sólo en ese momento frente a nosotros.

Cosechemos esta práctica. ¿Qué aprendiste? ¿Qué aprecias de ti mismo o de esta práctica? ¿Qué duelo estás haciendo? ¿Qué estás celebrando?

Invita a compartir con el grupo a quien lo desee.

318 Cierre

Solicita a un voluntario para guiar al grupo la semana siguiente. Dale a esa persona el(los) juego(s) de cartas de Necesidades.

Recuérdale a ese voluntario que lea las páginas sobre "Cómo dirigir la Práctica grupal" (pág. 17) y la Práctica grupal de la Semana 12 antes de la próxima reunión. Todo lo que necesita saber estará en esas páginas.

Invita a todas las personas a hacer una respiración colectiva completa. Invita a todas las personas a que se ofrezcan una gratitud sencilla y no verbal con una reverencia, un abrazo o lo que mejor funcione para cada persona.

El anzuelo

"A pesar de todo, sigo creyendo que la gente, en el fondo de su corazón, es realmente buena. Lo creo porque sencillamente no puedo construir mis esperanzas sobre una base de confusión, miseria y muerte. Veo que el mundo se está convirtiendo en una jungla, oigo los truenos que se acercan y que nos destruirán a nosotros también. Puedo sentir el sufrimiento de millones de personas. Sin embargo, si miro el cielo, pienso que todo se arreglará, que también esta crueldad terminará y que la paz y la tranquilidad volverán de nuevo".
– Anne Frank

Meditación de apertura

Saluda a tu pareja.

Decidan quién leerá el Recordar (persona A) y quién hará la meditación de 5 minutos (persona B).

La persona A lee lo siguiente en voz alta:

> "Hay una caricatura de tres peces nadando alrededor de un anzuelo. Un pez le dice a los otros: 'El secreto es no engancharse'. Es un chiste shenpa; el secreto es no morder el anzuelo. Si podemos aprender a relajarnos en el lugar donde el impulso es fuerte, obtendremos una mayor perspectiva de lo que está ocurriendo". – Pema Chödrön

Siéntense juntos en silencio durante cinco minutos.

La persona B avisa a la persona A cuando hayan pasado cinco minutos.

Cierra con una reverencia de agradecimiento a tu pareja por haberse sentado contigo.

Introducción a "No morder el anzuelo"

La persona B lee lo siguiente en voz alta:

> La Práctica en pareja de esta semana abarca todo lo que hemos estado practicando hasta ahora en Ongo: la atención plena del cuerpo y de la respiración, la atención plena de las Necesidades, la empatía y la autoempatía, girarse hacia un poder más grande que nosotros mismos, la consciencia de las creencias primarias, el cierre de temas pendientes, el perdón, la celebración y el duelo, la atención al shenpa y el decir la verdad.

Los diálogos difíciles nos piden salir de los límites de nuestra práctica. Empezamos a notar el momento de "morder el anzuelo" cuando las palabras estimulan nuestras respuestas viejas y habituales. Notamos, respiramos y volvemos a la autoempatía. Al volver a la energía de las Necesidades, estamos practicando en el diálogo lo que practicamos en nuestra meditación. Estamos aumentando el espacio entre el estímulo y la respuesta. Una de las curvas de aprendizaje más pronunciadas en la Comunicación Noviolenta es tomar consciencia de cómo oímos las cosas y notar cómo eso estimula nuestras reacciones más que lo que los demás dicen o hacen en sí. Si tomamos un respiro para "no morder el anzuelo", para no permitir que el estímulo nos aleje de la conexión, entonces tenemos la oportunidad de permanecer conectados a las Necesidades y conservar nuestra capacidad de escucharnos con empatía a nosotros mismos y a la otra persona.

Para esta práctica nos remitiremos al "Organigrama de la comunicación" y a la Rueda de Necesidades del Apéndice.

No morder el anzuelo

Siéntense juntos en silencio durante unos minutos y cada uno reflexione sobre algún diálogo de su vida que quiera explorar con esta práctica. Puede ser un diálogo que estés planeando tener con alguien o uno que ya hayas tenido y que no te haya gustado cómo se desenvolvió.

Decidan primero quién será A y quién será B. La persona A seguirá las instrucciones marcadas con "A" y la persona B seguirá las instrucciones marcadas con "B".

A: Dile a B el nombre de la persona que va a "representar" y quién es esa persona para ti. Evita compartir otros detalles y antecedentes sobre esta persona, ya que no es necesario para esta práctica y los puede distraer.

A: Dile a B lo que más temes escuchar de esta persona como primera respuesta a ti: una respuesta terrorífica. Esto es lo que te dirá B, como su primera respuesta en el diálogo que van a tener.

A: Observa el Organigrama de la Comunicación. Utilízalo como guía para el diálogo.

A: Comienza por la parte superior del Organigrama de la Comunicación practicando la autoempatía en voz alta hasta que tengas una sensación de claridad sobre tus Necesidades y lo que te gustaría pedir.

B: Mientras A practica la autoempatía, ofrece simplemente una escucha empática silenciosa.

A: Observa "Revisa la intención" en el Organigrama de la Comunicación.

🌿 **Si sientes que quieres conexión, pasa a "Decir la verdad".**

🌿 **Si aún sientes que quieres convencer a la otra persona de que tienes "razón", que haga lo que tú quieres, o estás tratando de contarle más a tu pareja sobre la historia, entonces vuelve a la "autoempatía", hasta que tengas claras tus Necesidades y quieras establecer una conexión.**

A: Dile en voz alta a B lo que te gustaría expresar a esta otra persona. Siéntete libre de usar tus propias palabras, pero utiliza los principios que has aprendido: estar conectado con tus Necesidades, mencionar tus Necesidades y tu petición, estar presente con tu cuerpo y tu respiración. Recuerda utilizar una petición de conexión si crees que puede favorecer la comprensión mutua en la conexión.

B: Responde a A con la respuesta terrorífica que te dieron antes.

A: Nota si te estás "enganchando". ¿Qué emociones se estimulan? ¿Qué pensamientos? Simplemente nota, respira, y luego elige hacia dónde moverte en el Organigrama de la Comunicación:

🌿 **Si estás "enganchado", menciona tus "enganches" en voz alta. Ve a "Autoempatía" y autoempatiza en voz alta.** Cuando tengas la sensación de que has vuelto a la intención de conectar, elige dónde te gustaría moverte a continuación en el Organigrama de la Comunicación.

🌿 **Si puedes oír las Necesidades que hay detrás de la respuesta terrorífica, ve a "Escucha empática" y haz una suposición empática.**

🌿 **Si quieres seguir expresando lo que está vivo en ti, ve a "Hablar con la verdad".**

B: Continúa el diálogo en tu papel respondiendo simplemente a A de la forma que te parezca auténtica. No le des demasiadas vueltas ni intentes imaginar lo que diría la persona a la que interpretas. Simplemente responde de una manera que te parezca auténtica.

A: Continúa utilizando tu Organigrama para saber en qué punto de la conversación te encuentras, permaneciendo en tu práctica de autoempatía y eligiendo luego expresar, escuchar u ofrecer una suposición empática en voz alta.

Llega a un punto de cierre después de quince minutos y tómate un momento para respirar juntos. Cosecha cualquier cosa que hayas aprendido.

Ahora intercambien roles. La persona que estaba representando un rol (B) ahora trabajará con su situación, y la persona acabó de practicar con su situación (A) ahora ofrecerá apoyo representando un rol.

Cierre

Tómense unos minutos para sentarse en silencio y llegar a una sensación de cierre.

SEMANA 11 PRÁCTICAS INDIVIDUALES

La cosecha

"No tienes que ser brillante. Basta con volverte progresivamente menos estúpido".
– Marshall B. Rosenberg, Ph.D.

La cosecha es una práctica de reflexión consciente sobre las experiencias de aprendizaje a través del lente de la celebración y el duelo. Celebramos cualquier vida que se haya enriquecido y hacemos duelo por cualquier vida que no se haya enriquecido. Cosechar le da significado al pasado, disfrute al presente y dirección al futuro. Como estamos a punto de entrar en nuestra última semana de Ongo, es un buen momento para cosechar nuestro recorrido Ongo.

Hoy...

Siéntate en tu espacio de práctica y tómate un tiempo para reflexionar sobre tu experiencia de Ongo.

Considera la Intención de Ongo con la que empezaste. Repasa los últimos tres meses en tu mente y en tu corazón, quizás observando las notas en tu diario y las prácticas que hayas realizado.

Tómate un tiempo para respirar, sentir y estar con cualquier cosa que te emocione: celebraciones y duelos. Tómate un tiempo para reconocer y agradecer cualquier crecimiento y cambio que se haya producido en tu vida.

Escribe en tu diario:

- **Una o varias celebraciones de algo que hayas hecho o dicho en este Ongo.** Anota lo que hiciste o dijiste específicamente y las necesidades que cubriste. Con cada celebración, tómate un tiempo para respirar y saborear.

- **Uno o varios duelos de cualquier cosa que hayas hecho o dicho en este Ongo.** Escribe lo que hiciste o dijiste específicamente y por cuáles necesidades estás haciendo duelo. Con cada duelo, tómate un tiempo para respirar y sentirlo en el cuerpo.

- **Cualquier percepción que surja mientras estás con estas celebraciones y duelos.**

- **Cualquier pregunta que siga viva para ti en relación con la práctica** (cualquier aspecto: atención plena, empatía, decir la verdad, etc.).

- Cualquier acción/petición para ti o para los demás que surja de estas celebraciones, duelos, percepciones y preguntas.

Si formas parte de un grupo Ongo:

- **Reflexiona sobre los miembros de tu círculo Ongo, considerando tu conexión con cada persona.**

- **Crea una ofrenda para expresar lo que quieras sobre tu recorrido de Ongo a la comunidad durante la reunión de cierre.** Puede ser un poema, una canción, ¡o usa tu imaginación!

- **Lleva tu ofrenda a la Reunión grupal final.**

Toma una respiración profunda y reconócete a ti mismo por todos los esfuerzos que has hecho en este Ongo para volverte "progresivamente menos estúpido".

○ **Profundización** – La cosecha puede ser muy poderosa como reflexión diaria, especialmente cuando estamos presentes con la impermanencia de nuestras vidas. Cada noche, tómate un tiempo para cosechar el día en tu diario, comprendiendo que éste podría ser el último día, semana o mes de tu vida. Esta práctica también puede realizarse en tu mente, sin un diario, como una reflexión nocturna antes de dormirte.

La cosecha
Recordar

"Ser verdaderamente feliz en este mundo es un acto revolucionario... Es un cambio radical de visión que nos libera para que sepamos, en lo más profundo, quiénes somos y para que reconozcamos nuestra enorme capacidad de amar".
– Sharon Salzberg

Apoyo después de Ongo

"No hallé el camino porque los ángeles me susurraron las indicaciones al oído. Lo hallé por ensayo y error, como nos pasa a la mayoría de los que no somos santos".
— Mirabai Bush

A medida que este Ongo se cierra, podemos preguntarnos cómo será nuestra práctica después de Ongo. Puede ser valioso, mientras aún estamos en Ongo, tomarnos un tiempo para conectar con lo que Ongo ha significado para nosotros y considerar qué acciones queremos llevar a cabo para apoyarnos después de Ongo.

Hoy...

Tómate diez minutos para sentarte con la respiración y la Tierra.

Después de esos diez minutos, hazte esta pregunta en la quietud: "¿Tengo alguna petición, para mí o para otros, que pueda contribuir a mi necesidad de apoyo al terminar Ongo?"

Anota todo lo que se te ocurra.

Tómate un minuto para revisar, si la(s) petición(es) que escribiste son:

- **¿Específicas (sabes exactamente qué acción realizar)?**

- **¿Realizables (son lo suficientemente pequeñas como para que puedas realizarlas fácilmente)?**

- **¿Un "hacer" en lugar de un "no hacer"?**

- **¿Invitaciones y no exigencias (que se sientan agradables y no agobiantes)?**

- **¿Apoyan tu visión de vida para después de Ongo?**

Si no es así, reescribe tu(s) petición(es) para que lo sean.

Coloca estas peticiones en un lugar visible para que te recuerden de tomar acción.

Apoyo después de Ongo
Recordar

"La religión está en todas partes. Debemos entender nuestra enseñanza de esta manera. Debemos olvidarlo todo sobre cualquier enseñanza particular; no preguntar si es buena o mala. No debe haber ninguna enseñanza particular. La enseñanza está en cada momento, en cada existencia. Esa es la verdadera enseñanza".
– Shunryu Suzuki

Tú estás aquí

"Es como si supieras que no puedes hacerlo y aun así lo intentas.
Y, curiosamente, eso se suma a algo, se suma al aprecio por ti mismo y
por los demás. Se suma a que haya más calidez en el mundo".
– Pema Chödrön

Cerraremos nuestra práctica de Ongo de esta semana con una práctica en dos partes que comienza por la mañana y termina por la noche. Volveremos al lugar donde empezamos todo este recorrido: aquí mismo. De hecho, somos inseparables del "aquí". Aquí es dondequiera que estemos. Nuestro lugar de práctica es dondequiera que vamos.

Hoy, por la mañana...

Elige un lugar en el que puedas sentarte durante veinte minutos en medio de tu cotidianidad. *Por ejemplo, en la mesa de la cocina donde te tomas el café por la mañana, en tu escritorio, en el asiento del conductor de tu automóvil (estacionado) o en el asiento del autobús en el que viajas habitualmente.*

Coloca una alarma de veinte minutos, y luego siéntate en este asiento ordinario y cotidiano.

Durante los primeros minutos, permanece sentado con los ojos cerrados, presente con el cuerpo, la respiración y el apoyo del asiento físico que sostiene tu cuerpo en este momento. Descansa en la textura de la respiración, mientras fluye hacia dentro... y hacia fuera.

Luego, con los ojos todavía cerrados, amplía suavemente tu atención para incluir los olores y los sonidos de este lugar familiar. Siéntate durante unos minutos más con esta consciencia que incluye el espacio que te rodea.

Si la mente divaga en pensamientos, vuelve a la simple intención de estar aquí, con la respiración, los olores y los sonidos, en este espacio familiar. No hay nada de malo en divagar, sólo sigue regresando al aquí.

Si ciertos pensamientos o sensaciones en el cuerpo persisten, sé abierto y curioso para saber qué Necesidad están expresando en el momento presente. Recuerda que cada pensamiento, cada sentimiento, cada sensación es la expresión de una necesidad en el *momento presente*. Están revelando algún aspecto de lo que eres en *este momento*.

Mueve los dedos de los pies. Con los ojos aún cerrados, siente dónde están tus pies en este momento. Nota que *tú* formas parte de este espacio familiar. Aquí mismo. Ahora mismo. Respira y descansa en esa preciosa comprensión.

Ahora observa tus manos. Nota cómo forman parte del cuerpo de este ser, sentado en este lugar, ahora mismo. Respira con estas manos que sostienen tanto la historia pasada como la posibilidad futura.

Nota tu lugar único en este espacio familiar, en este momento.

Nota la pertenencia a este espacio. A este mundo.

Nota que importas. Que importa lo que eliges hacer con estas manos, que forman parte de este cuerpo, de este ser, sentado en este lugar, ahora mismo.

Cuando surjan pensamientos, vuelve a la respiración. Permítete no intentar comprender conceptualmente tu pertenencia e importancia y siente la Tierra bajo tu asiento. Recuerda que algo más grande que tú lo sostiene todo, incluyéndote a ti. Suelta tu carga al reconocer esto. Simplemente descansa en el cuerpo, en la respiración y en la Tierra.

Al finalizar los veinte minutos, toma una respiración profunda y pon las manos en posición de oración. Haz una reverencia hacia el mundo que te rodea con una reverencia interior simultánea en la que reconozcas tu lugar en este mundo. Que todas las personas sepan que pertenecen a este mundo. Que todas las personas sepan que son importantes.

Por la noche...

Vuelve al espacio de práctica que has creado para Ongo.

En tu diario o en un papel, dibuja el contorno de tus manos.

Dentro de las manos, colorea, escribe o dibuja cualquier idea o necesidad que haya surgido o que se haya quedado contigo de la práctica de la mañana. ¿Qué has aprendido sobre el hecho de formar parte del diseño completo de la vida? ¿Qué Necesidades guían tus acciones en el mundo?

Después, retira o guarda los objetos o adornos específicos de Ongo.

Limpia, reajusta y refresca tu espacio de práctica. Coloca allí el dibujo de tus manos.

Tómate un momento para reconocer y dar las gracias a las causas y condiciones que te han apoyado en tu recorrido de Ongo. Esto podría incluir a maestros, familia, amigos, comunidad, enseñanzas útiles y entornos o lugares nutridores.

A continuación, tómate otro momento para dedicar todos y cada uno de los méritos obtenidos en estos tres meses de práctica de Ongo en beneficio de todos los seres, para que todos sean felices y estén libres de sufrimiento, incluyendo a cualquier persona o grupo específico al que te gustaría enviar bendiciones.

Toma una respiración profunda.

¿Hay algo más que deba hacerse para el cierre? Si lo hay, hazlo.

La semana que viene comenzará un nuevo capítulo en tu práctica.

Audio – Hay una grabación de audio guiada de esta meditación en la página web Compañero Ongo de ongo.global. También puedes hacer tu propia meditación guiada en audio grabándote a ti mismo leyendo la práctica en voz alta. Si la haces tú mismo, recuerda hablar despacio y permitir muchos silencios entre instrucciones para que puedas seguirla fácilmente cuando la escuches posteriormente.

En el instante – En este instante, cierra los ojos y toma una respiración profunda. Nota los olores y sonidos que te rodean. Mueve los dedos de los pies y siéntete en este espacio, en este momento. Luego, toma una respiración profunda y abre los ojos. Observa tu entorno. Por último, toma una respiración profunda más y observa tus manos. Siente cómo forman parte de este cuerpo, que es parte de todo. Siente que lo que eliges hacer con ellas es importante. A continuación, actúa.

Profundización – Permite que la meditación matutina se convierta en una práctica que realices en diferentes contextos de tu vida: en el trabajo, en casa, en la comunidad. A veces, puede ser más breve; otras, más larga. Por ejemplo, a veces, puedes descubrir que el simple hecho de respirar y observar tus manos es la vuelta a la presencia que necesitas en ese momento.

Semana 12

Cosecha de Ongo

"Estoy convencida de que si el mundo va a sanar a través de esfuerzos humanos, lo hará a través de la gente común, gente cuyo amor por esta vida es incluso mayor que su miedo".
— Joanna Macy

Preparación - Todos los participantes:

🍃 Trae tu ofrenda de la "Práctica individual, Día 1, Semana 11" a la Reunión grupal.

Preparación - Guía grupal:

🍃 Uno o dos días antes de la Reunión grupal, recuérdale a todas las personas el día, hora y lugar de la reunión y que traigan su ofrenda (ver arriba).

🍃 Lee "Dirigir la Práctica grupal" (pág. 17) y sigue las pautas que aparecen en "Responsabilidades del Guía".

🍃 Coloca un juego de cartas de Necesidades en forma de un mandala o en espiral en el centro del círculo.

Meditación de apertura

Invita a todas las personas a sentarse en el círculo.

Toca la campana para señalar el comienzo de la meditación sentada.

Después de un momento de silencio, lee al grupo las siguientes instrucciones. Lee de forma que el grupo se relaje con las instrucciones:

> Sentémonos juntos en silencio por estos próximos veinte minutos, estando presentes con nosotros mismos, con nuestro círculo Ongo y con esta vida preciosa que compartimos. No tenemos que hacer nada especial. Solo estar aquí juntos por última vez.

Siéntense en silencio por veinte minutos, luego toca la campana tres veces para terminar la meditación.

Junta las palmas de las manos y ofrece una reverencia de gratitud al círculo.

Cosecha de cierre

Lee al grupo:

Durante tres meses, hemos emprendido juntos este recorrido de sabiduría y compasión, construyendo una comunidad de apoyo para nuestra práctica. Al llegar este Ongo a su fin, podemos sentir el valor de cada momento y de cada conexión que hemos experimentado en nuestro tiempo juntos.

Permitamos ahora que se exprese esta preciosidad llevando nuestra presencia a cada miembro de nuestro círculo para una cosecha de cierre. Cada uno de nosotros está invitado a compartir cualquier celebración en nuestro corazón de nuestro tiempo en Ongo, cualquier duelo que esté presente y cualquier aprendizaje que quiera ser compartido en voz alta. También es una oportunidad para compartir cualquier ofrenda que hayamos preparado para nuestra comunidad.

Así como en los Círculos de empatía, cuando alguien comparta, los demás aportaremos nuestra presencia de escucha silenciosa. Cuando cada persona termine de compartir, los que estamos escuchando colocaremos, en silencio, las cartas de las Necesidades frente a ellos, ofreciéndoles una sensación de confirmación de que hemos escuchado lo que han compartido.

Podemos empezar con la primera persona que se sienta movida a compartir y a partir de ahí recorrer el círculo en el sentido de las agujas del reloj.

Invita a cualquier persona que lo desee a comenzar la cosecha.

Continúa alrededor del círculo en el sentido de las agujas del reloj hasta que todas las personas, incluyéndote a ti, hayan compartido y recibido las cartas de Necesidades.

Posteriormente, invita al grupo a hacer una respiración colectiva seguida de uno o dos minutos de meditación en silencio. Toca la campana una vez para terminar la cosecha.

Ceremonia para honrar

Invita a todas las personas a colocarse de pie y formar un círculo.

Lee:

Completemos este recorrido juntos, honrándonos como individuos y como comunidad.

Como comunidad, diremos colectivamente a cada miembro del círculo: "Es un honor conocerte", seguido de su nombre de pila.

Cuando se mencione a una persona, ésta responderá diciendo: "Gracias por caminar conmigo".

Después, todas las personas nos inclinaremos hacia los demás, como hacemos después de la meditación, con las palmas de las manos juntas delante del corazón.

A continuación, pasaremos a la siguiente persona del círculo y volveremos a empezar: "Es un honor conocerte...", y la persona responde: "Gracias por caminar conmigo". Entonces nos inclinamos todas las personas para honrar esa conexión y continuamos alrededor del círculo.

Permitamos que empiece la persona de mi izquierda y continuemos alrededor del círculo en el sentido de las agujas del reloj desde allí.

Revisa si alguien no tiene clara la ceremonia y necesita volver a escuchar las instrucciones. Una vez que todo el mundo lo tenga claro, invita a todas las personas a respirar juntas y a aportar su presencia a la ceremonia.

Comienza la ceremonia girando hacia la persona de tu izquierda y continúa como se describe en las instrucciones.

Después de que la última persona (tú) haya sido honrada, toca la campana tres veces para señalar el fin de Ongo.

Reunión pura

"Ésta es una historia de encuentro puro. No hay instrucción, ni prueba, ni programa, ni contenido. No hay palabras, nada concreto, solo una sonrisa compartida entre dos personas que aprecian juntas la profunda belleza de la flor que es nuestra vida".
— Norman Fischer

La última Práctica en pareja Ongo es un espacio abierto para que tú y tu pareja lo utilicen de cualquier forma que los ayude a avanzar en su integración y finalización de su recorrido Ongo. Puede ser una oportunidad para revisar una Práctica en pareja que ambos quieran explorar más profundamente. También es una oportunidad para conversar sobre qué los apoyaría en sus transiciones después de Ongo al completar este ciclo de cuatro prácticas de pareja juntos.

Gracias por caminar juntos.

Gracias por tu recorrido en Ongo.

SEMANA 12 PRÁCTICAS INDIVIDUALES

Cinco días de vida

"Camina sintiéndote como una hoja
Sé consciente de que puedes caer en cualquier momento.
Luego decide qué hacer con tu tiempo".
— Naomi Shihab Nye

Las Prácticas individuales de esta semana ofrecen una forma de crear una práctica diaria que puede continuar mucho más allá de Ongo. Reconocer nuestra propia impermanencia –y la impermanencia de todo y de todos los que nos rodean– puede ayudar a aclarar nuestras prioridades. ¿Qué te gustaría practicar en tu vida si sólo te quedara una semana de vida?

Hoy...

Tómate un tiempo para sentarte, estar con el cuerpo y la respiración.

Mientras estás sentado, invita la pregunta: "Si ésta fuese mi última semana de vida, ¿qué Necesidad o cualidad de vida, quisiera encarnar o expresar más plenamente?" Observa lo que surge y escribe esa palabra o frase. *Por ejemplo, "juego" o "respeto por todas las personas".*

A continuación, invita una segunda pregunta: "Si ésta fuese mi última semana de vida, ¿qué cualidad de vida quisiera aportar a una o más de mis relaciones?". *Podría tratarse de una relación con un ser querido, un amigo cercano, un familiar o alguien con quien conectes habitualmente.* **Escribe lo que surja.** *Por ejemplo, "empatía en mi relación de pareja".*

Por último, invita una tercera pregunta: "Si ésta fuese mi última semana de vida, ¿qué cualidad de la vida quisiera aportar más a mi comunidad?" Tu comunidad puede ser tu círculo de amigos, tu vecindario, tu ciudad, tu lugar de trabajo, tu tribu o cualquier agrupación más amplia de personas con las que estés en contacto regularmente. **Escríbelo.** *Por ejemplo: "Me gustaría practicar la gratitud hacia y entre mis vecinos".*

Permite que sean preguntas abiertas a lo largo del día. Lleva contigo tu diario o un pequeño cuaderno y anota cualquier otra respuesta que te surja.

Cuatro días de vida

"Hay una vitalidad, una fuerza de vida, una energía, una aceleración que se traduce en ti en forma de acción y como sólo hay una "tú" en todo momento, esta expresión es única. Y si la bloqueas, nunca existirá a través de ningún otro medio y se perderá. El mundo no la tendrá. No es asunto tuyo determinar lo buena que es tu expresión, ni su valor, ni su comparación con otras expresiones. Tu trabajo es mantenerla clara y directa, mantener el canal abierto. Ni siquiera tienes que creer en ti misma ni en tu trabajo. Tienes que mantenerte abierta y atenta a los impulsos que te motivan. Mantén el canal abierto... Ningún artista está satisfecho. No existe la satisfacción en ningún momento. Sólo hay una extraña insatisfacción divina, una bendita inquietud que impulsa nuestra marcha y que nos hace sentirnos más vivos que los demás".
— Martha Graham

Hoy...

Considera la Necesidad que te gustaría expresar más plenamente en tu vida (tu respuesta a la primera pregunta de la Práctica individual del Día 1).

Siéntate por un par de minutos y siente la energía de esa Necesidad en tu cuerpo.
Si te ayuda, sigue las instrucciones de "Ser Necesidades, Semana 2, Día 5", de las Prácticas individuales.

Realiza hoy una acción que exprese esa energía. *Por ejemplo, si la Necesidad fuese "juego", puedes elegir bailar con una de tus canciones favoritas, o invitar a alguien a jugar contigo.*

Si esta acción no te parece fácil o placentera, revisa:

🌶 **¿Esta petición que te haces a ti mismo es realmente una invitación y no una exigencia?** Si no es así, cambia la petición para que parezca menos un "tengo que" y más un "quiero".

🌶 **¿Es específica y realizable, en lugar de vaga e irrealista?** Si no es así, cambia la petición para que sea más pequeña y tangible.

🌶 **¿Es un "hacer", en lugar de "no hacer"?** Si no es así, cambia la petición para que quede claro lo que quieres hacer en lugar de centrarte en lo que no quieres hacer.

Después de realizar la acción, tómate un minuto para visualizar como la felicidad y la satisfacción que estás experimentando en ese momento se extiende a todos los seres que anhelan que esta Necesidad tenga una mayor expresión en sus vidas.

Tres días para vivir

*"Desde que el mundo es redondo,
no hay forma de alejarnos
el uno del otro, porque incluso
entonces volvemos a estar juntos".*
– Amanda Gorman

Hoy...

Tómate unos minutos para reconocer y agradecer algunas de las formas en las que otras personas han contribuido a tu vida recientemente. Puedes optar por visualizar algunos de esos momentos, escribirlos en una lista de gratitud o simplemente expresarlos en voz alta.

A continuación, considera la cualidad de vida que quisieras aportar a una o más de tus relaciones (tu respuesta a la segunda pregunta de la Práctica individual del Día 1).

Siéntate por un par de minutos y siente la energía de esa Necesidad en tu cuerpo, cómo se siente al conectar con la visión que sostienes para esta relación.

Realiza hoy una acción para dar vida a esa cualidad en esta relación. *Por ejemplo, si la "empatía" es la cualidad que quieres que esté más viva, puedes elegir invitar a tu ser querido a compartir lo que tiene en su mente y corazón mientras tú escuchas con presencia y reflejo empático, sin interponer tus propias opiniones o consejos.*

Permítete ser valiente en tu acción, como si ésta fuera realmente tu última semana de vida. A menudo olvidamos que cuando actuamos al verdadero servicio de las Necesidades, es un regalo para todas las personas, no una carga ni una imposición. ¿A quién no le gustaría ser invitado a una experiencia de vida más profunda, más plena y más íntima?

Después de realizar la acción, tómate un minuto para visualizar como la felicidad y plenitud que estás experimentando en ese momento se extiende a todas tus relaciones, en todos los lugares, a todos los seres que también anhelan la expresión más plena de esta cualidad en sus vidas.

Dos días para vivir

*"La verdadera compasión es más que arrojar una moneda a un mendigo.
Es poder ver que una institución que produce mendigos, necesita ser reestructurada".*
– Dr. Martin Luther King Jr.

Hoy...

Tómate unos minutos para recordar a las personas de tu comunidad cuyo sufrimiento anhelas aliviar y a quienes quisieras beneficiar con tu práctica.

Siente cómo te afecta su presencia, notándolo en tu cuerpo. Deja espacio para que esos sentimientos se expresen en ti, incluyendo cualquier dolor o duelo. Respira con todas las personas.

A continuación, considera la cualidad de vida que te gustaría aportar más a tu comunidad (tu respuesta a la tercera pregunta de la Práctica individual del día 1).

Siéntate por un par de minutos y siente la energía de esa Necesidad en tu cuerpo, cómo se siente al conectar con la visión que sostienes para esta comunidad.

Realiza hoy una acción en tu comunidad para contribuir más a esa cualidad. *Por ejemplo, si la "gratitud" fue una cualidad que mencionaste, puedes elegir hacer la práctica de "Compartir la Gratitud, Semana 7, Día 3", con la gente de tu ciudad.*

Permítete ser valiente en tu acción, como si ésta fuera realmente tu última semana de vida. Puede que a nadie después de ti se le ocurra realizar esta acción en tu comunidad. El cambio social comienza con nosotros. ¿En qué tipo de mundo queremos vivir? ¿Qué tipo de comunidad queremos para las generaciones futuras?

Después de realizar la acción, tómate un minuto para visualizar como la felicidad y plenitud que estás experimentando en ese momento se extiende a todos los seres, en todos los lugares, quienes también anhelan la expresión más plena de esta cualidad en sus vidas.

Un día para vivir

"Amigos, hemos llegado".
— Shantum Seth

Hoy...

Siéntate durante veinte minutos. Siéntate como si fueran tus últimos minutos en la Tierra y todos tus asuntos estuvieran cerrados.

Respira.

Invita a la consciencia y a la presencia en cada momento: la forma, el color, el sonido, la respiración, los latidos del corazón, la sensación, el pensamiento, la emoción, "tú" y toda la Vida que te rodea.

Sólo por esta vez, siéntate como si ya no tuvieras que preocuparte por convertirte en una persona mejor. Sólo sé con la belleza de lo que está aquí, porque puede que no vuelvas a experimentarlo de esta forma.

Epílogo:
Continuar Ongo con integridad

"Ongo es una herramienta necesaria para personas como yo. Personas apasionadas por la vida sobre la tierra y por mantenerla habitable. He aprendido a aceptar este momento y a conectar con otros mientras nos movemos hacia la acción para crear un mundo mejor, lo más pronto posible".
– Participante Ongo miembro del Citizens' Climate Lobby's Peer Support

El *Libro Ongo* fue escrito con una progresión específica de prácticas que encontramos profundamente liberadoras tanto en nuestras propias vidas como en las de los demás. Sin embargo, debido a que la noviolencia en sí misma es más amplia que cualquier enseñanza o forma, no consideramos que nuestra progresión, o las formas de práctica que ofrecemos, sean el único camino que Ongo puede tomar.

Algunos individuos, parejas y grupos Ongo pueden descubrir que, después de recorrer varias veces la progresión de doce semanas de este libro, quieren conservar la estructura de Ongo y a la vez están listos para expandir la amplitud o la profundidad de su aprendizaje más allá de las prácticas ofrecidas. Les animamos a que jueguen a cambiar las formas de práctica Ongo y que mantengan intactos el propósito y la estructura de Ongo. Este capítulo contiene orientaciones sobre cómo hacerlo. Aquí ofrecemos varios principios esenciales que aconsejamos tener en cuenta, pautas sugeridas para introducir nuevas formas de práctica en un grupo Ongo y una plantilla general para crear sus propias Prácticas de Grupo Ongo.

Los principios esenciales de Ongo

Estos principios esenciales definen lo que permanece constante en Ongo, incluso cuando las formas de práctica cambian. Son lo que distingue a los grupos del *Libro Ongo* de otros tipos de grupos (e.j.: grupos de meditación o grupos de práctica de Comunicación Noviolenta). Cuando te desvíes de las formas del *Libro Ongo*, recuerda lo siguiente:

1. **Nuestro propósito compartido es ser noviolencia en el contexto de nuestra vida diaria y nos reunimos para practicar, ofrecernos apoyo mutuo y aprender unos de otros el camino de la noviolencia.** La noviolencia es una traducción de la palabra sánscrita *ahiṃsā*, y puede definirse como ser sin violencia en nuestros pensamientos, palabras o acciones. La noviolencia también puede definirse como vivir en interdependencia con toda la vida. Intrínsecamente, la noviolencia es la liberación de nuestra tendencia condicionada a crear separaciones fundamentales en nuestra vida.

2. **Ongo es un viaje de doce semanas, mientras que nuestra práctica de noviolencia es contínua.** Ongo puede entenderse como un viaje de doce semanas con su propio principio, desenlace y final. Los viajes pueden tener lugar de forma regular o cuando sea necesario. Sin embargo, el viaje de Ongo es también un espejo de nuestras vidas. Así como no nos "graduamos" de nuestras vidas (excepto, quizás, cuando hacemos la transición de nuestros cuerpos), no existe el fin de un "curso" Ongo, ni hay certificaciones de "experticia" en Ongo. Aunque nos volvemos más experimentados a través de la práctica, seguimos siendo humildes aprendices y continuamos trabajando con los límites de nuestro aprendizaje y abordando el viaje con la mente de un principiante.

3. **No estamos apegados a una religión o modalidad secular en particular. Las formas de nuestra práctica varían, dependiendo de lo que se necesite.** Cada forma de noviolencia tiene sus propias fortalezas y limitaciones, que llegamos a conocer a través de la práctica continua.

4. **Elegimos conscientemente estructuras de reunión que apoyen nuestro propósito compartido y evitamos aquellas que nos desvían de él.** Ongo tiene una estructura más explícita que muchos grupos de meditación, grupos de práctica de CNV y otros tipos de grupos de estudio espiritual. Un ejemplo es el uso de rondas de palabra sobre temas específicos para compartir abiertamente, en lugar de tener check-ins no estructurados. Esto fue intencional, debido a la frecuencia con la que hemos visto que los grupos pierden energía y enfoque, o son sometidos por una personalidad dominante, cuando las estructuras utilizadas no son explícitas o elegidas conscientemente.

5. **Compartimos el liderazgo, para practicar el liderazgo y para aprender a seguir el liderazgo de los demás.** En nuestras vidas, según nuestro rol del momento, lideramos o seguimos el liderazgo de otros. Queremos ser noviolentos en todos esos contextos. Hemos escrito el libro con la intención de cultivar comunidades llenas de líderes, en vez de apoyar

a unos pocos "expertos" en Ongo para ser líderes grupales. Aunque los practicantes experimentados puedan elegir ser anfitriones de grupos Ongo, no hay "maestros" de Ongo. Queremos que todo el mundo sea capaz de facilitar círculos de empatía o guiar meditaciones en sus familias, comunidades y organizaciones.

6. **Ongo es un viaje individual, en pareja y en grupo.** Ongo es un periodo de práctica intensiva en medio de la vida cotidiana. Para experimentar plenamente sus beneficios, es importante que la práctica continúe durante toda la semana, fuera de las reuniones de grupo. Si tu grupo de Ongo decide introducir nuevas prácticas, considera cómo podrías hacer esa prácticas de forma individual y en pareja durante la semana.

7. **Los grupos del *Libro Ongo* son de libre acceso para cualquier persona.** Las únicas cuotas que se cobran por participar en un grupo del *Libro Ongo* son los costos directos de funcionamiento del grupo (e.j.: los libros Ongo, el alquiler de un local, o las cuotas de la plataforma de conferencias en línea). Si esas cuotas impiden que alguna persona pueda unirse, les pedimos que encuentren maneras creativas para resolverlo. Cualquier otra solicitud financiera (e.j.: donaciones para la persona que organiza) es opcional y no es una condición para participar en un grupo del *Libro Ongo*.

Directrices para la introducción de nuevas formas de práctica en Ongo

Las prácticas de Ongo se realizan por consentimiento mutuo, se comparten con integridad, se practican a través del cuerpo y se utilizan cuando son útiles. Al introducir nuevas formas en su práctica de Ongo, ofrecemos estas cuatro directrices:

1. **Busca el consentimiento de tu grupo de *Libro Ongo*, antes de introducir nuevas formas de práctica.** Es importante que el grupo esté de acuerdo con cualquier modalidad que se vaya a practicar conjuntamente. El consentimiento es inherente a nuestras prácticas de noviolencia para construir relaciones de confianza en nuestra Comunidad Amada. Puedes revisar si hay consentimiento compartiendo con el grupo lo que te gustaría traer y preguntando si alguien se opone. Si una sola persona se opone, no hay consentimiento grupal.

2. **Apréndete las formas de práctica con integridad.** Hoy en día, es fácil conectarse a Internet y descargar rápidamente las instrucciones para casi cualquier cosa. En la práctica, aprender formas con integridad significa, tanto como sea posible, aprender la forma de práctica de alguien que lo haya practicado. Tal vez alguien del grupo Ongo ya tenga experiencia con otra forma de práctica y pueda introducirla en el grupo a través de las prácticas que dirige. Cada forma tiene sus propios principios que orientan cómo se practica de forma efectiva y no dañina. Estos principios no siempre son fáciles de comunicar a través de un breve

video o texto. La integridad también significa reconocer respetuosamente a las personas que originaron dichas formas de práctica. Es posible que estos ancestros hayan hecho un gran esfuerzo para preservar y compartir esta sabiduría a fin de que nosotros podamos practicarla hoy.

3. **Encarna las formas de práctica.** Es tentador pensar que sabemos algo cuando podemos hablar de ello. Encarnar una forma de práctica limitar que limitamos su explicación intelectual o abstracta y priorizamos realizarla en la práctica. Si no iniciamos encarnándola de forma práctica, literalmente no sabemos de qué estamos hablando. Hablar demasiado "sobre" la noviolencia es una forma de perder de vista nuestro propósito de "ser" la noviolencia. Toda transformación duradera se produce a través del cuerpo. Nuestros pensamientos y palabras son sólo subproductos.

4. **Utiliza formas de práctica cuando sean útiles.** Utilizar métodos cuando son útiles significa que consideramos conscientemente cuándo su uso contribuye a nuestro propósito y cuándo no. La progresión de los métodos en el libro busca equilibrar las limitaciones de cada práctica con las fortalezas de otra. Por ejemplo, elegimos utilizar el lenguaje de las Necesidades en todo Ongo, porque es una forma muy eficaz de practicar la noviolencia en nuestras relaciones con nosotros mismos y con los demás. Sin embargo, el lenguaje de las Necesidades también involucra la parte conceptual de nuestro cerebro, y por lo tanto limita nuestra presencia con otros sentidos. Para dar equilibrio, también incorporamos métodos como el meditar caminando, los cuales hacen hincapié en la consciencia del cuerpo. En esos casos, optamos por no utilizar el lenguaje de las Necesidades. Del mismo modo, sé consciente de no depender demasiado de ninguna forma de práctica, a menos que, por alguna razón, sea útil hacerlo.

Plantilla para prácticas grupales Ongo

La plantilla que aparece a continuación ofrece un formato sencillo que puede utilizarse para introducir otras meditaciones y prácticas en un grupo del *Libro Ongo*, siempre que el grupo lo haya acordado. Este formato será familiar y coherente con el flujo de las reuniones grupales del libro.

1. **Abre con una meditación y, opcionalmente, un círculo de empatía para quienes lo necesiten.** La meditación puede consistir en una amplia gama de prácticas, desde sentarse en silencio hasta bailar con música. Lo importante es que la meditación ayude a los participantes a alinear sus corazones, mentes y cuerpos, tanto individualmente como en grupo. También es importante que la meditación ofrezca una sensación de seguridad, aceptación y pertenencia incondicional a todos los participantes. Después de la meditación, si hay tiempo, realiza un círculo de empatía para los participantes que lo necesiten. Ésto puede profundizar el sentido colectivo de la conexión.

2. **Presenta las prácticas nuevas.** Al presentar nuevas prácticas, sugerimos que la presentación sea sencilla: sólo lo necesario para que los participantes se sumerjan en la práctica. Esto podría incluir: cómo conociste la práctica y por qué es significativa para ti, una cita de uno de los ancestros de la práctica, breves explicaciones de cualquier principio que sea necesario para la práctica, y una visión general de lo que los participantes van a hacer.

3. **Hagan la práctica juntos.** Al hacer la práctica juntos, es importante que alguien mida el tiempo para el grupo. En algunos casos, también puede ser útil que la persona que guíe la práctica pueda dar un ejemplo personal de cada paso, para mayor claridad.

4. **Cosecha la experiencia.**

5. **Cuida de cualquier logística de grupo.**

6. **Cierren juntos con alguna forma de gratitud.**

Ápendice A

Appendix A

La rueda de Necesidades

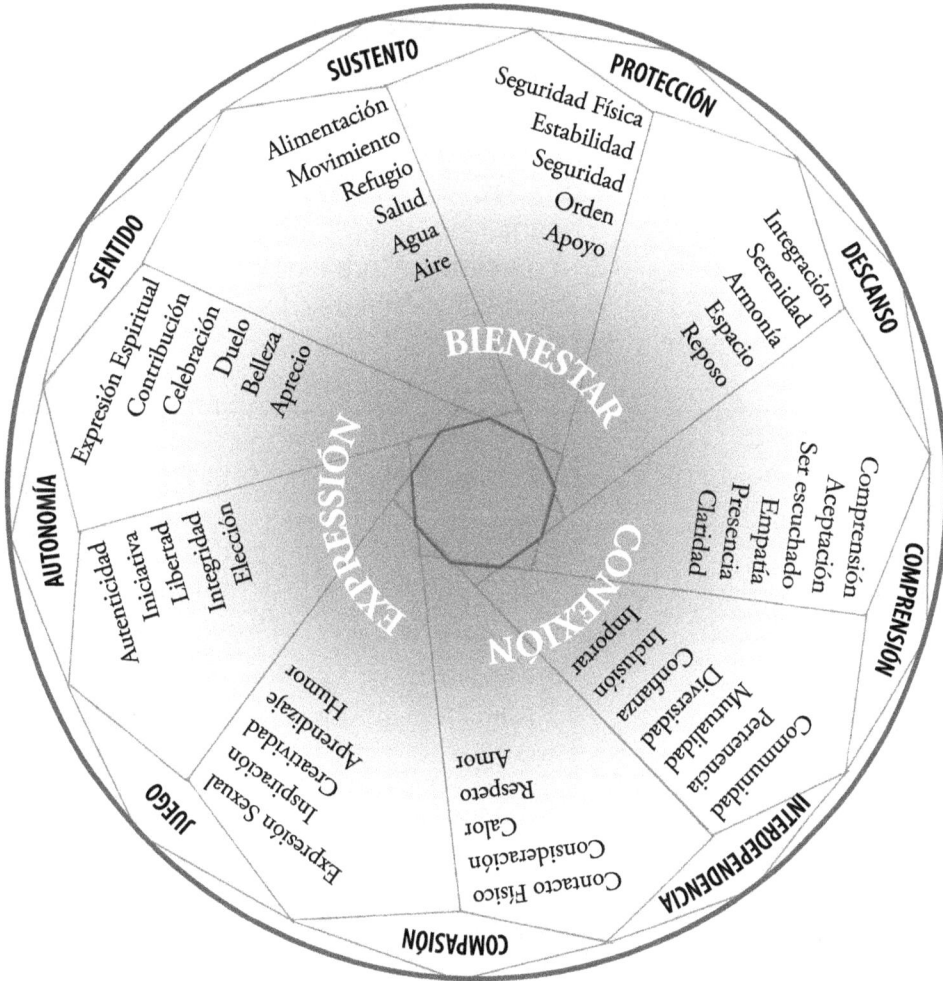

SUSTENTO
- Alimentación
- Movimiento
- Refugio
- Salud
- Agua
- Aire

PROTECCIÓN
- Seguridad Física
- Estabilidad
- Seguridad
- Orden
- Apoyo

DESCANSO
- Integración
- Serenidad
- Armonía
- Espacio
- Reposo

COMPRENSIÓN
- Comprensión
- Aceptación
- Ser escuchado
- Empatía
- Presencia
- Claridad

INTERDEPENDENCIA
- Comunidad
- Pertenencia
- Mutualidad
- Diversidad
- Confianza
- Inclusión
- Importar

COMPASIÓN
- Amor
- Respeto
- Calor
- Consideración
- Contacto Físico

JUEGO
- Expresión Sexual
- Inspiración
- Creatividad
- Aprendizaje
- Humor

AUTONOMÍA
- Autenticidad
- Iniciativa
- Libertad
- Integridad
- Elección

SENTIDO
- Expresión Espiritual
- Contribución
- Celebración
- Duelo
- Belleza
- Aprecio

BIENESTAR · EXPRESIÓN · CONEXIÓN

Cualidades universales de nuestra Vida compartida.

Asi como el latido de nuestro corazón y como nuestra respiración, las Necesidades son parte esencial de quien somos y cómo funcionamos como seres vivos. Las Necesidades no son algo que tenemos o no tenemos, somos ellas. Cada palabra que cualquiera de nosotros pronuncia, cada acción que cualquiera de nosotras realiza, incluyendo el silencio y la quietud, expresa una Necesidad. Al escuchar, expresar y abrazar profundamente estas cualidades en cada momento, en cada expresión nuestra o de otra persona, nos volvemos más íntimos con la Vida interdependiente que compartimos todas las personas. La rueda de Necesidades que está arriba no es una lista definitiva de todas las Necesidades Universales sino más bien un lugar para iniciar nuestra comprensión y práctica.

Basado en el trabajo del Dr. Marshall B. Rosenberg, | cnvc.org y Manfred Max-Neef | max-neef.cl

Sentimientos

ALEGRÍA Y SATISFACCIÓN

Afectuoso	Atónito	Determinado	Extático	Refrescado
Agradecido	Audaz	Dispuesto	Fascinado	Relajado
Alegre	Complacido	Emocionado	Feliz	Satisfecho
Aliviado	Confiado	En paz	Inspirado	Seguro de sí mismo
Amistoso	Conmovido	Encantado	Intrigado	Sereno
Amoroso	Contenta	Enternecido	Maravillado	Sorprendido
Animado	Curioso	Entretenido	Mareado	Tranquilo
Asombrado	Deleitado	Esperanzado	Motivado	Vigorizado
		Estimulado	Orgulloso	Vivo

MIEDO Y ANSIEDAD

Abrumado
Agitado
Alarmado
Ansioso
Aprensivo
Asustado
Aterrorizado
Aterrorizado
Avergonzado
Cauteloso
Confundido
Confundido
Desconcertado
Dudoso
En shock
Estresado
Impaciente
Inquieto
Miedoso
Nervioso
Perplejo
Perplejo
Perturbado
Preocupado
Preocupado
Reacio

RABIA Y FRUSTRACIÓN

Afectado
Agitado
Agraviado
Asqueado
Enfurecido
Enojado
Exasperado
Frustrado
Furioso
Horrorizado
Impaciente
Indignado
Irritable
Irritado
Molesto
Resentido

TRISTEZA Y DOLOR

Abatido
Aburrido
Aquejado
Decepcionado
Deprimido
Desalentado
Desamparado
Desanimado
Desesperanzado
Desilusionado
Dolido
Exhausto
Melancólico
Solo
Triste

SENTIMIENTOS FALSOS	*Interpretaciones disfrazadas de sentimientos*	
Abandonado	Desatendido	Maltratado
Abusado	Engañado	Manipulado
Acosado	Ignorado	No apreciado
Apresurado	Incomprendido	Rechazado
Atacado	Intimidado	Traicionado
Defraudado	Invisible	Utilizado

©2008 John Cunningham | www.empathy-conexus.com

Sensaciones Corporales

Blando **Relajado** Frío

Pesado **Tembloroso** **Nervioso** Gélido

Apacible Con piel de gallina **Apagado**

Caliente **Ligero** **Borroso** Atascado

Agudo Lleno **Fluyendo** Tenso Apretado

Con náuseas Vacío Sedoso Esparcido

Apretado **Helado** **Suelto** Cosquilleo

Fuerte Débil **Con mariposas** Difuso

Cálido Con Picazón **Doloroso** Duro

Viscoso Lloroso Mareado **Lastimado**

Adormecido **Sobresaltado** Calmado

Mareado Quieto Tembloroso

Puntiagudo Abierto

Con un tic nervioso

Inspirado en el trabajo de Peter Levine | traumahealing.com

La autoempatía
(o "lo que traemos")

1. Pensamientos - Me toco la frente y expreso las historias, juicios, interpretaciones, y creencias que tengo.

¡Haz una inhalación
PROFUNDA!

2. Sentimientos - Me toco el corazón y describo las sensaciones que hay en mi cuerpo y los sentimientos que tengo.

¡Haz una inhalación
PROFUNDA!

3. Necesidades - Me toco el vientre y menciono las Necesidades que hay detrás de mis pensamientos y sentimientos.

Respira y céntrate

4. Peticiones - Con las manos abiertas para recibir, menciono un par de peticiones de acción que me surgen tras conectar con mis Necesidades.

©2010 Jesse Wiens Chu y Catherine Cadden • zenvc.org
Basado en el trabajo del Dr. Marshall Rosenberg y el Centro para la Comunicación Noviolenta (cnvc.org).

Organigrama de Comunicación

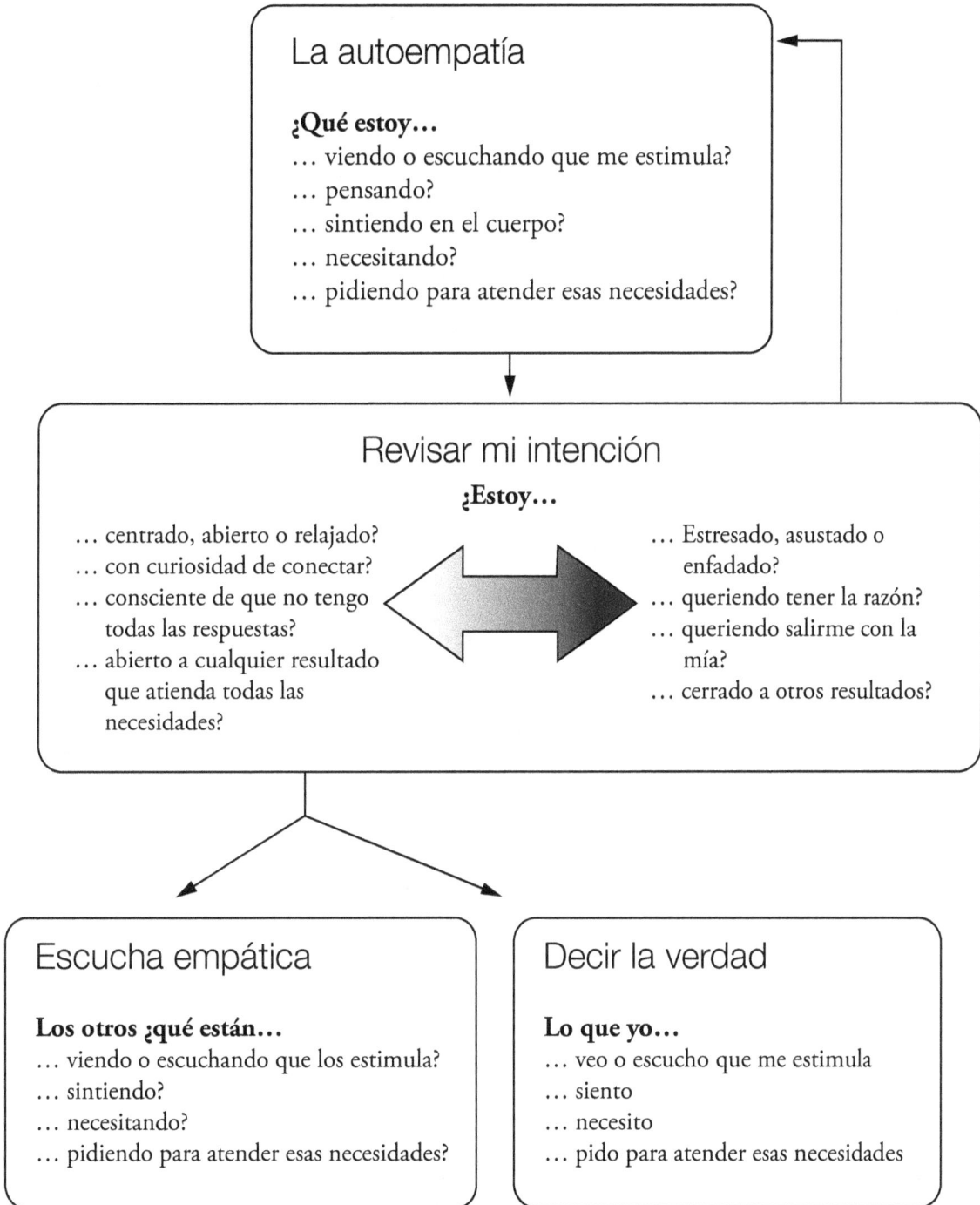

La autoempatía

¿Qué estoy...
... viendo o escuchando que me estimula?
... pensando?
... sintiendo en el cuerpo?
... necesitando?
... pidiendo para atender esas necesidades?

Revisar mi intención

¿Estoy...

... centrado, abierto o relajado?
... con curiosidad de conectar?
... consciente de que no tengo todas las respuestas?
... abierto a cualquier resultado que atienda todas las necesidades?

... Estresado, asustado o enfadado?
... queriendo tener la razón?
... queriendo salirme con la mía?
... cerrado a otros resultados?

Escucha empática

Los otros ¿qué están...
... viendo o escuchando que los estimula?
... sintiendo?
... necesitando?
... pidiendo para atender esas necesidades?

Decir la verdad

Lo que yo...
... veo o escucho que me estimula
... siento
... necesito
... pido para atender esas necesidades

©2010 Jesse Wiens Chu y Catherine Cadden • zenvc.org
Adaptado del libro The No-Fault Zone | thenofaultzone.com y
Dr. Marshall Rosenberg y el Centro para la Comunicación Noviolenta (cnvc.org).

Las cartas de Necesidades

Las cartas de Necesidades son una de las herramientas más sencillas y fáciles que hemos encontrado para apoyar el aprendizaje y la práctica de la empatía donde quiera que se reúnan personas. En el *Libro Ongo*, se utilizan para las "Reuniones Grupales" a partir de la Semana 2. Si el grupo no tiene un juego de cartas de Necesidades, la persona "Guía Grupal" de la Semana 2 puede seguir las instrucciones y hacerlas:

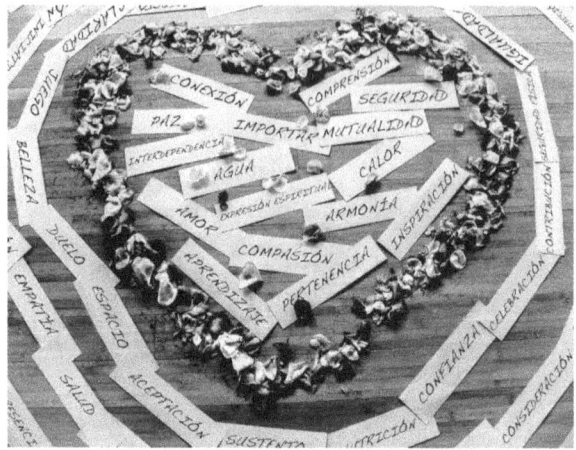

Si tienes acceso a una computadora, impresora e Internet, puedes encontrar un juego imprimible de cartas de Necesidades en la página web Compañero Ongo (ongo.global). Recomendamos imprimirlas en cartulina de color claro, para mayor belleza y durabilidad. Una vez impresas, simplemente corta sigue los puntitos para cortar los rectágulos y que cada necesidad quede en su propia carta, como se muestra en la imagen de abajo.

Si no tienes acceso a una computadora, impresora e Internet, puedes hacer un juego de cartas de Necesidades a mano. Hay muchas formas de hacerlas. Aquí te sugerimos una:

1. **Corta nueve hojas de cartulina en 63 tarjetas.** Házlo cortando cada hoja de cartulina en 7 tiras, a lo ancho, como se muestra en la imagen de abajo a la izquierda.

2. **Observando la Rueda de Necesidades en el Ápendice A, página 279, escribe una palabra de Necesidad en cada carta.** Escríbelas de forma que sean grandes y fáciles de leer para los demás, como se muestra en la imagen de abajo a la derecha.

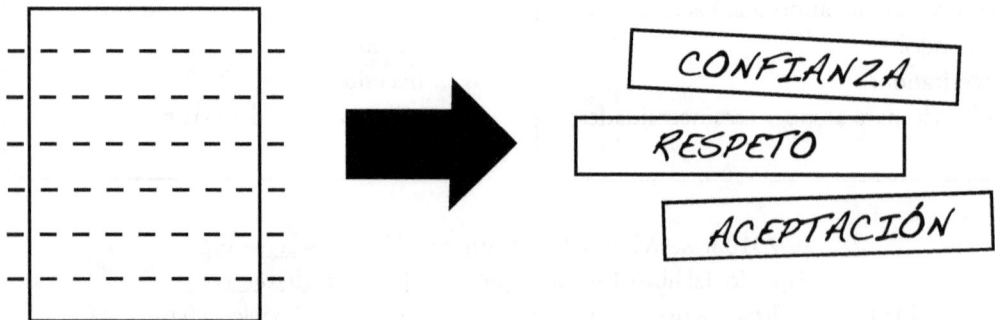

Ápendice B

Dirigir la práctica grupal en línea

"Hacer Ongo en línea le permitió al mundo unirse en torno a asuntos profundos que nos conmueven y que despiertan nuestra historia, historias y legado –el trauma de la guerra, por ejemplo–. La conexión con mi compañera de Polonia fue preciosa, poder sanar juntas y sentir nuestra unidad alrededor del mundo. Ninguna persona está sola –el sufrimiento es el mismo– incluso si materialmente tenemos diferentes niveles de comodidad".
— Farida K., Australia

Muchas de las prácticas que están en las Reuniones grupales provienen de prácticas que habíamos realizado previamente con grupos en línea. Por ello, la mayoría de las instrucciones son idénticas para grupos presenciales y virtuales Ongo. Hemos redactado este apéndice para orientar a los guías grupales sobre cómo trabajar con las instrucciones de las Reuniones grupales que necesitan alguna adaptación para que funcionen en línea. Estas instrucciones se basan en lo que ha funcionado según nuestra experiencia y la de otros grupos virtuales Ongo. Al compartir estas recomendaciones, estamos profundamente agradecidos con Wendy Haynes, Jeff Joslin, Laura Sacks, Terry Schiff y Michelle Towle, cuyo arduo trabajo de ensayo y redacción de su experiencia contribuyó a la elaboración de este apéndice.

Cómo utilizar este apéndice

Este apéndice está en el orden de los capítulos del Libro Ongo. En general, como Guía grupal, seguirás las instrucciones originales del libro. Mientras lo haces, busca este ícono de computadora: 🖥️. Este ícono aparecerá a la izquierda de cualquier sección que contenga instrucciones adicionales en este apéndice para grupos virtuales. Cuando llegues a esa sección, dirígete al número de página que aparece en el ícono para encontrar instrucciones adicionales que aplican a las reuniones virtuales para esa sección. Luego, vuelve a las instrucciones originales para las secciones que siguen. Si no hay instrucciones adicionales en este apéndice para una práctica concreta, simplemente sigue las instrucciones originales.

Crear un círculo de apoyo: Cómo crear un grupo Ongo

Pasos de acción para el organizador del grupo:

🍂 En vez de un lugar físico de reunión, elige una plataforma virtual de reunión que sea fácilmente accesible para todos los participantes. Las recomendaciones de este libro proceden principalmente de grupos Ongo que utilizaron Zoom como plataforma de reunión. Sin embargo, también se pueden utilizar otras plataformas de tele y videoconferencia (las primeras reuniones Ongo "virtuales" se realizaron a través de una plataforma de teleconferencia internacional). Como la tecnología está en constante cambio, no tenemos una recomendación concreta sobre qué plataforma utilizar, aunque son preferibles aquellas con funciones de chat de texto y salas de reunión. Si usas una plataforma con salas de reunión, recomendamos encarecidamente pedirle a algún participante familiarizado con la plataforma que se encargue de la parte tecnológica cada semana (e.j.: silenciar y activar el micrófono de los participantes y abrir y cerrar las salas de reunión). Si usan una plataforma sin la función de salas de reunión, recomendamos limitar el tamaño del grupo a máximo ocho participantes, para que todos los participantes tengan tiempo suficiente para hablar y hacer las prácticas en cada reunión. Hemos sostenido grupos Ongo satisfactoriamente utilizando tanto servicios gratuitos de conferencia telefónica como aplicaciones profesionales de videoconferencia paga.

Dirigir la Práctica grupal: Instrucciones para el Guía grupal

Dos o tres días antes de la Reunión grupal:

Además de las otras instrucciones:

🍂 **Lee las instrucciones de la Reunión grupal para la semana que vas a guiar, así como las instrucciones adicionales que se encuentran en este apéndice.**

🍂 **Recuérdale a todas las personas cómo unirse a la reunión en línea, el día y la hora, así como cualquier preparación que se les pida.**

🍂 **Pídele a los participantes que lleven su ejemplar del *Libro Ongo* a la Reunión grupal virtual, el Círculo Ongo que les enviaste (ver página 294, Semana 1 Grupo, Preparación - Guía grupal), papel y utensilios de escritura de su elección,** además de cualquier otra preparación que se le pida a los participantes en las instrucciones de la Reunión grupal de esa semana.

- **Realiza cualquier preparación indicada en "Preparación - Guía grupal",** que también se encuentra al principio de las instrucciones para la semana de Reunión grupal que estás guiando. Busca el ícono "en línea" para que puedas consultar el apéndice en caso de cualquier preparación adicional necesaria para las Reuniones grupales en línea.

Traer a la Reunión grupal:

Además de las cosas mencionadas anteriormente, trae:

- El Círculo Ongo creado por el Guía grupal de la Semana 1, para utilizarlo como diagrama de referencia sobre dónde van sentados los participantes cuando haya instrucciones de compartir "alrededor del círculo" (ver Preparación de la Semana 1 - Guía grupal para más detalles).

- Para las reuniones en línea, no necesitas un juego de cartas de Necesidades sino que cada participante consultará la Rueda de Necesidades en su ejemplar del *Libro Ongo*. Puedes descargar o imprimir la Rueda de Necesidades a través de la página web "Compañero Ongo" ongo.global.

El día de la Reunión grupal:

Además de las otras instrucciones:

- **Considera la posibilidad de compartir una imagen y/o música que invite a una sensación de bienvenida, inspiración y cercanía, mientras los participantes van llegando a la reunión,** si tu plataforma de reuniones virtuales tiene la opción de compartir imagen y/o sonido y si te sientes cómodo con la tecnología.

- **A medida que los participantes se incorporen a la reunión virtual, pon una marca junto a su nombre en tu copia del círculo Ongo para que puedas ver quién está o no está presente** en la Reunión grupal de esa semana. Esto te dará una referencia visual para que puedas apoyar a los participantes a recorrer "el círculo" con facilidad y fluidez, cuando sea necesario. También puedes preguntar a los participantes, a medida que vayan llegando, si han traído su Círculo Ongo como referencia. Puede ser útil compartir el Círculo Ongo en la pantalla, si tu tecnología lo permite.

- **Antes de que comience la reunión, pide a los participantes que se enfoquen completamente en la reunión y que se abstengan de realizar otras tareas,** como responder a mensajes o notificaciones en su teléfono o dispositivo móvil durante ese tiempo.

- Pide a los participantes que lleven auriculares en caso de que otras personas (por ejemplo, familiares o compañeros de trabajo) **entren en su espacio durante la reunión, a fin de que no se revele la intimidad de otros participantes.**

- **Pide a los participantes que mantengan sus cámaras encendidas,** si la tecnología lo permite. Esto ayudará a que todas las personas estén presentes y conectadas entre sí durante la llamada.

- **Recuérdale a los participantes de silenciar sus micrófonos cuando no estén hablando, para que todas las personas puedan oír claramente a quien esté hablando.** Durante la reunión, puede haber ocasiones en las que tú o la persona a cargo de la parte técnica necesiten silenciar a un participante que haya olvidado autosilenciarse, especialmente si su ruido de fondo distrae la atención de quien está hablando o interrumpiendo una meditación.

- **Cuando dirijas el grupo, utiliza las instrucciones originales de la Reunión grupal de esa semana, y utiliza las instrucciones adicionales de este apéndice en cualquier sección que tenga el ícono de computadora a la izquierda.** Cuando llegues a esa sección, dirígete al número de página que aparece en el ícono y sigue las instrucciones que aplican a grupos virtuales para esa sección. Utiliza dichas instrucciones en lugar de las originales, según corresponda. Continúa con las instrucciones originales para las secciones que siguen.

Durante la Reunión grupal:

Además de las otras instrucciones:

- **Utiliza un liderazgo de "poder compartido".** El silencio en un foro virtual puede ser malinterpretado, por lo que puede ser útil ofrecer un poco de narración a lo que está ocurriendo. Considera la posibilidad de guiar verbalmente cualquier empatía silenciosa y de hacer juntos una respiración colectiva cuando las cosas se pongan difíciles durante el compartir grupal. Podrías decir: "En este momento, conectemos con el lugar donde estamos sentados mientras hacemos tres respiraciones todos juntos".

- **Si se revelan recuerdos traumáticos o traumas actuales para uno o más participantes...** Pide a los participantes que no abandonen la reunión, ni apaguen las cámaras ni se distraigan, sin antes haber establecido conexión y ofrecido apoyo al participante o participantes que se sientan estimulados. Podrías decir: "Estar con lo que se estimula durante nuestras prácticas puede ser difícil y estar en línea puede suponer un reto para nuestra capacidad de estar presentes los unos con los otros. Me gustaría invitarnos a hacer tres respiraciones juntos". Después de las tres respiraciones, podrías decir algo como: "Me gustaría invitar a (quienquiera que se sienta estimulado) a decirnos lo que mejor te iría en este momento. ¿Cómo podemos apoyarte con lo que estás viviendo?". Al estar en línea, puede que tengas que tomar más iniciativa con las palabras para que la conexión empática sea sentida por los demás. Al mismo tiempo, sé consciente y amable con tus suposiciones empáticas.

- ❧ **Siempre que haya un periodo de meditación en silencio** (por ejemplo, "Siéntate en silencio durante tres minutos más"), **anuncia cuánto durará la meditación en silencio** (por ejemplo, "Ahora nos sentaremos en silencio durante tres minutos"), **para que los que tienen conexiones inestables sepan cuándo el silencio es normal, en lugar de una señal de que su conexión se ha interrumpido.**

- ❧ **Sostén las campanas o campanillas lejos del micrófono cuando las golpees para señalar el comienzo o el final de una meditación.** Según nuestra experiencia, el sonido puede ser discordante para los oyentes cuando las campanas se golpean demasiado cerca del micrófono. *Ten en cuenta que el sonido de las campanas también se verá reforzado si la supresión de ruido está desactivada o ajustada a "bajo" en los ajustes de audio de tu aplicación de conferencia, si tienes esa opción.*

- ❧ **¡Recuerda divertirte!** Estar en línea puede ser agotador y un poco más estresante para las personas, así que utiliza tu creatividad con la tecnología para crear un espacio enriquecedor para ellas. Por ejemplo, mientras esperas a que llegue la gente, puedes pedirles que presenten a los animales que tienen en casa y que también están en las llamadas, o que escriban en el chat tres palabras de Necesidades de lo que está más vivo en ellos al entrar en la llamada, o pon una canción al final de la reunión e invita a bailar a los que quieran. Permite que la barrera tecnológica sea una invitación a la diversión que, de otro modo, no podrías tener en persona.

Preparación - Guía grupal:

🌿 **Crea un Círculo Ongo y envíalo a todas las personas.**

Antes de la primera reunión grupal, dibuja un círculo en un papel y escribe a su alrededor los nombres de cada uno de los participantes del grupo Ongo. Distribúyelo a todas las personas del grupo. Esta será la referencia del lugar donde se "sentará" cada persona dentro del Círculo Ongo. Cuando haya instrucciones para que los participantes compartan "alrededor del círculo", esta será la tabla de "asientos" de referencia. Tener los nombres escritos de esta manera, permite que todos los participantes sepan fácilmente cuándo les corresponde hablar, sin necesidad de ser llamados y permitirá que se desarrolle un auténtico flujo de intercambio. También le dará a cada persona la responsabilidad de saber cuándo le corresponde compartir en lugar de depender de que alguien lleve la voz cantante.

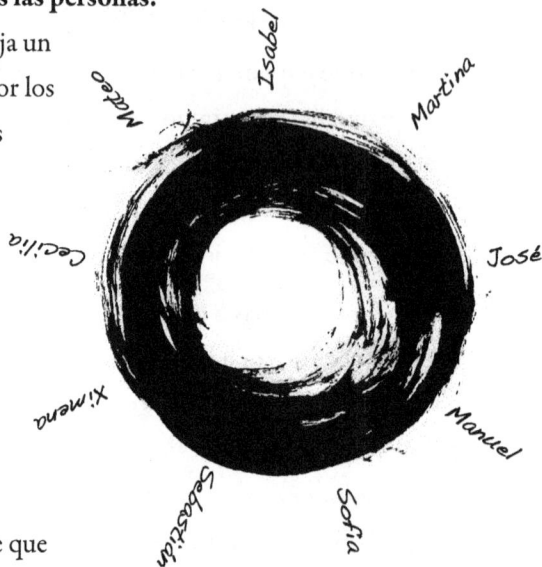

Meditación de apertura

Invita a todas las personas a sentarse.

Lee al grupo:

Te damos la bienvenida a nuestro Círculo Ongo. Nos reunimos en círculo porque en círculo cada persona tiene su lugar y todos podemos ser vistos y escuchados por igual. Aquí, todas las personas pertenecemos y todas importamos. Puedes observar el Círculo Ongo que te he enviado para hacerte una idea de dónde estás sentado en nuestro círculo virtual.

Permitamos que cada uno diga su nombre en el círculo. Cuando cada persona hable, dale la bienvenida con tu presencia, escuchando en silencio y permitiendo la duración de una respiración completa antes de que la siguiente persona diga su nombre. Empezaré diciendo mi nombre y respirando. Luego continuaremos, uno a uno, alrededor del círculo empezando por mi izquierda, según el orden escrito en el Círculo Ongo. Recuerda activar tu micrófono, respirar y compartir tu nombre con el grupo. Luego, haremos una respiración colectiva antes del siguiente nombre, para que podamos realmente reconocer la voz y la presencia de cada persona.

Di tu nombre en el círculo. Haz una respiración completa. Después, la persona de tu izquierda continuará compartiendo su nombre, y así sucesivamente, hasta que todas las personas del círculo lo hayan compartido.

Si se produce un silencio prolongado (más de un par de respiraciones completas) y un participante no se ha presentado, invítale suavemente a hablar. Invítalos de forma general *("Quienes que aún no se hayan presentado, ¿podrían compartir sus nombres?")* o de forma específica *("<Nombre>, ¿estarías dispuesto a presentarte?")*.

A continuación, regresa a las instrucciones originales para la Meditación de apertura, página 22, empezando por donde dice "Una vez que todas las personas del círculo hayan compartido su nombre, …".

Compartir y escuchar (haz esto en vez de las instrucciones originales)

Lee estas instrucciones al grupo:

Cada uno de nosotros fue invitado a traer una intención escrita que exprese lo que le llama a Ongo en este momento de su vida, y lo que espera obtener en su aprendizaje al final del recorrido de Ongo. Ahora recorreremos el círculo y compartiremos nuestras intenciones. Empezaremos con quien se sienta movido a compartir en primer lugar, y luego seguiremos nuestro Círculo Ongo como referencia para quién será el siguiente, moviéndose esta vez hacia la derecha. Puedes indicar que has terminado de hablar diciendo "gracias", y la siguiente persona tomará su turno. Cuando compartas, vuelve a decir tu nombre y tu intención. Les pido que nos apoyemos mutuamente escuchando con curiosidad y presencia plena a quien está compartiendo, en lugar de pensar en otras cosas. También les pido que no iniciemos conversaciones cruzadas, ni hagamos preguntas, ni comentemos acerca de lo que han compartido los demás, ni escribamos en el chat. A fin de que todas las personas tengan tiempo de compartir, sugiero que no hablemos durante más de tres minutos por persona.

Invita a quien quiera empezar a que active su micrófono, comparta su nombre y su intención de Ongo.

Después de que esa persona comparta, si nadie habla, recuérdale al grupo de continuar hacia la derecha de esa persona, en el orden en que cada persona está "sentada" en el **Círculo Ongo de nombres.** También puedes decir el nombre de la siguiente persona e invitarla a compartir.

Estableciendo las Prácticas en pareja Ongo (sigue estas instrucciones <u>en lugar de</u> las originales)

Lee al grupo:

> Esta semana, nos reuniremos con otro miembro de Ongo para nuestra primera Práctica en pareja Ongo. Continuaremos reuniéndonos una vez a la semana con esa misma persona hasta la Semana 4 de Ongo. Cada mes, cambiaremos de pareja Ongo para tener la oportunidad de profundizar en nuestra experiencia Ongo trabajando individualmente con diferentes miembros de la comunidad.

> Hoy seleccionaremos a nuestras primeras parejas Ongo. Nuestra única recomendación es que los familiares y compañeros de vida esperen hasta el tercer mes para ser pareja, a fin de cuidar la vulnerabilidad que surge al principio del proceso de aprendizaje y el vínculo profundo de esas relaciones. Aparte de eso, el objetivo no es encontrar "parejas perfectas", sino permitir que se desarrolle un proceso intuitivo. Tomémonos cada uno un minuto en silencio para respirar e imaginar, a partir de este círculo, a tres personas con las que nos sentimos llamados a practicar en pareja.

Después de un minuto de silencio, si tu plataforma de reunión tiene la función de chat, lee:

> A continuación, respirando la vulnerabilidad que puede suponer pedirle a alguien que sea nuestro amigo, coloca en el chat el nombre de una persona del grupo que te gustaría que fuera tu pareja durante este primer mes. Con esto como comienzo, vamos a discutir cuáles serán las parejas hasta que todas las personas tengan una pareja. Tendremos diferentes parejas Ongo en los meses dos y tres, y la magia puede ocurrir cuando no pensamos demasiado en el proceso, así que sólo dedicaremos cinco minutos a esta discusión.

Si tu plataforma de reuniones no tiene la función de chat, lee:

> A continuación, respirando la vulnerabilidad que puede suponer pedirle a alguien que sea nuestro amigo, nos turnaremos para decir en voz alta el nombre de una persona del grupo que nos gustaría que fuera nuestra pareja durante este primer mes. Con esto como comienzo, vamos a discutir quiénes serán las parejas hasta que todas las personas tengan una pareja. Tendremos diferentes parejas Ongo en los meses dos y tres y la magia puede

ocurrir cuando no pensamos demasiado en el proceso, así que sólo dedicaremos cinco minutos a esta discusión.

Apoya la discusión haciendo seguimiento a las personas que han acordado trabajar juntas y escribe esos dos nombres juntos en una lista de parejas que puedas consultar posteriormente.

Después de que todas las personas tengan una pareja:

Si tu plataforma tiene la función de salas de reunión, lee:

Dentro de unos instantes, iremos a salas de reunión para conocer a nuestras primeras parejas Ongo. Allí, nos tomaremos cinco minutos para presentarnos un poco más, intercambiar información de contacto y programar nuestra primera reunión en pareja.

Coloca a cada pareja en su propia sala de reunión.

Regresa a todas las personas a la sala principal después de cinco minutos.

Si tu plataforma no tiene salas de reunión, pero tiene la función de chat privado, lee:

Tómate un momento a continuación para intercambiar tu información de contacto con tu pareja a través de mensajes privados. Ponte en contacto con tu pareja Ongo poco después de esta Reunión grupal para programar su primer encuentro.

Si tu plataforma no dispone de salas de reunión <u>ni</u> de chat privado, lee:

Después de este Encuentro, te enviaré a ti y a tu nueva pareja Ongo la información de contacto preferida de cada uno. Ponte en contacto con tu pareja Ongo al terminar esta Reunión grupal para programar vuestro primer encuentro.

Para todas las plataformas (con o sin salas de reunión), recuerda a todas las personas leer la "Preparación para la Práctica en pareja" (pág. 11) antes de su primera reunión en pareja, si no lo han hecho aún.

Cierre

Además de solicitar un voluntario para ser guía grupal la semana siguiente, solicita un segundo voluntario que se encargue de la parte técnica la semana siguiente para realizar las salas de reunión, manejar los micrófonos, etc.

Para el compartir del cierre, invita a quien se sienta llamado a compartir su nombre y una palabra que describa lo que se lleva de esta primera Reunión grupal Ongo. Continúa compartiendo alrededor del Círculo Ongo de nombres hasta que todas las personas hayan compartido.

❧ **Si por cualquier motivo tu grupo no ha podido crear parejas Ongo, observa tu círculo de participantes y crea una pareja Ongo para cada participante.** Recomendamos no emparejar a familiares y compañeros de vida hasta el tercer mes de Ongo, para cuidar la vulnerabilidad que surge al principio del proceso de aprendizaje y el vínculo profundo de esas relaciones. También recomendamos emparejar a los participantes más experimentados con aquellos que puedan querer ese apoyo adicional. Recuerda asignarte una pareja Ongo a ti mismo también.

❧ **Si las parejas Ongo no intercambiaron información de contacto durante la Reunión grupal, presenta a las parejas Ongo a través de su método de contacto preferido (es decir, correo electrónico o mensaje instantáneo).** Invítales a que se pongan en contacto para programar su primer encuentro juntos.

SEMANA 2 GRUPO

Preparación - Guía grupal:

❧ En lugar de preparar un juego de cartas de Necesidades, simplemente recuerda a todas las personas a tener consigo su ejemplar del *Libro Ongo* a la reunión.

❧ Recuerda tener contigo el Círculo Ongo de nombres para tu referencia y para distribuirlo de nuevo entre los participantes.

Meditación de apertura

Da la bienvenida a todas las personas invitándolas a decir sus nombres en el círculo. Permite que el grupo sepa que tú vas a empezar, y que luego elegirás una dirección alrededor del Círculo Ongo para que el compartir grupal continúe. El compartir continuará con la persona situada inmediatamente a tu izquierda o a tu derecha, y así sucesivamente, por orden de los nombres en el Círculo Ongo, hasta que todas las personas hayan hablado. Pide a todas las personas que activen el micrófono cuando compartan sus nombres con el grupo, y que ofrezcan su presencia a cada persona haciendo un silencio completo entre cada nombre.

Si se produce un silencio prolongado (más de unas cuantas respiraciones completas) y algún participante no se ha presentado, invítale suavemente a hablar. Invítalos de forma general *("Los que aún no se han presentado, ¿podrían compartir sus nombres?")* o de forma específica *("<Nombre>, ¿estarías dispuesto a presentarte?")*.

Luego, vuelve a las instrucciones originales para la Meditación de Apertura de la página 46, empezando por donde dice "Toca la campana para indicar el comienzo de la meditación sentada".

Círculos de empatía (sigue estas instrucciones en lugar de las originales)

En el caso de grupos de más de ocho personas, si tu plataforma de reuniones permite la existencia de salas de reunión, informa al grupo que esta próxima práctica será en grupos pequeños.

Pide a todas las personas que abran su ejemplar del *Libro Ongo* por la página de la Rueda de las Necesidades (pág. 279) y que la tengan visible durante el Círculo de Empatía.

Lee estas instrucciones a todas las personas:

> Una persona (de cada grupo) compartirá durante unos minutos algo que le esté ocurriendo en su vida. Puede ser algo doloroso o alegre. Para este primer Círculo de Empatía, te recomendamos que compartas algo que esté vivo y sea significativo para ti en la actualidad, y algo que te permita practicar la vulnerabilidad, sin agobiarte. En otras palabras, elige compartir algo que consideres de intensidad media, ni muy suave ni muy pesada.
>
> Para garantizar que todas las personas tengan tiempo para compartir, cada una de ellas sólo dispondrá de tres o cuatro minutos para hablar. Cuando una persona hable, todas las personas del grupo escucharán en silencio, aportando curiosidad, presencia consciente y la intención de conectar con la persona que habla.
>
> Después de que la persona haya terminado de hablar, los oyentes se centran en las Necesidades universales observando la Rueda de Necesidades del *Libro Ongo* y adivinando en silencio qué Necesidades son importantes para quien está hablando.
>
> A continuación, cada uno de los oyentes ofrece una confirmación a la persona que habla, activando su micrófono y diciendo en voz alta una Necesidad de la Rueda de Necesidades. Las personas tendrán la oportunidad de ofrecer más de una palabra, pero es importante que se muevan con suavidad y permitiendo que se escuchen diferentes voces con cada Necesidad. Al decir las Necesidades, permite un respiro de silencio entre cada Necesidad pronunciada, para que el hablante tenga la oportunidad de recibir realmente

cada palabra y sentirla en su cuerpo. A veces, dos o más oyentes pueden hablar al mismo tiempo. Si esto ocurre, cada oyente respirará y dará espacio al otro para que vuelva a decir su palabra.

Mientras los oyentes ofrecen sus reflexiones sobre las Necesidades, el hablante recibe en silencio estas palabras, respirando y sintiendo los sentimientos que le llegan a su interior. Después de ofrecer la última reflexión y de que el hablante la haya recibido, éste dice: "Gracias" a los oyentes.

Luego, otra persona toma la palabra y el Círculo de Empatía se repite hasta que, idealmente, todas las personas del círculo hayan tenido la oportunidad de compartir.

A lo largo del Círculo de Empatía, excepto cuando se reflejen Necesidades, la única persona que habla es la que comparte. Se pide a los oyentes que respeten el espacio absteniéndose de comentar, preguntar u ofrecer consejos. Después de esta práctica, todo el grupo tendrá la oportunidad de compartir sus experiencias de escucha y habla.

Una última sugerencia antes de empezar: si, en algún momento, como oyente o hablante, te encuentras atrapado en tus propios pensamientos, simplemente respira y vuelve a la presencia con lo que se está compartiendo. Como hablante, esto significa traer tu presencia a lo que quiera ser dicho a través de ti, sin preocuparte de si tiene sentido o de cómo suena para los demás. Como oyente, esto también significa que, al observar la Rueda de Necesidades, simplemente hagas tu mejor suposición desde un lugar de curiosidad, presencia consciente e intención de conectar sin preocuparte de si es o no la palabra "correcta" o la suposición "correcta".

Revisa si alguien no tiene clara la práctica y necesita volver a escuchar las instrucciones. Una vez todo el mundo lo tenga claro, invita a todas las personas a respirar juntas y a traer su presencia al Círculo de Empatía.

Si tu plataforma permite las salas de reunión, utiliza esa función para dividir el grupo (incluyéndote a ti) de forma uniforme en grupos más pequeños. Si, como anfitrión de la llamada, tienes que quedarte en la sala principal, te puedes reunir allí con tu grupo pequeño. Si es posible, incluye en cada grupo pequeño al menos a una persona que esté familiarizada con los Círculos de Empatía, para que pueda ofrecer ayuda a su grupo si surge alguna confusión sobre la práctica.

Si tu plataforma no dispone de salas de reunión, haz la práctica en el grupo grande. En un grupo grande, es posible que no todas las personas tengan la oportunidad de compartir en el tiempo previsto.

Invita al grupo a empezar. Las personas pueden autoelegirse para ser la primera persona que comparte en su grupo.

Mide el tiempo del grupo o grupos. Reservando al menos diez minutos para la "Cosecha" y el "Cierre", avisa a todas las personas cuando haya pasado la mitad del tiempo disponible para el Círculo de Empatía. Pide a cada grupo que distribuya el tiempo restante para que todas las personas tengan la oportunidad de compartir.

Cuando queden cinco minutos, ofrece un último recordatorio a todas las personas de que en cinco minutos iniciará la "Cosecha". Si los participantes parecen necesitar más tiempo del disponible, sugiere al grupo que quienes deseen más apoyo pidan a sus parejas Ongo que se reúnan con ellos después de la Reunión grupal.

Cierra invitando a todas las personas a volver a la sala principal (si están en las salas de reunión).

Vuelve a las instrucciones originales de la Cosecha de la página 54.

Cierre

Además de solicitar un voluntario para ser guía grupal la semana siguiente, solicita un segundo voluntario que se encargue de la parte técnica la semana siguiente para crear las salas de reunión, manejar los micrófonos, etc.

Para el compartir del cierre, invita a quien se sienta llamado a compartir su nombre y una palabra que describa lo que se lleva de esta segunda Reunión grupal Ongo. Continúa compartiendo alrededor del círculo Ongo de nombres hasta que todas las personas hayan compartido.

SEMANA 3 GRUPO

Preparación - Guía grupal:

❧ Recuerda tener contigo el Círculo Ongo de nombres para usarlo como referencia y distribuirlo nuevamente entre los participantes.

● Meditación de apertura

Da la bienvenida a todas las personas invitándolas a decir sus nombres en el círculo. Avisa al grupo que tú vas a empezar y que, a partir de tu nombre en el Círculo Ongo, el compartir continuará hacia la derecha, hasta que todas las personas hayan hablado. Pide a todas las personas que activen su micrófono cuando compartan su nombre con el grupo y que ofrezcan su presencia a cada persona haciendo un silencio completo entre cada nombre.

Si se produce un silencio prolongado (más de unas cuantas respiraciones completas) y algún participante no se ha presentado, invítale suavemente a hablar. Invítalos de forma general *("Los que aún no se han presentado, ¿podrían compartir sus nombres?")* o de forma específica *("<Nombre>, ¿estarías dispuesto a presentarte?")*.

A continuación, vuelve a seguir las instrucciones originales para la Meditación de Apertura de la página 74, empezando por "Toca la campana para señalar el comienzo de la meditación sentada".

Practicar la autoempatía

Sigue las instrucciones originales de "Practicar la autoempatía" hasta que llegue el momento de formar parejas.

Cuando llegue el momento de formar parejas, lee estas instrucciones al grupo:

> En breve trabajaremos en pareja con las Necesidades que cada quien ha descubierto. Leerás a tu pareja las Necesidades que has escrito. Tu pareja las escribirá para que te pueda ofrecer un reflejo. Después de que tu pareja haya escrito tus Necesidades, te las leerá de nuevo, una por una, con respiraciones completas entre cada Necesidad, para que tú puedas asimilarlas realmente.
>
> Mientras escuchas tus Necesidades reflejadas, simplemente recibe y respira. Permite que tus manos se apoyen en tu vientre y siente la respuesta del cuerpo al escuchar cada Necesidad. Respira y permite que esos sentimientos y sensaciones se expandan por todo tu cuerpo. Sin ningún esfuerzo, nota si tus manos se quedan en el vientre o si quieren abrirse y descansar en tu regazo.

Si tu plataforma dispone de salas de reunión, divide a las personas en salas de dos personas (o de tres si el número es impar). Recuerda a todas las personas que deben cambiar de rol después de que una de ellas haya recibido el reflejo de sus Necesidades, para que ambas personas puedan ser sostenidas. Dispondrán de seis minutos para esta práctica (nueve minutos para grupos de tres). Si como anfitrión de la llamada debes permanecer en la sala principal, quédate allí con otro participante para que tú también puedas practicar.

Si tu plataforma no dispone de salas de reunión, realiza la práctica en el grupo grande, llamando tú a los participantes por su nombre cuando sea su turno. Los participantes realizarán la práctica con la persona "de al lado" en el Círculo Ongo, uno por uno, hasta que todas las personas del círculo, incluyéndote a ti, hayan tenido la oportunidad de realizar ambos roles (el de sostener y el de ser sostenido). Para hacerlo, este es el paso a paso:

1. Escoge a alguien de tu círculo para ser la "persona sostenida" y menciónala en voz alta.

2. Nombra a la persona de su izquierda en el Círculo Ongo como la "persona que sostiene". Todas las demás personas del círculo escucharán todo el proceso con presencia empática y silenciosa.

3. La persona sostenida leerá a quien sostiene las Necesidades que anotó en la práctica de autoempatía. La persona que sostiene las anota.

4. A continuación, la persona que sostiene leerá las Necesidades de la persona sostenida, una a la vez, con respiraciones completas entre ellas, siguiendo las instrucciones que tú has leído anteriormente.

5. La persona que sostuvo se convertirá ahora en persona sostenida, y tú mencionarás a la persona situada a su izquierda como nueva persona que sostiene. Y así continuará la práctica alrededor del círculo hasta que todas las personas hayan pasado por el rol de persona sostenida y de persona sostenedora.

Una vez que todas las personas hayan terminado de recibir sus Necesidades (y que los participantes de las salas de reunión hayan vuelto a la sala principal), vuelve a las instrucciones originales para esta práctica, en la página 70, empezando por "Una vez todas las personas hayan terminado de recibir sus Necesidades, invita al grupo a hacer tres respiraciones todos juntos".

Cierre

Además de solicitar un voluntario para ser el guía grupal de la semana siguiente, solicita un segundo voluntario que se encargue de la parte técnica de crear las salas de reunión, manejar los micrófonos, etc.

Para el compartir del cierre, invita a quien lo desee a compartir su nombre y una palabra que describa lo que se lleva de esta tercera Reunión grupal Ongo. Continúa compartiendo alrededor del Círculo Ongo hasta que todas las personas hayan compartido.

Después de un minuto, invita a todas las personas a escribir en el chat la Necesidad que eligieron. Si tu plataforma no tiene una función de chat, invita a quien lo desee a compartir la Necesidad que eligió. Continúa compartiendo alrededor del Círculo Ongo a su derecha hasta que todas las personas hayan compartido.

SEMANA 4 GRUPO

Preparación - Guía grupal:

- 🌱 Recuerda tener contigo el Círculo Ongo de nombres para usarlo como referencia y distribuirlo nuevamente entre los participantes.

- 🌱 Ignora cualquier preparación que implique el "bastón de la palabra" o las cartas de Necesidades.

Rondas de Palabra

Lee las siguientes instrucciones para las Rondas de Palabra <u>en lugar de</u> las originales:

La persona que habla tendrá nuestra presencia silenciosa completa. Mantendremos las cámaras encendidas mientras escuchamos. Mientras estén hablando, no comentaremos ni responderemos a sus palabras, ni pensaremos en lo que diremos cuando nos toque hablar. Sostendremos el espacio de empatía para cada orador. Cuando sea nuestro turno de hablar, no haremos referencia a lo que hayan compartido otras personas. Hablaremos desde nuestras propias experiencias e ideas.

Haremos tres rondas de compartir. En la primera ronda, cada persona compartirá sobre el tema "háblanos del sufrimiento que observas en ti y en el mundo". Comenzaremos con la primera persona que desee hablar sobre el tema, y continuaremos con la persona de su izquierda en el Círculo Ongo hasta que regresemos a la primera persona que compartió. En ese momento presentaré el siguiente tema a compartir. Dado que habrá tres rondas de compartir y somos <número> personas, seamos todos conscientes de la duración de nuestras intervenciones para que haya tiempo de escuchar la voz de todas las personas. De igual modo, honra tu propia voz dándole el espacio que necesita para expresarse.

Revisa si alguien no tiene clara la práctica y necesita volver a escuchar las instrucciones. Una vez que todo el mundo lo tenga claro, invita a todas las personas a respirar juntas y traer su presencia a la Ronda de Palabra. Luego lee:

> Háblanos del sufrimiento que observas en ti y en el mundo. Recuerda activar tu micrófono ¿Quién se siente llamado a hablar sobre este tema en este momento?

Si tu plataforma tiene la función de chat, escribe allí: Háblanos del sufrimiento que observas en ti y en el mundo.

Hazle seguimiento al círculo. Si alguien está intentando hablar y su micrófono está silenciado, recuérdale de activarlo. Si hay una pausa larga en el círculo, revisa a qué persona le corresponde hablar: *"<Nombre>, ¿te gustaría compartir sobre este tema?"*

Una vez que la palabra haya recorrido el círculo y regresado a la primera persona que compartió, invita a todas las personas a tomar una respiración colectiva. Luego lee:

> Para esta segunda ronda, cuéntanos qué significa para ti dirigirte hacia un poder más grande que tú. Recuerda activar tu micrófono ¿Quién se siente llamado a hablar sobre este tema en este momento? Esta vez, recorreremos el Círculo Ongo hacia la derecha.

Si tu plataforma tiene la función de chat, escribe allí: Cuéntanos qué significa para ti dirigirte hacia un poder más grande que tú.

Una vez que la palabra haya recorrido el círculo y regresado a la primera persona que compartió, invita a todas las personas a tomar una respiración colectiva. Luego lee:

> Antes de la tercera ronda, en silencio, permitamos que cada uno observe su Rueda de Necesidades o sus cartas de Necesidades que tenemos delante para conectar con las Necesidades que nuestro compartir ha despertado. Respira mientras observas estas Necesidades y nota cuáles te hablan en este momento.

Permite que todas las personas observen sus Necesidades antes de seguir leyendo:

> Para la tercera ronda, háblanos de las Necesidades que notas que han cobrado vida durante este compartir. ¿Cómo se relacionan estas Necesidades con tus ideas sobre el sufrimiento y/o la idea de un poder más grande que tú? Recuerda activar tu micrófono ¿Quién se siente llamado a hablar ahora sobre este tema? Esta vez, recorreremos el Círculo Ongo hacia la izquierda.

Si tu plataforma tiene la función de chat, escribe allí: Háblanos de las Necesidades que notas que han cobrado vida durante este compartir. ¿Cómo se relacionan estas Necesidades con tus ideas sobre el sufrimiento y/o la idea de un poder más grande que tú?

Una vez que la palabra haya recorrido el círculo y regresado a la primera persona que compartió, invita a todas las personas a tomar una respiración colectiva. Luego lee: Vuelve a las instrucciones originales para la Cosecha en la página 94.

Cierre

Además de solicitar un voluntario para ser guía grupal la semana siguiente, solicita un segundo voluntario que se encargue de la parte técnica para crear las salas de reunión, manejar los micrófonos, etc.

Para el compartir del cierre, invita a una persona del círculo a compartir la palabra que eligió, a describir lo que se lleva de esta cuarta Reunión grupal Ongo y a elegir en qué dirección continuará el compartir del Círculo Ongo, hasta que todas las personas, incluyéndote a ti, hayan compartido. Si hay poco tiempo y tu plataforma tiene la función de chat, puedes invitar a todas las personas a escribir su palabra en el chat.

SEMANA 5 GRUPO

Preparación - Guía grupal:

- Recuerda tener contigo el Círculo Ongo de nombres para usarlo como referencia y distribuirlo nuevamente entre los participantes.
- Ignora la preparación de las cartas de Necesidades.

Explorando creencias primarias

Sigue las instrucciones originales de "Explorando creencias primarias" hasta que llegue el momento de hacer la práctica en parejas (asegúrate que has leído en voz alta las instrucciones originales hasta donde dice "Una vez que todas las personas se hayan colocado en parejas..." antes de continuar).

La versión virtual de esta práctica es la misma que la original, salvo que los participantes darán a sus parejas los tres pensamientos que escribieron, ya sea diciéndolos en voz alta a sus parejas (quienes los escribirán), o poniendo sus tres pensamientos en un mensaje privado que sólo podrá ver su pareja.

Si tu plataforma tiene salas de reunión, divide a las personas en salas de dos personas para la práctica (o de tres si el número es impar). Dispondrán de veinte minutos para esta práctica (treinta minutos si son grupos de tres). Si como anfitrión de la llamada debes permanecer en la sala principal, quédate allí con otro participante para que tú también puedas practicar. Después de diez minutos, envía un recordatorio a todas las salas para que los participantes cambien de rol, si aún no lo han hecho.

Si tu plataforma no dispone de salas de reunión, la práctica se realizará en el grupo grande, llamando tú a los participantes por su nombre cuando sea su turno. Los participantes realizarán la práctica con la persona "de al lado" en el Círculo Ongo, uno por uno, hasta que todas las personas del círculo, incluyéndote a ti, hayan tenido la oportunidad de realizar ambos roles (el de sostener y el de ser sostenido). Para hacerlo, este es el paso a paso:

1. Escoge a alguien de tu círculo para ser la "persona que autoempatiza" y menciónala en voz alta.

2. Nombra a la persona de su izquierda en el Círculo Ongo como la "persona que sostiene".

3. La "persona que autoempatiza" leerá en voz alta (o enviará por mensaje privado) a la persona que sostiene los tres pensamientos que escribió en la primera parte de la práctica. La persona que sostiene los anota.

4. A continuación, ambos realizarán la práctica descrita en las instrucciones que has leído anteriormente, con el resto del grupo ofreciendo su presencia empática en silencio.

5. Después de que hayan realizado la práctica, la persona que sostiene se convertirá en la persona que autoempatiza, y tú mencionarás a la persona situada a su izquierda como nueva persona que sostiene. Y así continuará la práctica alrededor del círculo hasta que todas las personas hayan sido tanto persona que autoempatiza como persona que sostiene.

Vuelve a las instrucciones originales de la página 114, que comienzan con "Controla el tiempo" para que veas las notas sobre el manejo del tiempo y sobre cómo finalizar una vez todas las personas hayan terminado la práctica.

Estableciendo la Práctica en pareja Ongo (Sigue estas instrucciones <u>en lugar de</u> las originales)

Si tu plataforma tiene la función de chat, invita a todas las personas a escribir un rápido agradecimiento a su pareja en el chat de grupo.

Lee al grupo (tanto si tu plataforma tiene chat como si no):

> Hoy seleccionaremos nuevas parejas Ongo para el segundo mes de Ongo. Como antes, nuestra única recomendación es que los familiares y los compañeros de vida esperen hasta el tercer mes para ser pareja, a fin de cuidar el vínculo profundo de esas relaciones y la vulnerabilidad que surge al principio del proceso de aprendizaje. Más allá de eso, el objetivo no es encontrar "parejas perfectas", sino permitir que se desarrolle un proceso intuitivo. Tomémonos ahora un minuto en silencio para respirar e imaginar que estamos sentados junto a nuestra pareja actual. Desde donde estamos sentados con nuestra pareja Ongo actual, veamos a otras dos personas en este círculo con las que nos sentimos llamados a continuar nuestra práctica individual.

Después de un minuto de silencio, si tu plataforma de reunión tiene la función de chat, lee:

> A continuación, respirando la vulnerabilidad que puede suponer pedirle a alguien que sea nuestro amigo, coloca en el chat el nombre de una persona del grupo que te gustaría que fuera tu pareja para este segundo mes. Con esto como comienzo, vamos a discutir cuáles serán las parejas hasta que todas las personas tengan una. Recuerda que la magia puede ocurrir cuando no pensamos demasiado en este proceso, así que sólo dedicaremos cinco minutos a esta conversación.

Si tu plataforma de reuniones no tiene la función de chat, lee:

> A continuación, respirando la vulnerabilidad que puede suponer pedirle a alguien que sea nuestro amigo, nos turnaremos para decir en voz alta el nombre de una persona del grupo que te gustaría que fuera tu pareja para este segundo mes. Con esto como comienzo, vamos a decidir cuáles serán las parejas hasta que todas las personas tengan una. Recuerda que la magia puede ocurrir cuando no pensamos demasiado en este proceso, así que sólo dedicaremos cinco minutos a esta conversación.

Apoya la conversación haciéndole seguimiento a las personas que han acordado trabajar juntas y escribe esos dos nombres juntos en una lista de parejas que puedas consultar posteriormente.

Después de que todas las personas tengan una pareja:

Si tu plataforma tiene la función de salas de reunión, lee:

> Dentro de un momento, iremos a salas de reunión para conocer a nuestras primeras parejas Ongo. Allí, nos tomaremos cinco minutos para presentarnos un poco más, intercambiar información de contacto y programar nuestra primera reunión en pareja.

Coloca a cada pareja en una sala de reunión.

Trae de vuelta a todas las personas a la sala principal después de cinco minutos.

Si tu plataforma no tiene salas de reunión, pero tiene una función de chat privado, lee:

Tómate un momento a continuación para intercambiar tu información de contacto con tu pareja a través de mensajes privados. Ponte en contacto con tu pareja Ongo poco después de esta Reunión grupal para programar su primer encuentro.

Si tu plataforma no dispone de salas de reunión ni de chat privado, lee:

Después de este Encuentro, te enviaré a ti y a tu nueva pareja Ongo la información de contacto preferida de cada uno. Ponte en contacto con tu pareja Ongo al terminar esta Reunión grupal para programar su primer encuentro.

Para todas las plataformas (con o sin salas de reunión), recuerda a todas las personas leer "Preparación para la Práctica en pareja" (página 11) antes de su primera reunión en pareja, si no lo han hecho ya.

Cierre

Además de solicitar un voluntario para ser guía grupal la semana siguiente, solicita un segundo voluntario que se encargue de la parte técnica para crear las salas de reunión, manejar los micrófonos, etc.

Para el compartir del cierre, invita a todas las personas a elegir en silencio una Necesidad de su Rueda de Necesidades que describa lo que se llevan de esta quinta Reunión grupal de Ongo.

Después de un minuto, invita a todas las personas a escribir en el chat la Necesidad que eligieron. Si tu plataforma de reunión no tiene función de chat, invita a quien desee compartir la Necesidad que eligió. Continúa compartiendo alrededor del círculo Ongo hacia la izquierda hasta que todas las personas hayan compartido.

Después de la Reunión grupal de la Semana 5

🌿 **Si por cualquier motivo tu grupo no ha podido crear parejas Ongo, observa tu círculo de participantes y crea una pareja Ongo para cada participante.** Es posible que tengas que contactar al Guía grupal de la Semana 1 (a menudo el organizador del grupo) para obtener los nombres de las parejas Ongo del primer mes y así evitar que los participantes sean emparejados con sus parejas Ongo actuales. Recomendamos no emparejar a los familiares ni compañeros de vida hasta el tercer mes Ongo, para cuidar la vulnerabilidad que surge al principio del proceso de aprendizaje y el profundo vínculo de esas relaciones. También recomendamos emparejar a los participantes más experimentados con aquellos que puedan querer ese apoyo adicional. Recuerda asignarte a ti mismo una pareja Ongo.

🍂 **Si las parejas Ongo no intercambiaron su información de contacto durante la Reunión grupal, presenta a las parejas Ongo a través de su método de contacto preferido (es decir, correo electrónico o mensaje instantáneo).** Invita a que se pongan en contacto para programar su primer encuentro juntos.

SEMANA 6 GRUPO

Preparación - Guía grupal:

🍂 Recuerda tener contigo el Círculo Ongo para usarlo como referencia y distribuirlo nuevamente entre los participantes.

🍂 Ignora cualquier preparación relacionada con el "bastón de la palabra" o las cartas de Necesidades.

Ronda de Palabra

Sigue las instrucciones originales para la Ronda de Palabra, con un solo cambio: en lugar del "bastón de la palabra", invitarás a quien se sienta llamado a empezar a compartir, y la ronda continuará hacia su derecha en el círculo Ongo. El "bastón" pasa cuando el orador reconoce que ha terminado de hablar con una reverencia o diciendo "Gracias". Si es necesario recuerda a las personas activar su micrófono para hablar. Si hay una pausa larga entre oradores, revisa con la persona siguiente en el círculo: *"<Nombre>, ¿te gustaría compartir sobre este tema?"*

Práctica para cerrar temas

Sigue las instrucciones originales de la "Práctica para cerrar temas", con el siguiente cambio en la estructura:

Si tu plataforma tiene salas de reunión:

1. Pídele a todas las personas que abran su *Libro Ongo* en la "Práctica para cerrar temas" de la página 135.

2. Avísales que las enviarás por parejas a las salas de reunión donde realizarán la práctica para cerrar temas. Se turnarán para leer las instrucciones en voz alta mientras hacen la práctica juntos. Tendrán treinta minutos para esta práctica (alrededor de quince minutos cada uno).

3. Divide a las personas en salas de dos personas para la práctica (o de tres si el número es impar).

4. Después de quince minutos, envía un recordatorio a todas las salas para que las parejas cambien de rol, si aún no lo han hecho.

Si tu plataforma no dispone de salas de reunión, los participantes se turnarán para hacer la práctica, leyendo tú las instrucciones de la página 135 y el resto del grupo como testigo. Simplemente invita a dos personas que quieran practicar un diálogo para cerrar temas a que comiencen. A continuación, sigue las instrucciones originales para esta práctica. Cuando esa pareja haya terminado, invita a otras dos personas que quieran hacer la práctica para que empiecen. Ten en cuenta que, en este formato, es probable que no haya tiempo para que todas las personas hagan la práctica.

Cierre

Además de solicitar un voluntario para ser guía grupal la semana siguiente, solicita un segundo voluntario que se encargue de la parte técnica para crear las salas de reunión, manejar los micrófonos, etc.

Para el compartir del cierre, invita a todas las personas a elegir en silencio una Necesidad de su Rueda de Necesidades que describa lo que se llevan de esta sexta Reunión grupal de Ongo.

Después de un minuto, invita a todas las personas a escribir en el chat la Necesidad que eligieron. Si tu plataforma de reunión no tiene una función de chat, invita a quien desee compartir la Necesidad que eligió. Continúa compartiendo alrededor del círculo Ongo hacia la derecha hasta que todas las personas hayan compartido.

Preparación - Guía grupal:

- ❧ Recuerda tener contigo el Círculo Ongo para usarlo como referencia y distribuirlo nuevamente entre los participantes.

- ❧ Ignora la preparación de las cartas de Necesidades.

Cierre

Además de solicitar un voluntario para ser guía grupal la semana siguiente, solicita un segundo voluntario que se encargue de la parte técnica para crear las salas de reunión, manejar los micrófonos, etc.

Para el compartir del cierre, invita a todas las personas a elegir en silencio una Necesidad de su Rueda de Necesidades que describa lo que se llevan de esta séptima Reunión grupal de Ongo.

Después de un minuto, invita a todas las personas a escribir en el chat la Necesidad que eligieron. Si tu plataforma de reunión no tiene la función de chat, invita a quien se sienta movido a compartir la Necesidad que eligió. Continúa compartiendo alrededor del círculo Ongo hacia la izquierda hasta que todas las personas hayan compartido.

Preparación - Guía grupal:

- ❧ Lleva a la reunión dos cartas de Necesidades, una con la palabra "Celebración" y otra con la palabra "Duelo". Puedes hacerlas tú mismo, siempre que sean legibles para los demás.

- ❧ Ignora la otra preparación de las cartas de Necesidades.

- ❧ Recuerda tener contigo el Círculo Ongo para usarlo como referencia y distribuirlo nuevamente entre los participantes.

Meditación de apertura

Sigue las instrucciones originales, con un sólo cambio: cada persona caminará en un pequeño círculo en su propio espacio.

Círculo de Celebración y Duelo

Sigue las instrucciones originales para el Círculo de Celebración y Duelo, con sólo dos cambios:

1. **En lugar de pasar las cartas de Necesidades de Duelo y Celebración por el círculo, sólo mostrarás las cartas en tu cámara al grupo cuando presentes la práctica. Invita a los participantes a imaginarse la carta en sus manos cuando hablen.** La primera ronda empezará con quien primero desee hablar de cualquier duelo que haya en su corazón, activando su micrófono y diciendo su nombre. Cuando termine de hablar, indicará que pasa la palabra a la persona de su izquierda del Círculo Ongo con una reverencia o diciendo "Gracias". Continúa así hasta que todas las personas del círculo hayan tenido la oportunidad de hablar.

2. **Una vez la persona que habla haya compartido su duelo, quienes escuchan observarán la Rueda de Necesidades del *Libro Ongo* y harán suposiciones en silencio sobre qué Necesidades son importantes para la persona que habla. A continuación, ofrecerán una confirmación a la persona que habla de una de las dos formas a continuación:** Si la plataforma tiene la función de chat, escribirán en silencio las Necesidades en el chat grupal. Si la plataforma no tiene función de chat, los oyentes dirán las palabras de Necesidad en voz alta, una a la vez, con una respiración entre cada palabra. La persona que habla recibirá en silencio esas Necesidades.

En la segunda ronda, como en las instrucciones originales, los participantes hablarán sobre su celebración.

Cierre

Sigue las instrucciones originales para el cierre y luego añade: solicita un segundo voluntario que se encargue de la parte técnica la semana siguiente para crear las salas de reunión, manejar los micrófonos, etc.

Preparación - Guía grupal:

🍂 Recuerda tener contigo el Círculo Ongo para usarlo de referencia y para distribuirlo nuevamente entre los participantes.

🍂 Ignora la preparación de las cartas de Necesidades.

Entrar y salir de Shenpa

Sigue las instrucciones originales para entrar y salir de Shenpa, con dos cambios:

1. **En lugar de que todas las personas escriban sus mensajes en un papel y se lo entreguen a la persona con quien están practicando, los participantes "entregarán" el mensaje a la otra persona leyéndolo en voz alta, o poniéndolo en un mensaje de chat.** Durante la práctica, esa otra persona leerá de vuelta el mensaje detonante que le mencionó la persona.

2. **Llamarás a los participantes por su nombre cuando llegue su turno de hacer la práctica.** Los participantes se turnarán para hacer la práctica con la persona "de su izquierda" en el círculo Ongo, una por una, hasta que todas las personas del círculo, incluyéndote a ti, hayan tenido la oportunidad de experimentar ambos roles (el del Shenpatizador y el del Detonante). Para ello, el paso a paso es:

   1. Elige a una persona del círculo Ongo para hacer el rol de "Shenpatizador" y nómbrala en voz alta.

   2. Nombra a la persona de su izquierda en el círculo Ongo para hacer el rol del Detonante.

   3. El Shenpatizador leerá en voz alta (o pondrá en un mensaje de chat) el mensaje detonante que envió a la persona Detonante en la primera parte de la práctica. El Detonante lo anota.

   4. Ambos harán la práctica descrita en las instrucciones originales.

   5. Después de que hayan realizado la práctica, el Detonante se convertirá en el nuevo Shenpatizador, y tú nombrarás a la persona de su izquierda como nuevo Detonante. Y así continuará la práctica alrededor del círculo hasta que todas las personas hayan sido tanto Shenpatizadoras como Detonantes.

6. Sigue la misma estructura hasta que llegue el momento de que los participantes pasen el mensaje a la persona "de su derecha". Esta vez, nombrarás a la persona que está a la derecha del Shenpatizador en el círculo Ongo como el Detonante.

Estableciendo la Práctica en pareja Ongo (sigue estas instrucciones <u>en lugar de</u> las originales)

Si tu plataforma tiene la función de chat, invita a todas las personas a enviar un rápido reconocimiento y agradecimiento a su pareja en el chat grupal.

Lee al grupo (independientemente de si tu plataforma tiene chat o no):

Hoy seleccionaremos nuevas parejas Ongo para el tercer mes de Ongo. Sugerimos que los familiares o compañeros de vida del grupo se emparejen durante este mes como forma de profundizar en esas conexiones. Si no tienes ningún familiar ni compañero de vida en este círculo, tómate un minuto en silencio para respirar y sentir con quién te gustaría continuar tu práctica individual, alguien con quien no hayas sido pareja aún.

Después de un minuto de silencio, si tu plataforma tiene la función de chat, lee:

A continuación, respirando la vulnerabilidad que puede suponer pedirle a alguien que sea nuestro amigo, coloca en el chat el nombre de una persona del grupo que te gustaría que fuera tu pareja durante este tercer mes. Con esto como comienzo, vamos a discutir cuáles serán las parejas hasta que todas las personas tengan una pareja. Recuerda que la magia puede ocurrir cuando no pensamos demasiado en el proceso, así que sólo dedicaremos cinco minutos a esta decisión.

Si tu plataforma no tiene la función de chat, lee:

A continuación, respirando la vulnerabilidad que pedirle suponer pedir a alguien que sea nuestro amigo, nos turnaremos para decir en voz alta el nombre de una persona del grupo que nos gustaría que fuera nuestra pareja durante este tercer mes. Con esto como comienzo, vamos a discutir cuáles serán las parejas hasta que todas las personas tengan una pareja. Recuerda que la magia puede ocurrir cuando no pensamos demasiado en el proceso, así que sólo dedicaremos cinco minutos a esta decisión.

Apoya la conversación haciéndole seguimiento a las personas que hayan acordado trabajar juntas y escribe esos dos nombres juntos en una lista de parejas que puedas consultar posteriormente.

Después de que todas las personas tengan una pareja:

Si tu plataforma tiene la función de salas de reunión, lee:

> Dentro de un momento, nos trasladaré a las salas de reunión para conocer a nuestras nuevas parejas Ongo. Allí, nos tomaremos cinco minutos para presentarnos un poco más, intercambiar información de contacto y programar nuestra primera reunión en pareja.

> **Coloca a cada pareja en una sala de reunión.**

> **Trae de vuelta a todas las personas a la sala principal después de cinco minutos.**

Si tu plataforma no tiene salas de reunión, pero tiene la función de chat privado, lee:

> Tómate un momento a continuación para intercambiar tu información de contacto con tu pareja a través de mensajes privados. Ponte en contacto con tu pareja Ongo poco después de esta Reunión grupal para programar su primer encuentro.

Si tu plataforma de reuniones no dispone de salas de reunión <u>ni</u> de chat privado, lee:

> Después de este Encuentro, te enviaré a ti y a tu nueva pareja Ongo la información de contacto preferida de cada uno. Ponte en contacto con tu pareja Ongo poco después de esta Reunión grupal para programar su primer encuentro.

Para todas las plataformas (con o sin salas de reunión), recuerda a todas las personas que deben leer "Preparación para la Práctica en pareja" (pág. 11) antes de su primera reunión en pareja, si no lo han hecho ya.

Cierre

Sigue las instrucciones originales para el cierre y luego añade: solicita un segundo voluntario que se encargue de la parte técnica la semana siguiente para crear salas de reunión, manejar los micrófonos, etc.

Después de la Reunión grupal de la Semana 9

🌿 **Si tu grupo no ha podido crear parejas Ongo por cualquier motivo, observa tu círculo de participantes y crea una nueva pareja Ongo para cada participante.** Es posible que tengas que contactar al Guía grupal de la Semana 5 (quien creó las parejas Ongo para el segundo mes) para obtener los nombres de las parejas Ongo del primer mes y así evitar que los participantes sean emparejados con sus parejas Ongo actuales. Recomendamos emparejar a los familiares y compañeros de vida para apoyar esas relaciones. También recomendamos emparejar a los participantes más experimentados con aquellos que puedan querer ese apoyo adicional. Acuérdate de asignarte a ti mismo una pareja Ongo.

🌢 **Si las parejas Ongo no intercambiaron información de contacto durante la Reunión grupal, presenta a las parejas Ongo a través de su método de contacto preferido (es decir, correo electrónico o mensaje instantáneo).** Invita a que se pongan en contacto para programar su primer encuentro juntos.

S E M A N A 1 0 G R U P O

Preparación - Guía grupal:

🌢 Recuerda tener contigo el Círculo Ongo para usarlo como referencia y distribuirlo nuevamente entre los participantes.

🌢 Ignora la preparación de las cartas de Necesidades.

Practicando decir la verdad

Sigue las instrucciones originales de "Practicando decir la verdad" haciendo dos cambios:

1. **En lugar de que todas las personas escriban sus respuestas terroríficas en un papel para entregárselo a la persona con la que están practicando, los participantes "entregarán" su respuesta terrorífica a la otra persona leyéndola en voz alta, o poniéndola en un mensaje de chat.** Durante la práctica, esa otra persona leerá de vuelta la respuesta terrorífica a su pareja.

2. **Llamarás a los participantes por su nombre cuando llegue su turno de hacer la práctica.** Los participantes se turnarán para hacer la práctica con la persona "de su derecha" en el círculo Ongo, una por una, hasta que todas las personas del círculo, incluyéndote a ti, hayan tenido la oportunidad de experimentar ambos roles (el del Hablante y el del Respondedor terrorífico). Para hacerlo, éste es el paso a paso:

   1. Elige y nombra en voz alta a una persona del círculo Ongo para ser el "hablante".

   2. Nombra a la persona de su derecha en el círculo Ongo como el "Respondedor terrorífico".

3. La hablante leerá en voz alta (o pondrá en un mensaje de chat) la respuesta terrorífica que escribió en la primera parte de la práctica. El respondedor terrorífico la escribe, para poder decírsela al hablante durante la práctica.

4. Ambos harán la práctica descrita en las instrucciones originales.

5. Después de que hayan completado la práctica, el Respondedor terrorífico se convertirá en el hablante y tú mencionarás a la persona situada a su izquierda como nuevo Respondedor terrorífico. Y así continuará la práctica alrededor del círculo hasta que todas las personas hayan sido tanto hablantes como respondedores terroríficos.

Cierre

Sigue las instrucciones originales para el cierre y luego añade: solicita un segundo voluntario que se encargue de la parte técnica para crear las salas de reunión, manejar los micrófonos, etc.

SEMANA GRUPO 11

Preparación - Guía grupal:

🍃 Recuerda tener contigo el Círculo Ongo para usarlo de referencia y para distribuirlo nuevamente entre los participantes.

🍃 Ignora la preparación de las cartas de Necesidades.

🍃 Cierre

Sigue las instrucciones originales para el cierre y luego añade: solicita un segundo voluntario que se encargue de la parte técnica para crear las salas de reunión, manejar los micrófonos, etc.

Preparación - Guía grupal:

- Recuerda tener contigo el Círculo Ongo para usarlo como referencia y distribuirlo nuevamente entre los participantes.

- Ignora la preparación de las cartas de Necesidades.

Cosecha de cierre

Sigue las instrucciones originales para la cosecha de cierre, con sólo dos cambios:

1. **El cierre continuará alrededor del círculo Ongo hacia la derecha de la persona que inició la cosecha.** Los participantes sabrán que es su turno de hablar cuando la persona que está a su izquierda en el círculo Ongo indique que pasa la palabra al siguiente orador con una reverencia o diciendo "Gracias". Esto continuará hasta que todas las personas del círculo hayan tenido la oportunidad de compartir.

2. **Decide, en grupo, si generaría más conexión en esta Cosecha final que los oyentes ofrezcan confirmación a los oradores poniendo palabras de Necesidades en silencio en el chat o diciendo en voz alta una o dos de las Necesidades que están suponiendo. En cualquier caso, recuerda a los participantes utilizar el lenguaje de Necesidades de la Rueda de Necesidades.** Si dicen las Necesidades en voz alta, permite un respiro de silencio entre cada Necesidad pronunciada, para que el hablante tenga la oportunidad de recibir realmente cada palabra y sentirla en su cuerpo. Si el grupo es de más de seis personas, indica que sólo cuatro o cinco oyentes ofrecerán sus suposiciones de Necesidades al orador, si alcanza el tiempo.

Ceremonia para honrar

Sigue las instrucciones originales de la Ceremonia para honrar, con tres cambios:

1. **Empezarás con la persona que esté a la izquierda de tu nombre en el círculo Ongo, y la ceremonia continuará alrededor del círculo a partir de ahí.**

2. **Primero dirás el nombre del participante al que se honra, para que el grupo sepa a quién honrar.** Por ejemplo, dirás "María", luego el grupo dirá: "Es un honor conocerte, María", y María responderá: "Gracias por caminar conmigo". Luego María dirá el nombre

de la persona de su izquierda, y la ceremonia se repetirá de nuevo. Esto continuará hasta que todos los participantes, incluyéndote a ti, hayan sido honrados.

3. **Si alguien del círculo Ongo no está presente, el grupo seguirá diciendo "Es un honor conocerte, <nombre>", cuando sea su turno de ser honrado en el círculo.**

Para facilitarlo, la persona a su derecha del Círculo Ongo dirá su nombre, como si estuviera presente. Si tu plataforma permite grabar, puede ser significativo grabar toda la ceremonia para el participante que no haya podido estar presente.

Acerca de las citas:
Dedicación a nuestros maestros

❧

Las citas de este libro proceden principalmente de los maestros con quienes hemos estudiado, directa o indirectamente. Para esta segunda edición, hemos añadido citas de líderes noviolentos de primera línea hoy en día, quienes nos inspiran con su ejemplo. Todos estos maestros merecen mucha más atención de la que les hemos podido prestar en el espacio de este libro. Sus palabras provienen de profundos pozos de conocimiento y experiencia, en algunos casos adquiridos a través de dificultades y sufrimientos extremos. Sus citas representan cuerpos enteros de sabiduría que al explorarse más a fondo, pueden abrir nuevas dimensiones en nuestra práctica espiritual. Este capítulo ofrece un lugar para comenzar esa exploración adicional. También intentamos compartir algunas de las interconexiones entre estos maestros, ya que nos ha parecido enriquecedor y revelador para nuestra propia práctica espiritual entender cómo han evolucionado estas enseñanzas.

adrienne maree brown es escritora residente del "Emergent Strategy Ideation Institute" (Instituto de Ideación de Estrategias Emergentes) e autora influyente de muchos libros, entre ellos "We Will Not Cancel Us" (No nos cancelaremos a nosotros mismos), "Other Dreams of Transformative Justice" (Otros sueños de justicia transformadora) y "Pleasure Activism: The Politics of Feeling Good" (El activismo del placer: Las políticas del sentirse bien). También es copresentadora de los podcasts "How to Survive the End of the World" (Cómo sobrevivir al fin del mundo) y "Emergent Strategy" (Estrategia emergente). Para más información, visita: adriennemareebrown.net.

Alice Walker es escritora, poetisa y activista de derechos humanos de fama internacional. Ganó el Premio Pulitzer por su libro *El color púrpura*, que desde entonces ha descrito como un "libro de Buda que no es budista". Recomendamos la lectura de "Anything we love can be saved" (Cualquier cosa que amemos puede ser salvada) y "The Cushion in the Road: Meditation and Wandering as the Whole World Awakens to Being in Harm's Way" (El cojín del camino: Meditación y andanzas mientras el mundo entero se despierta del hecho de estar en peligro). Para más información, visita alicewalkersgarden.com.

Alycee J. Lane es autora, profesora y estudiante de Budismo Comprometido. Su trabajo se basa en su profundo estudio de la filosofía de la noviolencia del Dr. Martin Luther King, Jr., los movimientos de Derechos Civiles y Poder Negro, y su propia práctica budista. Recomendamos la lectura de "Nonviolence Now!: Living the 1963 Birmingham Campaign's Promise of Peace" (¡Noviolencia ya!: Viviendo la promesa de paz de la Campaña de Birmingham de 1963) y ver el clip "Where Spirit and Action Meet" (Donde el espíritu y la acción se encuentran) en YouTube.

Amanda Gorman es poetisa y activista estadounidense cuya obra se centra en cuestiones de opresión, feminismo, raza y marginación, así como en la diáspora africana. Llamó la atención internacional cuando pronunció su poema "The Hill We Climb" (La colina que subimos) en la toma de posesión del presidente de Estados Unidos, convirtiéndose en la poetisa más joven en hacerlo. Para más infomación, visita theamandagorman.com.

Anne Frank fue una joven alemana y víctima judía del Holocausto. El diario que escribió durante los dos años que estuvo escondiéndose de la policía secreta estatal alemana se publicó póstumamente y se convirtió en el diario más conocido sobre el Holocausto. Para saber más, lee *El Diario de Ana Frank* o visita annefrank.org.

Anne Lamott es activista política progresista, autora, oradora y profesora de escritura. Es conocida por sus escritos humorísticos e inspiradores basados en la fe. Catherine la tuvo como vecina y apreciaba sus encuentros fortuitos en las rutas de senderismo locales, que a menudo daban lugar a conversaciones inspiradoras. Recomendamos ampliamente toparse con Anne en un sendero, así como leer "Help, Thanks, Wow: The Three Essential Prayers and Traveling Mercies" (Ayuda, Gracias, Guao: Las tres oraciones esenciales y misericordias viajeras).

bell hooks se definió a sí misma como una "buscadora en el camino", siendo el camino "un camino sobre el amor". Fue una cristiana budista practicante y prolífica escritora sobre la intersección de raza, capitalismo y género y los resultantes sistemas de opresión que estos perpetúan. Fue una de las críticas culturales, académicas feministas e intelectuales públicas más influyentes de los últimos 40 años. Para más información, lee uno de sus muchos libros, como "All About Love: New Visions" (Todo sobre el amor: nuevas visiones), y "Ain't I a Woman? Black Women and Feminism" (¿No soy yo una mujer?: Mujeres negras y feminismo).

Bernie Glassman fue el fundador de la Orden de los Pacificadores Zen y de los programas de "Bearing Witness" (Ser testigo) y discípulo del maestro zen Taizan Maezumi. Era conocido por sus "retiros callejeros" en lugares que van desde la ciudad de Nueva York hasta Auschwitz, donde los participantes comen, duermen y practican el testimonio en lugares públicos. Sus enseñanzas hacían hincapié en el "no saber" como base de la práctica espiritual. Recomendamos la lectura de "Instrucciones para el cocinero: Lecciones de un maestro zen para vivir una vida con significado" (Instructions to the Cook: A Zen Master's Lessons in Living a Life That Matters). Para más información, visita zenpeacemakers.org.

Bill W. (Wilson) fue el cofundador de Alcohólicos Anónimos (AA), un programa apolítico, multirracial, no profesional y autosuficiente de doce pasos, para cualquier persona que desee lidiar con su problema de alcoholismo. AA es una hermandad internacional y no tiene requisitos de edad ni de estudios. Para obtener más información, visita aa.org.

Obispo Desmond Tutu fue un arzobispo anglicano activista por los derechos sociales que recibió el Premio Nobel de la Paz en 1984 por su oposición abierta, enérgica y rigurosamente noviolenta al apartheid sudafricano. Tras la caída del apartheid, dirigió la Comisión de la Verdad y la Reconciliación y se convirtió en un activista mundial en temas de democracia, libertad y derechos humanos. Para más información, lee su libro "No hay futuro sin perdón" (No Future Without Forgiveness) y visita tutu.org.

Hermano David Steindl-Rast es un monje benedictino católico que cofundó el Centro de Estudios Espirituales, con maestros judíos, budistas, hindúes y sufíes, y una Red para la Vida Agradecida. También fue alumno de Shunryu Suzuki y de otros maestros zen. Para más información, lee su libro "Gratefulness" (Gratitud), "The Heart of Prayer" (El corazón de la oración) y visita gratefulness.org.

Carl Rogers fue uno de los fundadores de la psicología humanista y pionero de la investigación en psicoterapia. Su enfoque centrado en la persona encontró amplias aplicaciones en la psicoterapia y más allá, dando lugar a la educación centrada en el alumno y al enfoque dialógico en la política. También tuvo una gran influencia en el desarrollo de la Comunicación Noviolenta de Marshall Rosenberg. Para más información, lee sus libros "On Becoming A Person" (Sobre convertirse en Persona) y "Freedom to Learn" (Libertad para aprender).

Chögyam Trungpa fue un maestro budista tibetano de los linajes Kagyü y Nyingma, fundador de la Universidad Naropa y del método de formación Shambhala, y una figura importante en la difusión del budismo tibetano en Occidente. Sus enseñanzas estaban profundamente inspiradas por Shunryu Suzuki, a quien consideraba una figura paterna. El estilo de enseñanza de Trungpa, a veces controvertido, ayudó a acuñar el término "sabiduría loca". Recomendamos la lectura de su libro "Cutting Through Spiritual Materialism" (Cortando a través del materialismo espiritual). Para más información, visita shambhala.org.

Dominic Barter desarrolló los Círculos Restaurativos, un proceso comunitario para apoyar a personas en conflicto. Fue estudiante de Marshall B. Rosenberg. También es un amigo y colega que nos inspira con su dedicación a las aplicaciones creativas de la noviolencia en los campos de la educación, la justicia y el cambio social. Recomendamos ver "Resolving Conflict Through Restorative Justice" en YouTube. Para más información, visita restorativecircles.org.

Dr. Martin Luther King Jr. fue ministro bautista estadounidense reconocido internacionalmente por su liderazgo durante el Movimiento por los Derechos Civiles en Estados Unidos. Fue el receptor más joven del Premio Nobel de la Paz hasta que Malala Yousafzai recibió ese título en 2014. Su trabajo durante el Movimiento por los Derechos Civiles se basó en la noviolencia de Thoreau y Gandhi, la cual hizo evolucionar. Recomendamos la lectura de su discurso "A Time to Break Silence" (Un momento para romper el silencio) y su "Letter from Birmingham Jail" (Carta desde la cárcel de Birmingham). Para más información, visita thekingcenter.org.

Gabrielle Roth fue bailarina, artista discográfica, directora de teatro, filósofa y autora. Poseída por "un hambre de rituales del espíritu", es principalmente conocida por haber creado los "5Ritmos", su propia forma de danza extática, una práctica que aborda directamente el divorcio entre el cuerpo y el corazón y entre el corazón y la mente aprovechando los ritmos naturales de la vida. Para más información, visita 5rhythms.com.

Greta Thunberg es una activista medioambiental que, a los quince años, inició una huelga escolar ante el Parlamento sueco para pedir una acción más contundente contra el cambio climático. Se ha convertido en una figura destacada entre los activistas del cambio climático a nivel mundial, conocida por hablar sin rodeos a los líderes mundiales sobre su falta de acción. También es una de las activistas por el autismo más reconocidas y describe su Asperger como su "superpoder". Para más información, lee sus históricos discursos recogidos en el libro "No One Is Too Small to Make A Difference" (Nadie es demasiado pequeño para marcar una diferencia).

Howard Zinn fue un historiador, dramaturgo y activista social estadounidense. Es más conocido por su innovador libro de historia, "A People's History of the United States" (La historia del pueblo de los Estados Unidos). Recomendamos tanto ese libro como el volumen que lo acompaña, "Voices of a People's History of the United States" (Voces de la historia del pueblo de los Estados Unidos). Para más información, visita howardzinn.org.

Jack Kornfield fue cofundador de la Insight Meditation Society y del Spirit Rock Center, y alumno del influyente monje budista tailandés Ajahn Chah. Es uno de los maestros clave en la introducción de la práctica budista de la atención plena en Occidente. Recomendamos la lectura de sus libros "After the Ecstasy" (Después del éxtasis), "The Laundry" (La lavandería) y "A Path with Heart" (Un camino con corazón). Para más información, visita jackkornfield.com.

Jiddu Krishnamurti fue un influyente orador, autor y fundador de la Escuela Oak Grove. Fue conocido por sus explicaciones precisas acerca del funcionamiento sutil de la mente humana y por sus enseñanzas basadas en la inmediatez del momento presente, al tiempo que evitaba todo dogma religioso y filosófico. Para más información, lee "Freedom from the Known" (Libertad de lo conocido) o visita jkrishnamurti.org.

Joanna Macy es la fundadora del "Trabajo que reconecta", un marco para el cambio personal y social. Fue pionera en la intersección del budismo con la ciencia contemporánea y una innovadora activista medioambiental. Su trabajo ayuda a las personas a transformar la desesperación y la apatía ante las abrumadoras crisis sociales y ecológicas, en una acción constructiva y colaborativa. Recomendamos la lectura de su libro "Active Hope" (Esperanza activa). Para más información, visita joannamacy.net.

Koji Acquaviva sostiene el linaje de la tradición Zen Sōtō transmitida por Shunryu Suzuki y Zenkei Blanche Hartman. Además de su formación zen, Koji ha estudiado la tradición budista tibetana, el yoga postural moderno y el budismo de la Tierra Pura. Cree que el objetivo de la práctica del budismo no es convertirse en defensores de una ortodoxia, sino descubrir nuestra sabiduría innata y disponernos a la sanación y a la alegría. Para más información, visita kojiacquaviva.com.

Lyla June Johnston es descendiente de los linajes Diné (Navajo) y Tsétsêhéstâhese (Cheyenne). Es músico, activista, oradora y poetisa de reconocimiento internacional. Su liderazgo nos inspiró por primera vez durante una caminata por el perdón que lideró junto a otros Protectores del Agua en Standing Rock, en 2016, como parte de una campaña sostenida de acción directa noviolenta. Para ver sus discursos, leer sus escritos y escuchar sus canciones, visita lylajune.com.

Malala Yousafzai es una activista en favor de la educación de las niñas y la galardonada con el Premio Nobel más joven de la historia. Saltó a la fama a una edad temprana al defender el derecho a la educación mientras vivía bajo la ocupación talibán y al sobrevivir a un atentado contra su vida. Para más información, vea la película "He Called Me Malala" (Él me llamó Malala), lee su libro "Soy Malala" o visita malala.org.

Dr. Marshall B. Rosenberg fue psicólogo, pacifista, alumno de Carl Rogers y creador de la Comunicación Noviolenta. Sus influyentes enseñanzas nacieron de su experiencia de vivir los disturbios raciales de Detroit de 1943, de su profundo estudio de la religión comparada y de su trabajo con el Movimiento por los Derechos Civiles. Recomendamos su libro "Speak Peace in a World of Conflict" (Hablar paz en un mundo de conflicto). Para más información, visita cnvc.org o vea los vídeos de sus formaciones en YouTube.

Melody Beattie es una autora influyente en los círculos de recuperación, más conocida por haber introducido en el mundo el término "codependencia". Como sobreviviente del abandono, el secuestro, el abuso sexual, la adicción a las drogas y al alcohol, el divorcio y la muerte de un hijo, aporta una sabiduría profunda y empática, nacida de la experiencia personal, a los temas sobre los que escribe. Recomendamos la lectura de su libro *Ya no seas codependiente*. Para más información, visita melodybeattie.com.

Mirabai Bush cofundó el "Center of Contemplative Mind in Society" (Centro para la Mente Contemplativa en la Sociedad) y fue miembro fundador de la Fundación Seva, junto con Ram Dass. Sus enseñanzas unen las prácticas contemplativas con la vida organizativa y la justicia social. Recomendamos la lectura de "Compassion in Action and Mindfulness in Organizations: Foundations, Research, and Applications" (Compasión en acción y atención plena en las organizaciones: pilares, investigación y aplicaciones). Para más información, visita mirabaibush.com.

Mohandas Gandhi es conocido internacionalmente por la filosofía del Ahimsa, el principio de la noviolencia hacia todos los seres vivos, la desobediencia civil y los movimientos de derechos civiles. Fue el principal líder del movimiento de independencia de la India, gobernada entonces por los británicos. Su obra, inspirada en parte por Henry David Thoreau, influyó en millones de personas, entre ellas el Dr. Martin Luther King, Jr. y Nelson Mandela. Recomendamos la lectura de "La historia de mis experimentos con la verdad". Para más información, visita gandhiinstitute.org.

Nelson Rolihlahla Mandela fue un revolucionario *antiapartheid* que se convirtió en el primer presidente de Sudáfrica elegido libremente en 1994. Es conocido internacionalmente por su labor en pro de los derechos humanos. El Sr. Mandela basó su vida en la escucha, el principio del diálogo y la unión de alianzas, incluso con los considerados "enemigos". Recomendamos escuchar "Address in Capetown", el discurso que pronunció el día que fue liberado tras veintisiete años de prisión y leer su libro "El largo camino hacia la libertad". Para más información, visita nelsonmandela.org.

Nina Wise fundó Motion Theater, una fusión de arte escénico y práctica espiritual. Su trabajo está dedicado a aprovechar la sabiduría que surge de la espontaneidad. Recomendamos la lectura de su libro "A Big New Free Happy Unusual Life" (Una vida nueva, grande, feliz e inusual). Para más información, consulte motiontheater.org.

Norman Fischer es un poeta y sacerdote budista zen del linaje de Shunryu Suzuki y fundador de la Everyday Zen Foundation. Sus enseñanzas y escritos, conocidos por su humor desarmante y su penetrante claridad, reflejan su interés por el diálogo interreligioso y la intersección de la práctica zen con la vida moderna. Recomendamos su libro "Taking Our Places: "The Buddhist Path to Truly Growing Up" (Tomar nuestros lugares: el camino budista para crecer de verdad). Visita everydayzen.org para escuchar sus charlas grabadas.

Pema Chödrön es una monja budista tibetana, discípula de Chögyam Trungpa y maestra residente en la Abadía de Gampo. Es ampliamente conocida por el público occidental por sus interpretaciones realistas de las enseñanzas budistas tibetanas y su aplicación a la vida cotidiana. Recomendamos la lectura de su libro "Cuando todo se derrumba". Visita pemachodronfoundation.org para ver sus charlas grabadas.

Ram Dass fue un maestro espiritual, discípulo de Neem Karoli Baba, y autor del libro seminal, "Estar aquí ahora", una gran influencia en la articulación occidental de la filosofía oriental. Fue cofundador de la Fundación Seva y creó la Fundación Hanuman, que desarrolló el Proyecto Prisión-Ashram y el Proyecto Morir (concebido con Stephen Levine). Para más información, sugerimos la película "Fierce Grace" (Gracia feroz) y su libro "Be Love Now" (Sé amor ahora). También se puede visitar ramdass.org.

Resmaa Menakem es sanador, terapeuta y trabajador social clínico licenciado, especializado en la sanación de traumas racializados. También es el fundador del Instituto de Somática Cultural y el creador del Abolicionismo Somático, una práctica antirracista encarnada en la vida y la construcción de la cultura. Recomendamos su libro "Las manos de mi abuela: El trauma racializado y el camino para remendar nuestros corazones y cuerpos". Para más información, visita resmaa.com.

Robert Gonzales fue psicólogo clínico, alumno de Marshall B. Rosenberg y director del Centro para la Compasión Viva. Es conocido por promover la comprensión y la práctica de la Comunicación Noviolenta como una práctica espiritual y forma de vida. Robert tuvo una influencia formativa en la integración temprana de Jesse del Zen y la Comunicación Noviolenta. Para más información, visita living-compassion.org.

Robin Wall Kimmerer es madre, científica, profesora condecorada y miembro inscrita de la Nación Ciudadana Potawatomi. Es la fundadora del "Center for Native Peoples and the Environment". El trabajo de Robin hace hincapié en la restauración de nuestras relaciones con la tierra. Recomendamos encarecidamente su libro "Una trenza de hierba sagrada: Sabiduría indígena, conocimiento científico y la enseñanza de las plantas". Para más información, visita robinwallkimmerer.com.

Shantum Seth es discípulo de Thich Nhat Hanh, activista social y principal guía de los lugares históricos asociados al Buda. Sus enseñanzas humanizan la historia del budismo y la noviolencia gandhiana, e incorporan su conocimiento de primera mano sobre los problemas sociales actuales en la India. Para más información, visita buddhapath.com y ahimsatrust.org.

Sharon Salzberg es autora de libros superventas y profesora de meditación budista, que hace hincapié en los métodos vipassanā (percepción) y mettā (bondad amorosa). Es cofundadora de la Insight Meditation Society, junto con Jack Kornfield y Joseph Goldstein. Es muy conocida por su enfoque secular y cercano de la atención plena y la meditación. Para más información, lee uno de sus muchos libros, escuche su podcast Metta Hour o visita sharonsalzberg.com.

Shunryu Suzuki fue un monje budista Soto Zen que fundó el Centro Zen de San Francisco y el Centro de Montaña Zen Tassajara, el primer monasterio budista fuera de Asia. Sus influyentes enseñanzas hacían hincapié en la importancia de la mente del principiante y de "simplemente sentarse", en lugar de promesas de iluminación o experiencias espirituales. Para más información, lee "Mente zen, mente de principiante", una recopilación de sus enseñanzas, o visita shunryusuzuki.com para escuchar sus charlas grabadas.

Stephen y Ondrea Levine tocaron la vida de miles de personas en todo el mundo con su trabajo sobre el perdón, el cierre de temas y la compasión sin límites. Ofrecieron talleres sobre la Vida Consciente/la Muerte Consciente durante más de treinta años. Recomendamos la lectura de sus libros, "Abrazando al amado" (el manual de referencia para nuestra asociación) y "Quién muere?" Para más información, visita levinetalks.com.

Tara Brach es psicoterapeuta, discípula de Jack Kornfield y fundadora de la Insight Meditation Community de Washington, DC. Es una de las voces más destacadas entre quienes integran las enseñanzas budistas con la psicología occidental para la sanación emocional y el despertar espiritual. Para más información, lee su libro "Aceptación Radical: Abrazando tu vida con el corazón de un Buda", o visita tarabrach.com para escuchar sus charlas grabadas.

Tenshin Reb Anderson es discípulo de Shunryu Suzuki y profesor principal de Dharma en el Centro Zen de Green Gulch Farm en Muir Beach, California. Además de su formación zen, sus enseñanzas se basan en el estudio profundo de la psicología occidental y budista tradicional y son conocidas tanto por su creatividad lúdica como por su rigurosa disciplina. Recomendamos su libro "Being Upright: Zen Meditation and the Bodhisattva Precepts" (Ser íntegro: La Meditación zen y los Preceptos del Bodhisattva). Visita sfzc.org para escuchar sus charlas grabadas.

Tenzin Gyatso, el 14º Dalai Lama, se describe a sí mismo como un simple monje budista. Es el líder espiritual del Tíbet y es conocido internacionalmente como un hombre de paz. En 1989 recibió el Premio Nobel de la Paz por su lucha noviolenta por la liberación del Tíbet. También ha trabajado para hacer avanzar la comprensión humana de la mente, la consciencia y las emociones fomentando el diálogo entre científicos occidentales y monjes budistas. Recomendamos su libro "El arte de la felicidad". Para más información, visita dalailama.com.

Thich Nhat Hanh fue un monje budista zen vietnamita y activista por la paz, que fue nominado por el Dr. Martin Luther King Jr. para el Premio Nobel de la Paz en 1967. Es muy conocido por sus influyentes enseñanzas sobre la atención plena y el budismo socialmente comprometido, basadas en su propia experiencia como monje durante la guerra de Vietnam. Recomendamos su libro "La paz es cada paso: El camino de la atención plena en la vida cotidiana". Visita tnhaudio.org para escuchar sus charlas grabadas.

Toni Packer fue la fundadora del Springwater Center for Meditative Inquiry después de ser excomulgada y exiliada del Centro Zen de Rochester por su rechazo a los rituales, formas y doctrinas que se le habían pedido. Era conocida por su enfoque penetrante, profundamente inquisitivo y no religioso de la meditación, influenciado en parte por Jiddhu Krishnamurti. Recomendamos su libro "La pregunta silenciosa". Visita springwatercenter.org para escuchar sus charlas grabadas.

Ven. Ajahn Sumedho es el discípulo occidental más antiguo del maestro de meditación tailandés Ajahn Chah, de la tradición del bosque tailandés del budismo Theravada. Sus enseñanzas son conocidas por ser directas y realistas, centradas en la aplicación práctica más que en la abstracción intelectual, y llenas de ejemplos humorísticos y cotidianos. Para más información, lee su libro "El sonido del silencio" o visita amaravati.org para escuchar sus charlas grabadas.

Viktor Frankl fue neurólogo, psiquiatra y fundador de la Logoterapia/Análisis Existencial; su trabajo sirvió de inspiración para el movimiento de la Psicología Humanista (del que Carl Rogers fue fundador). Como víctima del Holocausto, sus enseñanzas sobre la búsqueda de sentido en medio del sufrimiento extremo se basaban no sólo en la teoría, sino en su experiencia personal. Para más información, lee su libro "El hombre en busca de sentido".

Zenju Earthlyn Manuel es heredera del dharma de Zenkei Blanche Hartman. Sus enseñanzas sobre la naturaleza de la encarnación dentro de una vida sin límites están influenciadas por sus antecedentes en las tradiciones indígenas nativas americanas y africanas, así como por su formación zen. Se crió en la Iglesia de Cristo, donde era ávida lectora de la Biblia y adoraba las verdaderas enseñanzas místicas del camino de Cristo hasta bien entrada la edad adulta. Para más información, lee uno de sus muchos libros o visita su sitio web, zenju.org.

Zenkei Blanche Hartman fue discípula de Shunryu Suzuki y una de las primeras mujeres en dirigir un templo de formación budista zen fuera de Asia. Era conocida por su devoción al zazen (meditación sentada), el activismo social y por hacer que la formación zen fuera accesible a una gran diversidad de estudiantes. Para más información sobre Blanche, lee "Seeds for a Boundless Life" (Semillas para una vida sin límites), una colección de enseñanzas breves extraídas de sus charlas, o visita sfzc.org para escuchar sus charlas grabadas.

Agradecimientos

❧

Desde que publicamos por primera vez el *Libro Ongo* en 2017, hemos presenciado el fallecimiento de familiares y maestros queridos, incluidos muchos de los que se nombran en este libro. También hemos sido increíblemente bendecidos con la llegada de nuevas vidas, dando la bienvenida a dos increíbles hijas a nuestras vidas, cuatro sobrinos y cinco sobrinas en nuestra familia más amplia. Durante este tiempo, el mundo que nos rodea también ha despertado aparentemente a las crisis de la colonización, el racismo y el cambio climático, al tiempo que ha sufrido una pandemia mundial que nos encerró a muchos de nosotros en nuestras casas durante más de un año.

Esta segunda edición representa la profundización de nuestras propias prácticas durante estos años de tumulto y transición y la convicción de que ahora es el momento más propicio para vivir la noviolencia a diario. Cada muerte y cada nacimiento nos ha llevado a los límites de nuestro propio sentido de pertenencia, importancia, propósito y significado de vivir esta preciosa vida. Ofrecemos una humilde reverencia de gratitud por cada una de estas experiencias, sin las cuales no podríamos haber escrito esta segunda edición.

No podemos imaginarnos haber superado los últimos cinco años sin las siguientes personas. Gracias Yeye y Mama G por seguir siendo una fuerza más poderosa. Gracias LN Bethea, Sirena, Mason y Tom Sawyer. Su amistad, humor, universos paralelos y verdades al poder han fortalecido nuestra determinación, nos han enseñado a ser mejores padres y nos han ayudado a darnos cuenta de que la Comunidad Amada está a la vuelta de la esquina. Ofrecemos una profunda reverencia a Morris Ervin y Venaya Jones por el modelo, el apoyo que nos dieron, y por darnos la base consciente que necesitábamos como pareja. Gracias, Ben Jensens, por cargarnos (y cargar todas nuestras cosas) literal y figurativamente a través de todas las transiciones de estos años. Tenemos la bendición de tenerte, *bruddha* (buda y hermano combinados, que es lo que eres). Damos las gracias a Ozella Mei y Gloria DeHaven, nuestras hijas, que han tenido más paciencia de la que se le puede pedir a cualquier ser humano, y lo hacen con gracia, humor y profundo amor. Todo lo que hacemos es por ustedes.

Con todo nuestro trabajo, nos sentimos bendecidos por el increíble apoyo de la Junta Directiva de Baba Tree International: Dzebam Godlove, Wendy Haynes, Jiva Manske, Eileen McAvoy, Samuel Odhiambo y Kate Raffin. Gracias por su dedicación a vivir la noviolencia, a llevar estas prácticas al mundo y a ser familia.

Queremos dar las gracias a Magiarí (Maya) Díaz, cuya exuberante perseverancia para publicar la traducción al español del *Libro Ongo* llevó a la colaboración que también dio vida a esta segunda edición en inglés. Maya, ¡tu dedicación hizo posible este sueño! También queremos dar las gracias a Raed El-Younsi y a Enric González de simple.cat por lanzarse a esta colaboración sin dudar y por su compañía en el viaje tanto de la noviolencia como de la escritura.

Lucy Leu, gracias por darnos tu firme apoyo y por ser la Abuela Corazón-Mente manifiesta. Shantum Seth, nos sentimos profundamente honrados por tu voluntad, y la de tu familia, de apoyarnos a todos los niveles del ser. Tú y Gitu han llevado los abrazos virtuales al nivel más alto.

Damos las gracias al increíble equipo que ha trabajado con nosotros para hacer realidad nuestra visión de esta edición, entre ellos: nuestro editor Dennis Crean, quien sigue revisando nuestra ortografía, Jennifer Hewitson, quien creó la impresionante ilustración que adorna la portada, nuestra diseñadora Hadley Gustafson, quien maquetó todas nuestras revisiones a la perfección, y el equipo de Booknook, quienes fueron más allá para producir un libro electrónico que superó con creces nuestras expectativas. Gracias también a la comunidad del *Libro Ongo* que aportó valiosas sugerencias para nuestras revisiones y adiciones.

En los años que precedieron a esta edición, nos nutrimos del flujo de inspiración internacional que nos proporcionó Annett Zupke al realizar la edición alemana, Summer Li y Lisa Kuang al realizar las versiones china simplificada y tradicional y, recientemente, Minako Sudou, Haruno Ogasawara y Hideharu Endo al dar vida a Ongo en japonés. En el mundo anglosajón, Wendy Haynes, Jeff Joslin, Michelle Towle y Kate Raffin también nos han conmovido enormemente con su defensa del *Libro Ongo*. Sentimos admiración y aprecio por cada uno de sus esfuerzos.

Ofrecemos una profunda gratitud a las 300 personas de todo el mundo que han contribuido a la recaudación de fondos para hacer realidad esta edición y la española, incluidos estos donantes de "Árbol joven", "Árbol maduro", "Árbol viejo" y "Árbol de Bodhi":

Sonia Bauer	Jeff & Lou Joslin	Kate Raffin
Rebecca Brillhart	Kirsten Kristensen	Matthew Ramsay
Pam Cadden	Roswitha Kröll	Lucy Rodríguez
Alyssa Chen	George LeCompte & Jo Anne Kleinschmidt	Finn Rothacker

Montse Cheta	Leanne Logan	Karen Scott
Marcia Christen	Mika Maniwa	Gram Smith
Philippe Daniel	Joshua Mann	Kendra Smith
Rosie Demmin & Jo Ferneau	Jaya Manske	Leonie Smith
Stacey Dougan	Jim and Jori Manske	Teresa Speakman
R.A. Fedde	Jiva Manske	David & Lynd Steigerwald
Noah Fischer	Ian Mayes	Carol Walsh
Eliane Geren	Eileen McAvoy	Rich Waring
Bren Hardt	Shoko Miyagi	Laura Chu Wiens
Narayana & Wendy Haynes	Eulalia Noguera	Anne Wilson
David Hobbs	The Open-Hearted Practice Group	Thomas Wong
Gail Holmes	Meg O'Shaughnessy	Forté Worthy
Eric Huang	Linda Pittard	

Esperamos que estén tan orgullosos como nosotros del libro al que han contribuido. No hay palabras para expresar lo conmovidos que estamos por su generosidad.

Agradecimientos (continuación)

❧

(Los agradecimientos a continuación corresponden a la primera edición y siguen siendo relevantes para esta 2ª edición).

El *Libro Ongo: Noviolencia cotidiana* es el producto de seis años de trabajo con el apoyo y aporte de cientos de personas. No es exagerado decir que este libro no estaría hoy en tus manos sin ese apoyo. En particular, queremos dar las gracias a nuestros participantes virtuales de Ongo. Su dedicación incondicional a la noviolencia nos inspiró cada semana de Ongo para escribir estas prácticas y sus comentarios las perfeccionaron. Este libro es el fruto de nuestros viajes juntos.

Damos las gracias especialmente a Laura Wittke por haberle dado piernas a este libro y un terreno que pisar en un momento en el que sólo era una idea en nuestras mentes. Sin su entusiasta impulso inicial, el *Libro Ongo* nunca habría sido más que una idea.

Este libro creció con las contribuciones de queridos amigos, a quienes tenemos la bendición de poder incluir. A nuestra ilustradora y compañera de Ongo desde hace mucho tiempo, Kate Raffin, gracias por "entender" completamente nuestra visión artística para este libro y darle vida. Tu firme amistad, tu compañía en el viaje y tu dedicación a las prácticas están profundamente entretejidas en este libro y en la comunidad mundial de Ongo. A John Kinyon y Jane Lazar, gracias por haber vertido sus corazones en sus prólogos y por apoyarnos constantemente en todo lo que hacemos. Nos sentimos honrados de caminar con cada uno de ustedes en esta vida.

A nuestro editor, Dennis Crean, gracias por pulir nuestra prosa y salvarnos de cualquier atrocidad gramática. Gracias a Norman Fischer, Raj Gill, Robert Gonzales, Lucy Leu, Bill McKibben y Sharon Salzberg por estar dispuestos a leer nuestro manuscrito inacabado y ver la flor de loto dentro del lodo. Y, a Maia Duerr, gracias por creer en este proyecto y presentarnos generosamente a su red. Sin ti, no tendríamos ni siquiera un editor.

Un agradecimiento increíble a nuestros correctores, Allison Brown, Dale Donahoe, Jeff Joslin, Leanne Logan, Eileen McAvoy, Sarah McCure, Susan McDowall, Abbey Mitchell, Regina Splees, Sean Watson, Laura Wittke (¡de nuevo!) y Linda Wells. Su estímulo y sus inestimables sugerencias ayudaron a dar forma a las revisiones finales de este libro. Un agradecimiento especial a Kelly Cummings y Paula Schramm por el viaje en coche que inspiró tanto las ilustraciones como la portada final.

Estamos increíblemente conmovidos por el apoyo todas las personas que apoyaron nuestra campaña de recaudación de fondos alrededor del mundo:

Abbey Mitchell	Deb Nevil	Hazel Turrone
Abbi Jaffe	Diana Benton	Hirohisa Shimizu
Alicia & Mario Tornero	Dick Moriarty	J. J. Jackson
Allison Brown	Dominique Manning	Jack Lehman
Amy Diener	Donna King	Jack Schott
Amy Reyer	Doris Reisig	Jacqueline Gauthier
Angela Walkley	Eileen McAvoy	Jan McCracken
Ann Louise Emanuel	Elena Bernasconi	Jane Connor
Anna Keller	Elicia Heller Sheldon	Janet Trengrove
Astrid Schuette	Elise Levasseur	Javier
Audrey Layden	Elkie Deadman	Jaya Deva Manske
Barbara Bash	Elvira Paoletti	Jean-Philippe Bouchard
Barbara Seeley	Emily Klamer	Jeanine Hilkens
Barbara Slemmer	Erica Davis	Jeannie Sutherland
Carlene Robinson	Esther Gerdts	Jeannine Murray-Roman
Caroline Ader Lamy	Eve Penberhty	Jeff and Lou Joslin
Cate Crombie	Eve Witney	Jeff Scannell
Catherine A Pollitz	Ezzy	Jennifer Rau
Cathy Hartman	Fran Hart	Jerry Koch-Gonzalez
Chris Wilden	Frank Maguire	Jiva Manske
Christina Brennan	Fredrik Ehnbom	John Corrigan
Claralynn Nunamaker	Garth Knox	John Covell
Clare Raffety	Gayano Shaw	John D
Colin Perreault	Gianinna	Joseph Dowling
Cornelia Timm	Gina Cenciose	Julia Baker
Crystal Mays	Greg Jenkins	Julie Michelson
Dale Donahoe	Harriet Slive	Karen
Dana Goldstein	Haruno Nakagawa	Kate Forster

Kate Raffin	Matt Miller	Sarah Ludford
Kelley Giaramita	Melanie Whitham	Sarah McCure
Ken Anno	Melissa Moon	Sarah Ryterband
Kerry Anne Layden	Michal Rock	Sean Watson
Kip	Mireille Beaudoin	Sebastien Lemay
Ko WonYeol	Niko Ant	Sherri Boles-Rogers
Kumiko Kawaguchi	Noah Fischer	Sherry Chen Yu Shen
Lalli Dana	Patricia McMullen	Shinnosuke Kano
Laura Wiens	Paula Christine	Shulamit Ber Levtov
Lesley Halliday	Penelope Newton	Stephanie Morrison
Liane Munro	Penny Green	Sunny Goddard
Linda Cheever	Peter Welch	Susan Harris
Lindsay Kelley	R. A. Fedde	Tad Beckwith
Lisa Mundle	Raj Gill	Tara Murphy
Liv Monroe	Regina Splees	Teresa Speakman
Lucy Rodriguez	Remi Villeneuve	Tim Herlet
Lyne Lajeunesse	Renshin Bunce	Verene Nicolas
Marie-Elaine Rheault	Sage Nagata	Wiene Frans
Mark Kennedy	Sarah Barry	

Después de seis años de avances intermitentes, fue su apoyo lo que hizo que el *Libro Ongo* llegase a la meta. Gracias por creer en nosotros y en nuestra idea.

Toda la sabiduría que se encuentra en este libro puede atribuirse a la profunda integridad, la gracia y la habilidad de nuestros maestros. Les ofrecemos una humilde reverencia de gratitud por su sabiduría y la generosidad con la que la han compartido.

Yo, Catherine, honro particularmente a los programas de Doce Pasos de Alcohólicos Anónimos y Al-Anon y a las miles de personas con las que me he sentado en esas reuniones, incluyendo a mi primer padrino, Happy, quien me ayudó a encontrar el valor dentro de mí para vivir una vida espiritual; a Lee, cuya presencia espiritual constante me mantuvo en mi camino; a Carl Dern, quien me llevó con mis primeros maestros de meditación y a mantener mi práctica durante años tanto en Green Gulch Farm como en Spirit Rock (incluso antes de que se construyera el centro). Honro a Jack Kornfield, cuya firme y gentil orientación me ayudó a desarrollar una práctica sentada que pudiera soportar las tormentas de la vida; a Ed Brown, quien me mostró que la meditación y la repostería pueden ir de la mano; y a Wendy Johnson, quien me enseñó que el jardín es el zendo y que cada interacción con la naturaleza es mi práctica. Ofrezco una profunda reverencia a Ondrea y Stephen Levine, por sus enseñanzas sobre la muerte, el morir y el vivir, y por establecer el estándar de relación que sabía que quería con una pareja, y por su inmensa capacidad de estar disponible a lo largo de los años para recibir cualquier cosa con la que necesitara ayuda; y a Ram Dass, por ayudarme a descubrir que cada momento contiene un "¡qué rico!", y que decir "hola" no es tan difícil. Doy las gracias a Marshall Rosenberg por nombrar el lenguaje de las Necesidades, que apunta a lo que él llamaba Energía Divina, por conservar su autenticidad, y por aportar su humor y atención cuando tuve desafíos en la dirección de la escuela alternativa que fundé. Ofrezco mi gratitud a Julie Green, mi profesora de Comunicación Noviolenta "fácil de usar", quien me enseñó maneras tangibles de cambiar la forma en la que me comunico con las personas que quiero.

Decir que he tenido la suerte de poder convivir y aprender de un grupo tan increíble de profesores en mi década de los veinte a los treinta, sería una subestimación. Las palabras no son suficientes para expresar mis lágrimas de agradecimiento al recordar todos mis momentos con cada uno de ellos. Honro a Gloria y Ron Cooper, a quienes considero mis padres espirituales. Su paciencia y amor incondicionales con mi crecimiento durante los últimos treinta y ocho años han formado lo que soy. Cualquiera que me haya conocido ha entrado en el camino de su linaje de sabiduría. Gracias por ser mis maestros de toda la vida y mi familia.

Este libro es mi reverencia de gratitud a cada uno de mis maestros, en todas las direcciones. Incluyo a la Naturaleza, mi primera maestra: cada árbol, arroyo, animal, pájaro, insecto y brizna de hierba que me ha reflejado que existe un poder mayor que yo misma. Gracias a ti, tengo la tierra bajo mis pies, el cielo sobre mi cabeza y el amanecer para saludarme cada nuevo día, recordándome que esta vida es un milagro.

También honro a mis alumnos de todas las edades con los que he tenido la suerte de aprender en este camino. Jugar con ustedes ha influido profundamente en cómo creo "actividades" para el aprendizaje de los demás y en cómo manifiesto mi práctica cada día.

A toda mi familia Cadden, y a todos nuestros linajes, gracias por contribuir a las lecciones de vida que me han ayudado a crecer espiritualmente. Papá, estoy profundamente agradecida por esas pocas oportunidades en las que te acompaño a la misa en tu iglesia para que podamos practicar nuestras fes juntos. Mamá, gracias por haberme dado esta vida y por amarme pase lo que pase. A todos mis mayores, les ofrezco una profunda reverencia de gratitud por el camino del consejo y por enseñarme a escuchar, incluso cuando no estoy dispuesta.

A mi amado, Jesse, gracias por esta unión que me invita, diariamente, a profundizar en mi viaje espiritual, reconectándome con lo que más importa: la respiración, nuestro ser y una vida vivida en servicio. Gracias por tu increíble dedicación a mí, a las prácticas y a la creación de este libro. Sin tu brillantez artística no habría una forma tan elegante de compartir nuestro trabajo con el mundo. Es un honor conocerte. Gracias por caminar conmigo.

Yo, Jesse, honro a todos los maestros que enseñaron en el Centro Zen de San Francisco, en el Centro Zen de la Montaña de Tassajara y en el Centro Zen de la Granja de Green Gulch durante los años en que fui residente, y a todos los que practicaron junto a mí. El aprendizaje y el apoyo que recibí allí es inconmensurable. Ofrezco una profunda reverencia de gratitud a Tenshin Reb Anderson, por encender el fuego de la bodhicitta en mí –un regalo que nunca podré devolver completamente–. Me inclino ante mis guías de práctica, Gaelyn Godwin y Teah Strozer, por su presencia y compasión constantes durante el tiempo que estuve allí. Me inclino ante Shosan Victoria Austin, por alentar y apoyar mis primeras exploraciones de la integración de la Comunicación Noviolenta con la práctica zen. Ofrezco mi profunda gratitud a Toni Packer del Centro Springwater, por su clara y hábil enseñanza, que me ayudó a despojarme de toda una vida de confusión en torno al zen. Doy las gracias a mis maestros taoístas, Liping Zhu y Michael Belliveau, por ayudarme a descubrir la alegría de la práctica espiritual encarnada. Doy crédito a todos y cada uno de estos maestros por la comprensión vivida que tengo del budismo zen.

Honro a mis maestros de Comunicación Noviolenta: a Jane Lazar, por presentármela; a John Kinyon, por guiarme humildemente en mi práctica y a Robert Gonzales, por aclarar y profundizar mi comprensión. Ofrezco mi profunda gratitud a Marshall Rosenberg por iluminar, a través de su propio ser, la práctica zen en el lenguaje cotidiano. También agradezco a mis estudiantes a lo largo de los años por inspirarme continuamente a ir más profundo y más lejos con mi práctica. Gracias por enseñarme a través de su ejemplo.

A mi mamá, gracias por compartir el mantra de Amitabha conmigo cuando era joven y por plantar la semilla del Camino de Buda en mi corazón. Te agradezco todo lo que has dado para ayudarme a ser quien soy hoy. A Laura, gracias por tu firme apoyo en todo lo que hago. Tengo la bendición de tenerte como hermana.

A mi querida Catherine, las palabras no pueden acercarse a mi agradecimiento por ser mi compañera, mi maestra y mi colaboradora creativa. Sin ti no existiría el *Libro Ongo*. Gracias por aguantar mi perfeccionismo y por guiarme con suavidad y firmeza hacia la cordura cada día. Es un honor conocerte. Gracias por caminar conmigo.

Ambos sentimos una inmensa gratitud por nuestra Junta Directiva en Baba Tree International: Ashraf Alamatouri, Jiva Manske, Eileen McAvoy, Chrystina Elle Passanisi, Sean Watson y Melanie Whitham. Su apoyo constante ha contribuido a hacer realidad este libro.

¡Queremos dar las gracias a todo el equipo de "Play in the Wild!" (¡Juega en la naturaleza!) Emily Manasc, Eve Penberthy, Colin Perreault, Arielle Prince-Ferron, Kate Raffin, Melanie Whitham y Chris Wilden. Su disposición a poner en práctica todo lo que aparece en este libro a lo largo de nuestro trabajo y juego como comunidad ayudó a que el *Libro Ongo* siguiera vivo de más formas de las que podemos nombrar.

A lo largo de la creación de *Ongo*, de la redacción de este libro y de todos los encuentros en línea de Ongo, Tosh, nuestro perro pastor alemán, nos honró con su presencia. Falleció sólo unos meses antes de la finalización del *Libro Ongo*, tras diez años completos de servicio a nosotros y a su comunidad. Tosh, gracias por encarnar el camino del bodhisattva y modelar el amor incondicional que todos buscamos.

Acerca de los autores

CATHERINE CADDEN es madre, educadora, narradora y bailarina con más de treinta años de experiencia en llevar programas innovadores de noviolencia, atención plena y transformación de conflictos a personas de todas las edades, en seis continentes. Está dedicada al ideal práctico de que la paz mundial es alcanzable en su vida. En 1997, fundó la Escuela TEMBA, un programa académico visionario para niños entre cinco y trece años de que integraba principios noviolentos, atención plena, arte y estudios sobre la paz. En 2006, Catherine cofundó "Play in the Wild!" (¡Juega en la naturaleza!) iniciaciones a la noviolencia para jóvenes, familias y educadores. Reconocida internacionalmente por su trabajo, Catherine fue oradora principal en la conferencia de educación de la UNESCO en Asia y el Pacífico en 2012 y presentadora en TEDxTriangleNC en 2010 sobre la acción directa en L.O.V.E. Su trabajo con sus raíces indígenas, ancianos y maestros le enseñó a vivir de forma interdependiente, lo que comparte con todos los que están dispuestos a aprender. También es formadora certificada por el Centro para la Comunicación Noviolenta y autora de "Peaceable Revolution Through Education" (La revolución pacífica a través de la educación).

JESSE WIENS CHU está fascinado por la vida en todas sus expresiones únicas, y encuentra la alegría en apoyar a las personas a prosperar. Es padre, artista, defensor y facilitador. En 2006, fundó ZENVC, un enfoque de la práctica de la Comunicación Noviolenta (CNV) que integra la meditación, la atención plena y el trabajo interior. Se basa en su propia herencia chino-estadounidense, en los siete años que vivió y practicó en monasterios zen, y en su formación con el fundador de la CNV, Marshall Rosenberg, y el cofundador del Centro para la Comprensión en los Conflictos, Gary Friedman. Jesse es formador certificado por el Centro de Comunicación Noviolenta y antiguo voluntario del programa de Justicia Restaurativa de BayNVC en la Prisión Estatal de San Quentin. También es un autor colaborador de "A Thousand Hands: A Guidebook to Caring for Your Buddhist Community" (Mil manos: un manual para cuidar tu comunidad budista).

Juntos, Catherine y Jesse son los devotos padres de dos hijas y viven sus prácticas como Pareja Amada, un día a la vez.

Acerca de la traductora

⁓ଇ⁓

A Magiarí (Maya) Díaz le encanta ser un puente de inclusión, comprensión y conexión entre personas. Tanto en su rol de traductora e intérprete, como cuando ofrece formaciones en Comunicación Noviolenta (CNV) ¡le encanta ayudar a que personas de diferentes idiomas o visiones se puedan entender desde el corazón!

Maya descubrió la potencia de la CNV en medio de la crisis humanitaria, el conflicto político y de violencia armada en su nativa Venezuela. Es la primera formadora CNV certificada de su país y le apasiona compartir este lenguaje de vida, integrando a la CNV la conexión con el cuerpo, la naturaleza, la música, la danza y el ritual, y aportando a la construcción de paz y a la justicia social. Ha sido formadora con el Centro para la Comunicación Noviolenta (CNVC) en varios Entrenamientos Internacionales Intensivos (IITs), la Academia de Transformación de Conflictos (Alemania), la Asociación para la Comunicación Noviolenta (España), la NVC Academy (EE.UU.), los festivales virtuales "NVC Rising" y "Viviendo CNV", entre otros.

Es máster de ciencias en Psicología (Inglaterra), máster en Estudios de Paz y Transformación de Conflictos (Austria) y licenciada en Estudios Liberales y Traducción (Venezuela). Sus pasiones incluyen cantar, bailar, sembrar, contemplar la naturaleza, caminar montañas y nadar en aguas abiertas.

Le gusta interpretar y traducir material didáctico de Comunicación Noviolenta ¡porque quiere que este lenguaje de vida sea accesible a todas las personas de habla hispana!. La puedes contactar a su correo magiari@gmail.com

相看两不厌
只有敬亭山

Nos sentamos juntas, la montaña y yo,
Hasta que solo quedó la montaña.
　　　　　　－ 李白 Li Bó

www.ingramcontent.com/pod-product-compliance
Lightning Source LLC
Chambersburg PA
CBHW080324270326
4192 7CB000 14B/3095